時間管理会計論

体系的整理への試み

水島 多美也 [著]
Mizushima Tamiya

同文舘出版

序

　学部の3年次のときに，ゼミナール（古賀勉教授）の中で，初めて管理会計論という学問に出会った。その当時（1980年代中頃）のFA（Factory Automation）化での原価管理というテーマに何か壮大な思いを巡らせたのを今でも鮮明に覚えている。この問題がどのようなものであるかを知りたいというところから筆者の研究が始まった。

　このように，当時はFA化やCIM（Computer Integrated Manufacturing）等に代表されるような高度先端技術がもたらすさまざまなものへの影響を考える時期であった。それとともに，JITを基礎概念とするトヨタ生産方式について欧米を中心に積極的な議論も行われたのである。また時を同じくして，1987年にJohnson and Kaplanによって『レレバンスロスト』が出版された。

　これらを管理会計の問題として考えたときに，業績評価システム，業績評価尺度，伝統的な管理会計技法の問題点そしてその解決策の1つである活動基準原価計算についての議論が起こり，わが国においても，これらの研究に多くの関心がもたれた。

　これらに関する著書や研究論文を読む中で，コストだけではなく，時間，品質という非財務的業績尺度の管理の重要性が指摘されていた。筆者が，時間の問題を扱うきっかけもそこにあった。それ以来時間の問題をどのように解決していくかということを研究テーマとして，時間に関する管理会計や原価計算の問題について筆者なりに研究を行ってきた。今回『時間管理会計論』という大きなテーマを付けたのも，管理会計における時間研究へのさらなる発展に微力ながらも貢献したいという強い気持ちがあったからである。このような状況において，紆余曲折もあったが，約20年の歳月を経て，拙著の完成に至ることができた。これもひとえに，諸先生方のご指導のお陰である。

　特に，学部の3年次生から，今日まで，変わらずご指導いただいた古賀勉福岡大学名誉教授には感謝の思いで一杯である。古賀先生との出会いがなければ，私自身がこのような研究の世界に来ることはきっとなかったと思う。

　故間中章夫教授，故高木靖史教授には，大学院時代の指導教授として多くのご指導をいただいた。間中章夫教授には研究者の姿勢についていろいろと

教えていただいた。高木靖史教授には，よく本の章立てをきちんとして，論文を書かなければいけないといわれた。私の場合，これがきちんとできずに本当に苦労した。井上教之福岡大学名誉教授，山内進福岡大学教授には，著書を完成する上において，多くのご指導をいただいた。

また九州会計研究会では津守常弘教授（九州大学名誉教授），徳賀芳弘教授（京都大学），石内孔冶教授（日本経済大学），椛田龍三教授（専修大学），高梠真一教授（久留米大学），水野一郎教授（関西大学），福浦幾巳教授（西南学院大学），大石桂一教授（九州大学）にも多くの言葉をかけていただいた。

京都管理会計研究会の上總康行教授（京都大学名誉教授）や澤邉紀生教授（京都大学）は研究会を通していつも厳しくも暖かい言葉をかけていただいた。研究が進まず，気持ちが折れそうになったときも，どうにか完成させなければいけないというやる気を絶えず起こさせていただいたと思っている。

丸田起大准教授（九州大学），高野学准教授（西南学院大学）にも毎月の研究会の中で，常にいろいろなコメントをいただくことができた。この研究会で，忌憚のない議論ができたこと，またお互いに切磋琢磨できる環境をいただいたことは感謝の念に堪えない。

飛田努准教授（福岡大学），篠原巨司馬准教授（福岡大学），足立洋准教授（県立広島大学），吉川晃史准教授（熊本学園大学）らとの研究会（FMW）も私にとっては多くの刺激をいただくことができた。

現在勤務している中村学園大学では，筆者の研究へのわがままを許していただいた。中村量一理事長，甲斐諭学長，西岡弘晃名誉教授，片山富弘流通科学部長，山田啓一流通科学研究科長，会計部門の新茂則教授，日野修造教授ならびに流通科学部の諸先生方に謝意を記したい。

さて，出版事情の厳しい中，出版を快く引き受けて頂いた同文舘出版の中島治久社長，担当の青柳裕之氏をはじめ同社の皆様にも御礼を申し上げたい。

妻加奈子には私のそばでいつも暖かく支えてくれた。双子である稔美と志織には本の表紙をデザインしてもらった。家族の支えに本当に感謝している。最後になるが，亡き父洋一・母啓子の墓前にこの本を捧げたい。

2015年10月

水島多美也

目　次

序　i

序章　本研究の意義と研究方法論 ……………………… 1

第Ⅰ部　時間の視点からの先行研究の分類

第1章　問題の背景と意義 ……………………………… 13

第1節　はじめに ………………………………………… 13

第2節　時間研究が必要となる3つの要因 …………………… 14

　（1）先端製造技術からの時間　14

　（2）生産管理システムからの時間　15

　（3）戦略としての時間　18

第3節　本書で研究対象とする時間 ……………………… 21

第4節　おわりに ………………………………………… 22

第2章　時間の視点からみた先行研究の分類 …………… 23

第1節　はじめに ………………………………………… 23

第2節　各研究者が対象としている時間 ………………… 24

　（1）非財務的業績尺度と財務的業績尺度における時間　24

　（2）アクティビティ会計における時間　30

　（3）通過時間という経営指標からの時間　35

　（4）TPSにおける時間　36

　（5）京セラアメーバ経営における時間　38

（6）制約理論からの時間　　40
　　　（7）戦略からの時間　　41
　　　（8）その他の研究　　44
　　第3節　4つの軸からの時間の分類 …………………………………… 45
　　第4節　おわりに ……………………………………………………… 55

第Ⅱ部　時間と管理会計・原価計算技法

第3章　アメリカにおけるJITの研究 …………… 59

　　第1節　はじめに ……………………………………………………… 59
　　第2節　JITの基本的な考え方 ………………………………………… 59
　　第3節　非付加価値時間削減への考え方 ……………………………… 64
　　第4節　業績評価システムと指標としての時間の関係 ……………… 68
　　第5節　おわりに ……………………………………………………… 76

第4章　時間からみた伝統的会計の問題点 …………… 79

　　第1節　はじめに ……………………………………………………… 79
　　第2節　6つの問題点からの整理 ……………………………………… 79
　　　（1）コスト構造の変化　　79
　　　（2）製造間接費の配賦基準　　82
　　　（3）標準原価の問題　　85
　　　（4）財務的業績尺度の問題　　90
　　　（5）記帳の簡略化　　91
　　　（6）原価計算の方式　　93
　　第3節　時間からみた伝統的会計の問題点 …………………………… 94

第4節　おわりに ……………………………………………………… 96

第5章　非財務的業績尺度の意義と財務的業績尺度の役割について …………………………………………………… 99

第1節　はじめに ……………………………………………………… 99
第2節　時間を中心とした非財務的業績尺度の研究 …………… 100
第3節　製造サイクル効率について ……………………………… 113
第4節　非財務的業績尺度を中心とした業績評価システム …… 118
　（1）GMの業績評価システムの概要　118
　（2）GMの業績評価システムの開発と実施　119
　（3）GMの業績評価システムの変化への影響　120
第5節　財務的業績尺度からの時間 ……………………………… 123
　（1）サイクルタイムと原価差異分析　123
　（2）タイムコストの問題　132
第6節　おわりに ……………………………………………………… 138

第6章　時間とアクティビティ会計に関する研究 …… 141

第1節　はじめに ……………………………………………………… 141
第2節　コスト・ドライバーの決定要因 ………………………… 142
　（1）コスト・ドライバーとしての時間　142
　（2）コスト・ドライバーの決定要因について　144
　（3）配賦基準とコスト・ドライバーの決定要因の比較　147
第3節　コスト・ドライバーとしての時間の研究 ……………… 148
　（1）Kaplan and Atkinsonの研究　148
　（2）Hansen and Mowenの研究　152
　（3）Borthick and Rothの研究　159
　（4）Maguire and Peacockの研究　165

第4節　TDABCにおける時間の意義 …………………………………171

（1）TDABCの意義と計算　171

（2）未利用キャパシティの計算とその応用　174

（3）時間方程式　177

第5節　コスト・ドライバーからみる時間の意義 ………………190

第6節　おわりに ……………………………………………………192

第7章　通過時間と経営指標に関する研究 …………195

第1節　はじめに ……………………………………………………195

第2節　各研究者の研究成果 ………………………………………196

（1）Liebermanの研究　196

（2）阿保・辻教授の研究　201

（3）阿保・矢澤教授の研究　207

（4）矢澤教授の研究　210

第3節　管理会計上の通過時間の意義 ……………………………213

第4節　おわりに ……………………………………………………214

第8章　TPSにおける時間の研究 ………………217

第1節　はじめに ……………………………………………………217

第2節　わが国におけるJIT研究の系譜 …………………………218

（1）門田教授の研究　218

（2）河田教授の研究　221

第3節　TPSにおける時間と管理会計 ……………………………224

（1）物流速度　224

（2）リードタイム　226

（3）ジャストインタイム管理会計　228

第4節　おわりに ……………………………………………………241

第9章 時間とアメーバ経営に関する研究 ……………… 243

第1節 はじめに …………………………………………………… 243

第2節 時間当り採算の誕生の経緯 …………………………………… 244

第3節 時間当り採算の計算式 ………………………………………… 249

 （1）時間当り採算の基本的計算　249

 （2）資本コストを考慮した部門別採算　253

 （3）大家族主義的経営と時間当り採算　254

第4節 利益連鎖管理 …………………………………………………… 255

 （1）時間当り採算での時間　256

 （2）利益連鎖管理　257

第5節 他部門の時間当り採算 ………………………………………… 265

 （1）研究開発部門　265

 （2）管理部門　266

 （3）物流事業部門　266

第6節 おわりに ………………………………………………………… 267

第Ⅲ部　管理会計における時間研究の体系的整理

第10章 管理会計体系論からの時間研究の整理 ……… 271

第1節 はじめに …………………………………………………… 271

第2節 各研究の管理会計体系論からの整理 ……………………… 272

 （1）非財務的業績尺度の意義と財務的業績尺度の役割について　272

 （2）時間とアクティビティ会計に関する研究　275

 （3）通過時間と経営指標に関する研究　277

 （4）TPSにおける時間の研究　278

 （5）時間とアメーバ経営に関する研究　280

第3節　時間と業績評価会計 …………………………………………284
第4節　時間と意思決定会計 …………………………………………287
第5節　第2章における4つの軸からの時間の分類との関連性…289
第6節　おわりに …………………………………………………………290

終章　まとめと残された課題 …………………………………293

第1節　要約 ………………………………………………………………293
（1）時間の視点からみた先行研究の分類　293
（2）時間と管理会計・原価計算技法　294
（3）管理会計における時間研究の体系的整理　298
第2節　残された課題 ……………………………………………………299
（1）制約理論における時間の問題　299
（2）戦略における時間の問題　300
（3）実証研究　300

参考文献　301

索　引　315

初出一覧

本書は、以下の公表論文に大幅な加筆修正を加えたものである。

序　章　書き下ろし
第1章　書き下ろし
第2章　「新製品開発プロジェクトの業績評価－リターン・マップからライフサイクル・マップへの適用拡大－」『公会計研究』Vol.3 No.1, 2001年。

「時間からみた管理会計の検討－戦略の視点も考慮に入れて－」『會計』Vol.181 No.6, 2012年。

第3章　「JITにおける時間の研究」『産業經理』Vol.74 No.2, 2014年。
第4章　書き下ろし
第5章　「非財務的尺度の有用性について」『福岡大学商学論叢』Vol.43 No.4, 1999年。

「非財務的尺度と業績評価」『會計』Vol.155 No.5, 1999年。

「JIT生産方式における時間の評価－サイクルタイムシステムでの差異分析を中心－」『日本文理大学商経学会誌』Vol.20 No.1, 2002年。

第6章　「意思決定における時間の役割－Maguire, Horngren, Preissの見解を中心として－」『日本文理大学商経学会誌』Vol.22 No.2, 2004年。

「コスト・ドライバーからみる時間の意義－Time-Driven ABCを手掛かりとして－」『日本文理大学商経学会誌』Vol.24 No.2, 2006年。

「アクティビティ会計における時間の研究－可能性と限界－」『中村学園大学・中村学園大学短期大学部研究紀要』第40号, 2008年。

第7章　書き下ろし

第8章 「タイムコスティングへの試論 – 理論モデルの構築を目指して – 」『日本文理大学商経学会誌』Vol.25 No.2, 2007年。

「タイムコスティングモデル化における諸問題 – 先行研究からの知見をもとに – 」『流通科学研究』Vol.9 No.1, 2009年。

第9章 「アメーバ経営における時間当り採算での時間の意味」『流通科学研究』Vol.13 No.2, 2014年。

第10章 「業績管理会計と時間の関係 – サイクルタイムと原価差異分析を中心として – 」『日本文理大学商経学会誌』Vol.23 No.2, 2005年。

「管理会計研究における時間研究の位置づけ – 先行研究の整理と発展」『福岡大学商学論叢』Vol.55 No.4, 2011年。

「管理会計体系論からの時間研究の整理」『流通科学研究』Vol.15 No.1, 2015年。

終　章 書き下ろし

時間管理会計論

―体系的整理への試み―

序　章

本研究の意義と研究方法論

　Benjamin Franklinの「時はカネなり」という有名な言葉があるように，企業経営において，時間が大切ということはいうまでもない事実である。また管理会計においても，Taylorの科学的管理法の考えを原価計算に展開した，課業管理のために標準原価計算を中心とした能率の測定が行われている。これは，科学的・統計的データに基づき算定された標準原価と実際原価の比較分析から，現場が，作業能率の改善を図ろうとしているのである。標準原価計算上，時間は，特に労務費や製造間接費との関係で議論されてきた。

　さらに，1980年代以降，製造環境を取り巻く大きな変化の中で，管理会計や原価計算システムをどのように対応させていくのかという要求がなされてきた。言い換えると，それは製造間接費の配賦計算や標準原価計算を始めとした伝統的な管理会計の問題点の指摘と解決策を提案することでもあった[1]。その中で，コストだけでなく，時間，品質といった非財務的業績尺度についても，企業業績を高めるための重要な要因であると考えられるようになり，時間の評価について，積極的な議論が行われることになる。

　本書で時間の問題を特に取り上げる理由もこの点にあり，また研究対象とすべき時間である。そこで，先行研究をみたときに，製造環境を取り巻く大きな変化として，先端製造技術，生産管理システム，戦略といった3つの要因をあげることができる。

---

[1] 言うまでもないが，代表的研究の1つとして1987年に出版されたJohnson and Kaplanの『レレバンス・ロスト』をあげることができる。

まず議論のきっかけの1つとして，1986年にCAM-I（Computer Aided Manufacturing-International: CAM-I）とNAA（現Institute of Management Accounting: IMA）の共同研究プロジェクト作業のテーマであるコストマネジメントシステム（Cost Management System: CMS）の概念設計をあげることができる（Berliner and Brimson 1988, vii,viii）。
　これは当時のロボット，コンピュータ支援設計（Computer Aided Design: CAD），フレキシブル生産システム（Flexible Manufacturing System: FMS），コンピュータ統合生産（Computer Integrated Manufacturing: CIM）等の先端製造技術に対してのコスト・マネジメント戦略の包括的知識ベースがないという問題から起こっている。その中では，品質，スループット，およびフレキシビリティのような非財務的業績尺度の重要性を適切に評価できない中で，CMSをいかに構築するかの議論からスタートする（Berliner and Brimson 1988, 1-2）とも書いている。
　またCIMにより，新しい市場での勝利者は，労務費がより少ないというだけでなく，多様な消費者の嗜好に，新しく，よりよい製品を，より迅速に提供できる企業に素早く転換できなければならない（Lee 1987, 34）という指摘もある。
　このように，基本的には，CMSの概念設計の必要性とともに，スループット，フレキシビリティあるいはより迅速にといった時間の評価も大事な問題となってきた。
　第2に，トヨタ生産システム（Toyota Production System: TPS）の別名でもあるジャストインタイム（Just In Time: JIT）は，まさに時間が重要な概念となっている。これについては，欧米やわが国においても，管理会計の問題とともに，時間の評価についてもすでに多くの研究が行われている。欧米の研究では，上述のBrimzonらによる問題提起，McNairらによる当時の代表的な書物である『技術の発展への適応－JIT環境における原価計算－』，Kaplan and Atkinsonの研究等多数があげられる。
　Kaplan and Atkinsonが指摘しているように，JITの主たる目的は，加工時間，検査時間，運搬時間，待ち時間といったスループットタイムの削減の必要性である（Kaplan and Atkinson 1987, 412-413）と考えられる。

またわが国においては，門田教授の研究をあげることができる。特に，1990年代後半からのわが国における研究においては，河田教授や田中教授の研究にみられるようにJITよりもむしろTPSという用語の中で積極的な議論が行われているのである。

　JIT以外にも，制約理論，あるいは京セラのアメーバ経営などの生産管理システムにおいても時間が重要視されている

　そして第3に，時間が，経営戦略の1要素として注視されているという点である。これについて以下の指摘がある。1980年代の初めに，主要な日本企業や北米やヨーロッパのいくつかの小さな会社が，ローコストと多様かつ素早いレスポンスタイムという2つの新しい競争優位のディメンジョンの力を示した。これらのリーディングカンパニーは，彼らの製品の製造と流通にかかる時間を短縮している。もっと重要なことは，新製品の開発と市場に送り出すまでに費やす時間を著しく削減している（Stalk and Hout 1990, 28-29）ことである。

　また阿保教授は，時間的競争力という言葉を使用している。この中で，短期的なリアルタイムな対応にしろ，長期的な経営体制へのフィードバックにしろ，素早い対応が生み出す効果は，ある意味では「時間価値」を実現しているものといえる。すなわち，時間価値をよりよく実現しているか否かは，企業の競争力を大きく左右する時代になっている（阿保 1993, 195）と説明している。

　つまり企業が時間によって競争優位性を獲得するときに，時間についての業績評価や意思決定が，いかに行われるべきかといったことも同様に重要となる。

　このように時間が重要であるという共通の認識のもとで，経営戦略，生産管理，マーケティング，管理会計等といったさまざまな学問領域からの時間に関する研究が行われている。もちろん管理会計や原価計算からも，多くの研究が行われている。例えば，以下のような研究があげられる。

　第1に，非財務的指標として直接的に時間を管理するという研究は1980年代から1990年代にかけて，Kaplan, Lieberman, Howell, Soucy, Fisher, Horgren, Foster and Datar, そしてHansen and Mowenらにより，すでに

いくつかの管理会計からの研究が行われている。これらは，端的にいえば，今まで10時間で製造していた製品を5時間で製造できた，あるいは納品することができたというように，短縮の時間を測定し，それによって評価をするというものである。

製造サイクル効率は，上記の非財務的業績尺度の1つであり，JITでの評価指標として多くの研究者によって説明がされている。

また第2に，最近のわが国の研究をみても，TPSでの会計問題の1つとして，リードタイム基準配賦やJコスト（時間を考慮に入れたコストという意味）論が，制約理論では，タイムベーストコスティング（Time Based Costing: TBC），そしてアメーバ経営では，時間当り採算といった指標がすでに企業経営に使われている。

このように個々のケースをみた場合には，時間の問題についてすでに一定の議論がされているといえる。しかしこれらを議論するとき，どの時間の，どの管理会計技法を問題にしているかというような共通の認識がないのである。例えば，品質問題であれば，品質原価計算，あるいは環境問題であれば，環境管理会計や環境原価計算といったものがすでにある。

筆者もタイムコストやタイム・コスティングという概念をすでに提唱してきたが，まずは，時間の問題を管理会計・原価計算の研究領域として体系的に整理する必要性があると考える。これによって，管理会計・原価計算上時間についてどのような研究がされ，問題意識は何か，また解決すべき問題は何かが，明らかになると考える。これが，本書のタイトル『時間管理会計論』の意味するところであり，この分野についての管理会計・原価計算での研究的貢献となり得ると考える。

では，体系的整理をする場合に，1つの考え方としては，業績評価会計と意思決定会計，あるいは戦略的計画，マネジメント・コントロール，オペレーショナル・コントロールといった既存の管理会計のフレームワークに時間研究を整理していくことが考えられる[2]。

だが，その前に，時間そのものにターゲットをあてることを考えてみては

---

2) これについては水島（2011）を参照のこと。

どうかと思った。というのも，時間研究といいながらも，時間そのものに目をむけるという議論があまりされていないのである。時間の問題を考えるときに，Taylorの科学的管理法にみられるように，製造現場での時間をまず思い浮かべることが多い。しかし上記の3つの状況をみても，製品開発から，製造，販売までと対象となる時間はかなり多様性があるように思える。つまり，時間と管理会計の問題を考える場合にも，どの時間を扱っているのかという理解がまずは必要になるのかもしれない。

それとともに，どの時間を問題にするのかによって，管理会計の方法も変わってくるのではないかと考える。これは，JITやアメーバ経営の研究からもいえることである。また先行研究で扱われた時間について視点を変えることによって，時間そのものの体系的整理も可能になる。その意味では，どのような時間があるのかを明らかにし，時間という共通の尺度から，それらを整理するための管理会計の枠組みを再度検討することにしたい。したがって，本研究方法は以下のようになる。

第Ⅰ部として，時間の視点からみた先行研究の分類，つまりどのような時間が扱われてきたのかを議論する。第Ⅱ部として，時間と管理会計・原価計算との関係，つまり上記の時間に対してどのような管理会計・原価計算技法がとられているのかを検討する。そして第Ⅲ部として，管理会計における時間研究の体系的整理，つまり業績評価会計や意思決定会計といった管理会計体系論からの検討の3部構成に大別される。これら3つの問題を明らかにすることが，本研究の大きな目的であり，これらを明らかにするために，文献研究を中心とした議論を行うことにする。これが本研究の研究方法論であり，研究の領域としては基礎理論の構築ということになる。

ただし，上述したように，当時の新しい環境において，いかなるCMSの構築が必要になるのか，また従来の管理会計，特に時間との関係においての問題点は，何であるのかといった議論も避けては通ることができない。というのも研究の動機は，これまでの研究について何らかの問題点があり，それを明らかにし，さらに解決することが大切になるからである。したがって，これらを考察する中で，上記3つの問題をきちんと解決していくことも本研究が取り組むべき重要な課題である。それらを踏まえて各章の内容は以下に

■図表序-1　論文の構成

		序　章　本研究の意義と研究方法論
第Ⅰ部	時間の視点からみた先行研究の分類	第1章　問題の背景と意義
		第2章　時間の視点からみた先行研究の分類
第Ⅱ部	時間と管理会計・原価計算技法	第3章　アメリカにおけるJITの研究
		第4章　時間からみた伝統的会計の問題点
		第5章　非財務的業績尺度の意義と財務的業績尺度の役割について
		第6章　時間とアクティビティ会計に関する研究
		第7章　通過時間と経営指標に関する研究
		第8章　TPSにおける時間の研究
		第9章　時間とアメーバ経営に関する研究
第Ⅲ部	管理会計における時間研究の体系的整理	第10章　管理会計体系論からの時間研究の整理
		終　章　まとめと残された課題

出所：山内（1999, 6）を参考に筆者が作成している。

なる。

　第1章は，時間を取り上げる理由と意義について述べてみる。上述のように，先端製造技術からの時間，生産管理システムからの時間，戦略からの時

間の3つを検討することから，なぜ時間が大事なものであるのか，また管理会計の問題として取り上げる必要があるのかといった研究の背景を説明する。これについては，当時の時代的要請，経済的要請からの要因をみることができる。この点から問題の背景を考察してみたい。

　第2章は，管理会計や原価計算研究の中で，時間を扱っている文献においてどのような時間が扱われているかを明らかにする。上述のように，時間といっても，戦略の立案から，製品開発，購買，製造，販売というさまざまな領域に及んでおり，対象となる時間の多様性を認めざるを得ない。そしてさらにそれらを①各ビジネス・プロセスの時間からの分類，②対象とする組織単位からの分類，③期間からの分類，そして④頻度からの分類の4つの視点から整理をしている。本章は，本研究の第1の問題点となり，第1章とともに，第Ⅰ部を構成する。

　第3章から第9章までが，第Ⅱ部となる。第3章では，アメリカにおけるJITの研究について検討を行う。1980年代後半以降の管理会計研究は，多くの点で JITの影響を受けている。これらについては，特にアメリカを中心に積極的な研究が行われてきた。ここでは，当時のJITの研究において，時間についてどのようなことがいわれているのかを中心に先行研究を整理していく。具体的には，JITの基本的な考え方，非付加価値時間への考え方，そこから考えられるべき業績評価システムについて検討をする。特にマネジメントコントロールシステム（Management Control System: MCS）の変化は，時間や品質といった変数がシステムの重要な要素になってくる。

　第4章では，前章のJITにおいて要求される業績評価システムを受けて，時間からみた伝統的会計の問題点を指摘する。先行研究を整理すると，コスト構造の変化，製造間接費の配賦，標準原価，財務的業績尺度の問題，記帳の単純化，そして原価計算の方式の6つに分類できる。これらの問題点を整理することが本章の第1義的な目的である。次に，これらの問題点を時間との関連から整理すること。そしてその問題点の解決のための管理会計技法を示してみたい。本章は，次章以降の本研究の個別の問題との接合的な役割を果たすために，重要な個所になると考える。

　第5章では，時間に関する管理会計技法の最初として非財務的業績尺度と

財務的業績尺度の2つを取り上げる。第4章の問題点でも触れたが，過度な財務情報への依存が，全社的ではなく，部分最適な行動を促すといった結果を生み出した。それを解決するために時間や品質といった非財務的業績尺度への強調がされた。具体的に時間に関してどのような指標が示されているかをみることにする。しかし，一方で，時間についての財務的業績尺度も時代に適応すべく変わってきている。それについてもみることにする。それにより，時間がどのように業績評価指標として使われるかを検討する。

第6章では，時間とアクティビティ会計について論じている。周知のように，アクティビティ会計は，第4章における製造間接費の配賦基準の問題を解決するために考え出された手法である。ここでは，コスト・ドライバーとしての時間やその決定要因といった時間ドライバーの意義を考える中で，それらが先行研究において，どのように論究されているかをみていく。特に，近年の時間主導型原価計算（Time-Driven Activity-Based Costing: TDABC）においては，時間という言葉が明確に示されているので，注視されるべき見解である。これらをとおして，アクティビティごとの時間やコスト，売上そして利益との関係がどのようになっているのかを明らかにすることはとても大事であると考える。

第7章では，経営指標としての通過時間について論じる。これまでも，労働生産性，在庫回転日数，そして在庫回転率等が，生産性もしくは効率性を表す指標として用いられてきた。しかし，時間の重要性を考慮したときに，通過時間を経営指標の1つとして考えるといった新しい提案がされている。これについては，経営全体としての通過時間を最初に測定したLiebermanの研究がスタートとなる。さらに彼の研究を発展させるために，阿保・辻教授の研究，阿保・矢澤教授の研究，矢澤教授の研究が順次行われている。ここでは，彼らの研究を詳細にみることによって，経営指標の1つとしての通過時間の意味を検討するともに，財務会計そして管理会計上の意義を考察していく。

第8章では，第7章とも関係するが，わが国におけるTPS研究に焦点を当てる。上述のように，海外でのJITの研究に対して，本家本元であるわが国の時間研究についての検討を行う。これについては，1980年代から門田教授

によっていくつかの研究を行われているので，まずは門田教授の内容をみていく。さらに1990年中頃から河田教授が，生産管理との管理会計の関係，そしてその中で，リードタイム短縮の効果が原価計算に組み込まれていないという問題の指摘と解決策を示している。これらをとおして，わが国のTPSにおける時間と管理会計・原価計算の問題を明らかにする。

　第9章は，時間とアメーバ経営に関する研究である。2000年前後から管理会計上京セラのアメーバ経営に関する多くの研究が行われている。その中で時間当り採算が，重要な業績評価指標として用いられている。またアメーバ経営の土台としての京セラフィロソフィが，時間当り採算の構造に具体的な形で影響を及ぼしている。つまりアメーバ経営において，その計算構造や京セラフィロソフィをみても，時間が重要な概念として使われている。これらから，第9章では，時間の視点からアメーバ経営を検討することを主たる目的とする。そのために，時間当り採算誕生の経緯，時間当り採算の計算式，利益連鎖管理という点から検討を行う。このように第Ⅱ部では，時間と管理会計・原価計算についての具体的な事例を取り上げることとする。

　第Ⅲ部は第10章だけである。上でみてきたそれぞれの問題を管理会計の枠組みの中で体系的整理を行うことにする。最後に終章としてまとめと残された課題をあげることにする。

第 I 部

時間の視点からの先行研究の分類

第1章

問題の背景と意義

第1節 はじめに

　本章においては，時間の問題を研究の対象とする背景とそれらに対してどのような時間を議論するのかについて述べることにする。時間の問題は古くて，新しいものである。その中で，本書において対象とする時間は，(1) 1980年代以降に登場してくる先端製造技術，(2) JIT（Just in Time：ジャストインタイム：JIT），制約理論（Theory of Constraints: TOC），あるいはアメーバ経営といった生産管理システム，そして (3) 戦略としての時間で使われているものである。これらは，当時のコンピュータを利用した製造技術の飛躍的な発展，それに伴う生産管理システムの実行可能性，そしてそこから時間そのものが経営戦略の重要な要素と考えられるようになるといった大きな潮流の中で捉えることができる。

　したがって，本章では，第1に，これら3つの具体的説明を行うことから，なぜ時間を管理会計・原価計算上研究対象とすべきかを明らかにしていく。第2に，これらを通じて，本書でどのような時間を扱うのかを示してみたい。上記のように，これら3つの要因は，相互関連性をもつと考えられる。しかしそれぞれの特徴を明らかにすることは，時間研究の重要性を明確にする上でも必要なことと考える。これらをみたときに，筆者は，時間研究を研究とすべき理由として，当時の時代的要請や経済的要請と深くかかわるという考えをもつ。以下具体的にみることにする。

第2節　時間研究が必要となる3つの要因

(1) 先端製造技術からの時間

　Berliner and Brimsonによれば，ロボット，コンピュータ支援設計（Computer Aided Design: CAD），およびフレキシブル生産システム（Flexible Manufacturing System: FMS）等の先端製造技術は，製造現場に大変革を起こした（Berliner and Brimson 1988, 1）。また製造企業の最終目標は，顧客や業界によって，世界市場で品質，コスト，機能性，そしてタイムリーな利用可能性において優れた製品の信頼できるサプライヤーとして認識されることである（Berliner and Brimson 1988, 159）。

　Leeは，以下のように述べている。FMS，そして究極的にはコンピュータ統合生産（Computer Integrated Manufacturing: CIM）の利用可能性は，米国産業に多くの方法で基本的な変化をもたらすであろう。すなわち，工場は非常に弾力的になるので，①とても少ない費用である製品の試作品を作り，②ある製品から他の製品に数分あるいは数秒での切り替え，また③すぐに市場の嗜好の変化に適応することができる。

　これにより，会社は純粋な見込生産に基づくよりはむしろ受注生産が可能になるだろう。これは，リードタイムの短縮，必要在庫量を劇的に減らすであろう。また自働化された工場は，労働投入量の減少，それによる外国の競争企業に対する米国企業の競争優位性をもたらすであろう（Lee 1987, 4）。

　Kaplan and Atkinsonは以下の指摘をしている。コンピュータ制御製造プロセスの利用が増えることは，製造プロセスの品質や信頼性を改善し，そして実質的に段取時間や段取替え時間を減らすことによって，製造フレキシビリティがなおさら可能になる。継続的にそのシステムを導入する企業は，多品種少量生産で効率的に製造する能力を示す規模の経済で競争できる。例えば，ミルウォーキー工場のワンフロアーにあるAllen-Bradley設備は，前日に新しい製品ラインでの全ての注文を集計し，その日にスケジュールを立てる。翌日に1バッチですべての注文品を作り，そしてその日の内に顧客に搬

送される (Kaplan and Atkinson 1989, 420)。

Meredithは，CIMの利点がフレキシビリティ，統合可能性，相互作用という3つの要素からなり，これらの特徴は，CIMを実施する企業によって実現されるコストや利益に大きな影響を及ぼす (Meredith 1988, 15) と指摘している。

このように，1980年代に，アメリカにおいては，FA化あるいはCIMといった技術変革が急速な勢いで起っていくのである。それとともに，生産管理システムとして，特にトヨタ生産システム (Toyota Production System: TPS) の別名でもあるJIT (Just in Time:ジャストインタイム: JIT) が盛んに実践された時代でもある。そこで第2の要因として生産管理システムからの時間についてみることにする。

(2) 生産管理システムからの時間

1) トヨタ生産システム

第2に，生産管理システムからの時間の問題を考えることができる。これについてはまずはJITの問題をあげることができる。

Leeは，TPSの基本的な目標は，望まれる時間と数量，そして最小のコストで失敗品を作らないことであり，その目標の達成のために，トヨタはJIT，自働化，フレキシブルな労働力といったさまざまなオペレーティングな概念を作り出した。JIT生産は，部品が必要とされるとき，必要な量だけ，それらを作るようにあらゆるプロセスに要求する概念である。それらがきちんと実行されるときに，表面上不可能なタスクは，製造リードタイムを短縮し，不必要な仕掛品や完成品在庫を実質的に消去し得る (Lee 1987, 19)。

McNairらは，待ち時間や運搬時間の消去によって，最小レベルまで製造リードタイム削減を行うこと，一定の作業量 (uniform plant load: UPL) が，JIT現場を成功させるという結果とともにJITの主要な目的ともなる。これらは，在庫管理や品質の改善と関係する (McNair, et al. 1988, 18) と述べている。

Kaplan and Atkinsonは，JITはすべての作業が間断なく継続的に処理されるといった試みである。その目標は化学やすべての製造プロセスのように

継続的生産システムを反復することである (Kaplan and Atkinson 1989, 412)。

Doddは，JITは，サイクルタイムに絶えず焦点を当てる。それは段取時間を減らし，待ち時間を消去し，緩衝としての在庫の削減や消去を行う。そして運搬時間や距離を短くする必要性を強調する。すべてこれらの実務は，在庫回転率（inventory velocity）やスループットを絶えず早くする。なぜならJITはプロセスのボトルネックを識別し，継続的プロセス改善を強調するためである。これらの実務のすべてが，搬送能力を高めることへ貢献する (Dodd 1992, A3-7; Borthick and Roth 1993, 5)。

2）制約理論

第2に，制約理論からの検討である。これについて『The Goal』の著者Goldrat and Coxは，会社の目標は，お金を作り出すことであり，それらの尺度には，スループット，在庫そして業務費用の3つがある。その中でも，時間については，スループットが関係する。彼らによれば，スループットとは，そのシステムが，売上を通じてお金を作り出す速度（rate）である (Goldrat and Cox 1992, 60) と指摘している。

そしてこの制約理論を援用した多くの考え方も出てきている。まずPreiss and Rayのタイムベーストコスティング（Time-Based Costing: TBC）がある。これは，もともと1995年にGoldmanらによって出版された「Agile Competitors and Virtual Organizations」という書物の1節として紹介されている。その中で，彼らは，粗利をベースに製品やプロジェクトの優先順位を決定する伝統的な原価計算の問題点を指摘する中で，それらが費やす，制約のある資源の仕事量が，時間当たりどのくらいかを金額で表示した変数のほうが重要である (Goldman, et al. 1995, 307) と指摘している。

その後2000年にPreiss and RayはTBCPart1と2という2本の論文をまとめている。彼らによると，今日のダイナミックなビジネス環境は，製品やサービスの収益，コスト，および収益性の主要な分析基準として時間への焦点を要求する。そしてTBCとは会社（あるいはプロフィットセンター）内外の貨幣流出入速度を分析するものであると定義している。TBCの必要性は，

伝統的原価計算手法の欠点とともに，売上高が時間を経過して変化するとき，製品単位当たり最大の利益をもつ製品やサービスが，時間単位当たり最大の利益を与えないという点である（Preiss and Ray 2000a, 65）。

Barter and Balachandranは，論文「製造環境へのVelocity Costing」において，速度原価計算（Velocity Costing: VC）を提唱している。これは，コストと時間管理を統合するための方法であり，これによって，原価計算システムがダイナミックな変化に適合できるようになると指摘している（Barter and Balachandran 2002, 39-42）。

またわが国でも，今岡氏が以下のような指摘をしている。制約理論の立場から，効率性の重視や時間の短縮がコストの削減につながっても，ボトルネックに焦点を合わせた同期化生産を行わなければ，工程間の在庫を増やし，結果として，それらがキャッシュ・フローや利益の増大につながらない（今岡 2002, 26-29）とし，現状の原価計算の問題点を指摘している。

3）京セラのアメーバ経営

また京セラのアメーバ経営においても時間の問題が扱われている。三矢・谷・加護野教授は以下のように指摘している。時間当り採算では，1時間が基準の時間単位となっている。これが浸透していけば，自ずと1時間という時間を意識するようになり，時間の使い方を工夫する。ムダな残業をしていては時間当りが悪くなるので，同じ仕事でも何分短くすませることができるかを真剣に考える。

今日の企業経営は，そのスピードが以前と比べものにならないほど速くなっている。時間が競争の鍵である。もし，現場の1人ひとりまでスピードを意識するようになれば，会社全体の動きも俊敏になる（三矢・谷・加護野 1999, 128）。

上總・澤邊教授は，以下の指摘をしている。アメーバの責任者は，さらに時間当り採算を増やすために，①製造収益を増加するか，②総時間を減少するかの改善策を考えなければならない。②時間の減少は作業のスピードアップを意味している。職能部門別組織では，段取や作業方法などの改善により，製造アメーバがスピードアップに成功し，時間当りのキャパシティが増大し

たとすれば，それに応じて販売アメーバが受注を確保する必要が生じることになる（上總・澤邊 2005, 103）。

また潮准教授は，アメーバ経営の土台としての京セラフィロソフィは，時間当り採算の構造に具体的な形で影響を及ぼしていると考えている。これは，以下のようになる。時間当り採算の独自構造として注目される1つに「時間の考慮」があり，京セラフィロソフィの1つとして時間を意識させることにより職場に緊張感やスピード感をもたせるという「時間の重視」がある。時間概念が計算構造に組み込まれているのは，「時間の重視」を反映したものであると説明している（潮 2008, 153-154）。

以上3つの生産管理システムについてみてきたが，ここでも時間の問題が強調されているとともに，時間の経過の中では，上記のようにそれぞれの生産管理システムにおいて，すでに時間に関するいくつかの指標が示されている。しかし，工場の自働化や生産管理システムの実践が行われる中で，管理会計の問題として考えたときに，伝統的な業績尺度がそれらに適合していないという問題提起がされた時代でもあった。例えば，Leeは，日本の挑戦に直面し，多くの積極的なアメリカの企業が，経営管理実務やビジネス業務を抜本的に改善し始めたのである（Lee 1987, 3）と指摘している。また Kaplan and Atkinsonは，JITシステムにおける著しい在庫削減そしてCIMの下での増やされた自動化は，新しい業務上の業績尺度を要求している（Kaplan and Atkinson 1989, 421）。時間をどのように評価するかという問題とともに，大局的にみれば，この点にも筆者の大きな関心がある。

（3）戦略としての時間

さらに1990年代に出版された『Time Based Competition』，『Competing Against Time』，『Time Based Management』，および『Profit from Time』等の書物においても，明確に示されているように，時間が企業の競争戦略の重要な要因の1つであるといった研究が積極的に行われている。代表的な研究の1つとして1990年代に出版された『Competing Against Time』においては，以下の説明がある。

今日起きているイノベーションは，タイムベース競争である。攻撃的な企

業における要求の厳しい経営者は，彼らの業績の尺度を競争的なコストや品質から，これらコストや品質に競争的な即応性を含めたものへと変化させている。顧客が欲しいものを欲しいときに引き渡しなさい。このことに再び注意を向けることは，初期のイノベータがタイムベース競争者になることを可能にする。タイムベース競争者は，ゆっくりとしたものよりも，低いコストやより短い時間で，多様な製品やサービスを提供している。

企業は，即応性へ焦点を当てることによって，目覚しい成果をあげている。それらの企業は，即応性の利点を活かして，業界の他の企業よりも少なくとも3倍の速さで，成長し，その平均よりも2倍の収益性をあげている（Stalk and Hout 1990, 1）。

その上，彼らは，最高の価値を最低のコストで最短時間内に提供する，というのが企業成功の新しい公式である。時間短縮が戦略にもつ意味は重要である（Stalk and Hout 1990, 31; 中辻・川口訳 1993, 36）と指摘している。

Blackburnは，日本企業は，競争優位性を維持するために時間の要素を利用している。結果として，日本の企業の迅速さは，アメリカ企業のもつ唯一の利点である地理的優位性を克服する（Blackburn 1991, 3）。

Borthick and Rothは，以下のように述べている。時間は製造業者や小売業者の両者に適用する重要な競争的要素である。しかしながら，会社が時間を基準に競争を始めるとき，彼らの行動は変化する。……財務的データは，会社が彼らのプロセスをリエンジニアリングする手助けにおいて重要な役割を果たし得る。しかしながら，コストだけに焦点を当てるよりもむしろ，その分析は品質や即応性のような他の要素を含むべきだ。タイムベース競争環境において，財務情報の重要な目的の1つは，顧客への即応性をより早くするために，よりよく時間を管理するようビジネスプロセスのリエンジニアリングをサポートするべきである（Borthick and Roth 1993, 5-6）。

Gregory and Rawlingは，タイムベース戦略の背後にある原理は，企業ができるだけ早く，最少のコストで，最大の価値の提供を要求している（Gregory and Rawling 1997, 8）。

これらをみても，タイムベース競争という1つの造語が生み出されているように時間が重要な概念となっている。

Kaplan and Atkinsonは，個々の会社は，戦略やターゲットとしたカスタマーセグメントの一機能として，時間，品質，そしてコストの3つの属性に関する独自の測定方法を開発してきた。実質的にすべてのバランス・スコアカード（Balanced Score Card: BSC）において，それら3つが，特に重要なディメンジョンとして際立ったものとなっている（Kaplan and Atkinson 1998, 554）。その中で，彼らは，時間が今日の競争において競争的武器になり，時間の尺度の1つであるリードタイムが，現在の製品やサービスのためだけに重要ではなく，絶え間ない新製品やサービスを提供できるサプライヤーこそが，カスタマーにとって価値がある（Kaplan and Atkinson 1998, 534-535）と指摘している。

　そしてこのような市場セグメントにとって，新製品やサービスを市場に出すリードタイムの短さが，顧客満足のための価値ある業績ドライバーになるであろう。この目的は，新しい顧客の要求がわかったときから，新製品やサービスが彼らに引き渡されるまでの経過時間として測定されるだろうとし，イノベーション・プロセスの中で議論をしている（Kaplan and Atkinson 1998, 535）。このように新製品開発での時間の重要性[1]についても触れている。

　これらの問題は，さらにKaplan and NortonのBSCにおいて，4つの視点の1つである社内ビジネス・プロセスを構成するイノベーション・プロセスの中で，評価指標としての時間の重要性が述べられることになる（Kaplan and Norton 1996, 97-104）。

　また，McNairらは，プロセスの単純化を通じて，JITは伝統的なマーケティングの大半の問題に解決を与える。競争は，フレキシビリティ，品質，コストに基づいて行われ，企業は複数基準の戦略により複数の市場セグメントを越えて競争することができる。製造レベルでの減らされたリードタイムと増やされた即応性は，予測に依存した生産決定への必要性を減らす。結果として，製造が市場における企業の差別化に使われる戦略的武器になる（McNair, et al. 1988, 20）。これは，生産管理システムそのものが戦略の役割

1）Curtisは，論文「新製品開発における非財務的業績尺度」の中で，新製品開発の評価への時間の利用について研究をしている（Curtis 1994, 18-28）。

を果たす1つの誘因となることを説明しており，興味深い考えといえる。

これらをみたとき，企業全体のビジネスプロセスでの時間管理あるいはサプライチェーンマネジメントに代表されるような企業間での時間管理の重要性もあげられる。当然これら企業全体の視点から時間管理の問題をみていくことは大事となる。このように，第3の要因として，戦略としての時間も重要な問題として取り上げることできるのである。

第3節　本書で研究対象とする時間

上述のように，本章においては，時間研究が必要な要因を3つの点から指摘した。これら3つの要因からみても時間をどのように捉え，管理会計や原価計算の問題としてどのように評価指標として組み込んでいくことができるか，重要な問題となっている。筆者は，このことから，管理会計や原価計算の問題として，時間研究が必要であると考える。

また，当時の時代的・社会的要請あるいは経済的要請から，時間研究の必要性があったというように説明することもできる。なぜなら，前者については，生産システムそのものが大きく変化するということは，基本的には，その背後により生産性を高めることを社会が強く意識しているからである。また後者については，戦略の問題からみたときに，時間の問題を企業が自社の問題としてきちんと認識できるかが企業のコストや利益に大きな影響を及ぼすことになる。逆の見方をすれば，それができない会社は，市場における競争優位性を自ずと失うことになるからである。

このように，第1章においては，時間研究が必要な要因を述べてきた。したがって，ここから，本書で取り上げる時間は，(1) 1980年代以降に登場してくる先端製造技術，(2) JIT, TOC, あるいはアメーバ経営といった生産管理システム，そして (3) 戦略としての時間で使われているものである。これら3つの要因は，当然のことであるが，相互関連性をもつと考えられる。その意味では，これらの要因が同時的に動く中で時間の問題が議論されているといえる。また，アクティビティ会計のようなこれらと関連のある管理会計・原価計算技法での時間も研究の対象とする。

一方で，このような状況に対する時間からみた伝統的会計の問題点についても検討する必要があるが，これについては，第4章で取り上げることにする。

第4節　おわりに

本章においては，時間の問題を研究の対象とする背景とそれらに対してどのような時間を議論するのかについて述べてきた。その要因として，(1) 1980年代以降に登場してくる先端製造技術，(2) JIT，TOC，あるいはアメーバ経営といった生産管理システム，そして (3) 戦略としての時間の3つをあげた。これらは，当時のコンピュータを利用した製造技術の飛躍的な発展，それに伴う生産管理システムの実行可能性，そしてそこから時間そのものが経営戦略の重要な要素と考えられるようになるといった大きな潮流の中で捉えることができる。

また筆者は，時間研究が，当時の時代的・社会的要請あるいは経済的要請からも必要であったと考える。これらを踏まえて，本研究で取り扱う時間は，上記 (1)，(2)，(3) の時間を中心として議論を行うことにする。

第2章

時間の視点からみた先行研究の分類

第1節 はじめに

　本章は，時間の視点からみた先行研究の分類を行うことを主たる目的とする。われわれ管理会計の立場から時間の問題を考えるとき，当然であるが，管理会計技法や計算構造の側面から考察を加えようとする。しかし上述のように，まずは時間そのものにターゲットをあてることの必要性もあげることができる。このことにより，時間に目をむけることが可能になるとともに，時間の多様性も知ることができる。

　というのも，一般的には，時間というと製造現場での時間の問題をまずは考えるかもしれない。確かに，従来の研究をみた場合に製造時間とコストとの関係は，関心のある1つのテーマとなっている。しかし，時間を扱っている多くの文献を調べていくと，時間といっても，さまざまな時間が使われていることがわかる。例えば，購買，引き渡しの時間といったものである。特に，近年，製品開発の時間や戦略のための時間も研究の対象とすべき重要な問題と考えることができる。

　このように，本章は，管理会計や原価計算研究においてどのような時間が扱われているかを明らかにすることを第1の目的とする。そして次に，それらを①ビジネスプロセスからの分類，②組織単位からの分類，③期間からの分類，④頻度からの分類の4つにまとめていく。本章は，本研究の3つの主たるテーマの最初に位置づけることができる。

なお，本章で取り上げる先行研究の区分・整理については，基本的には，第5章から第9章に沿って行うことにする。ただし，制約理論の問題や戦略からの区分もこれに加えることにする。したがって，この分類の中で，研究者によっては，重複するケースも出てくることになる。

第2節　各研究者が対象としている時間

（1）非財務的業績尺度と財務的業績尺度における時間

1．Kaplanの研究

　Kaplanは，生産性の尺度が，時間に関する製造業績を示す最も基本的なものであるが，それが意思決定やコントロール活動上管理者の手助けとなっていない（Kaplan 1983, 292-293）と説明している。以上から，彼は製造活動における時間を研究の対象としている。しかし，それらの利用目的は示されていないことになる。

2．Howell and Soucyの研究

　Howell and Soucyは，時間についての，搬送業績をみている。それには，時間通りに搬送が行われているかをみること，つまり搬送の遅れや注文がきちんと履行されているかが大事となる。また，その場合の時間として，顧客による注文の受け取りから搬送までの時間であるサイクルタイムを測定している。これは，購買注文リードタイムと製造サイクルタイムに分けられる（Howell and Soucy 1987, 25-31）。以上から，彼らは，顧客による注文から，製造，そして搬送の時間までを研究の対象としている。

3．Leeの研究

　Leeは，ポジティブな業績モデル（Positive Performance Model: PPM）を提案しており，その変数として，リードタイムをあげている（Lee 1987, 67）。またJITの問題の指摘（Lee 1987, 19-20）も含めて，時間の問題としては，製造時間を研究対象にしていると考えられる。

第2章 時間の視点からみた先行研究の分類

4．Kaplan and Atokinsonの研究

Kaplan and Atokinsonは，スループットないしリードタイム等のグローバル尺度と型の数分での交換や平均的な在庫回転日数等のローカル尺度の2つをあげている（Kaplan and Atokinson 1989, 421）が，基本的には，製造時間の評価を行っている。

それとともに，集積回路を作っているアメリカの半導体製造工場のサマリーレポートの中では，時間については，サイクルタイムと時間通りの搬送があり，理想の目標はサイクルタイムが，セルをとおして故障時間のない理想的な時間，時間通りの搬送が，要求の正確な組み合わせによる100％の時間通り搬送であった（Kaplan and Atokinson 1989, 422-424）と指摘している。これらから，彼らは製造時間に，搬送時間も加えているのである。

5．Lessnerの研究

Lessnerは，購買部門の業務をより効率的に行うために，そこでの業績尺度の例をあげている。その際他の部門との関係の重要性を示している。その中でも，時間については，在庫日数，時間通りの搬送がある（Lessner 1989, 25-26）。これらは，製造部門の業績尺度であるため，製造部門の時間を取り上げているといえる。

6．Green, Amenkhienan and Johnsonの研究

Greenらは，早くなった段取時間，リードタイムの短縮，新製品立ち上げ時間等の進捗を測定し，報告をしている。具体的に，AT&TのJIT導入後の，製造時間における12倍の削減，そして時間通りの搬送の95％の増加を含む（Green, et al. 1991, 50-53）としている。このように彼らは，製造時間，開発時間，そして搬送の時間を研究の対象としている。

7．Fisherの研究

Fisherは，時間について信頼性と即応性の2つをあげている。信頼性は，時間通りの搬送をみている。一方，即応性は，注文を履行するために必要とされたリードタイムを用いて測定している（Fisher 1992, 34-35）。前者は搬

送までの時間について，後者は搬送までの時間をみているものの，リードタイムの測定と指摘しているので，製造時間の測定の必要性にも言及している。このように，彼らは，製造時間，搬送の時間を研究の対象としている。

8．Swenson and Cassidyの研究

Swenson and Cassidyは，顧客への即応性がより重要になるとき，能率や機械稼働率という伝統的な会計尺度の不適切から，段取時間，スループットタイムといった時間に関する非財務的尺度が必要になる（Swenson and Cassidy 1993, 39）と述べている。これらから，彼らは，製造時間を研究の対象としている。

9．Dahavaleの研究

Dahavaleは，セルサイクルタイムが，1バッチの加工の始まりから終了までの所要時間を示し，製造の側面だけをみていると説明している。一方注文サイクルタイムは，受注からその完全な搬送までの所要時間を示し，そのシステム内の受注管理を考慮に入れる。顧客の観点から，計算するのものは受注後いかに早く搬送されるかである（Dahavale 1996a, 60）。

また彼は，セルサイクルタイムの中で，加工時間が一番長い機械がボトルネックであり，この機械の加工時間を減らすことがサイクルタイムを改善することになる（Dahavale 1996a, 61-62）とボトルネックの時間も示している。このように，彼は，製造時間の問題を中心に，受注から搬送までの時間を研究の対象としている。

10．Horngren, Foster and Datarの研究

Horngrenらは，時間について顧客のレスポンスタイムと時間通りの業績の2つの指標を示している。その中でも，ヤマザキマザック（注文での工作機械メーカー）の例を載せている。この会社では，顧客のレスポンスタイムを注文受取時間，注文製造リードタイム，注文搬送時間という3つの要素に分けている（図表2－1を参照）。まず，注文受取時間はマーケティング部門が顧客の正確な仕様書を記述するのにかかる時間から，製造部門へ注文を行

■図表2-1　ヤマザキマザックの顧客のレスポンスタイム

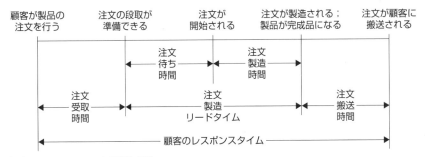

出所：Horngren, et al.（1997, 695）.

うのにかかる時間である。

次に，注文製造リードタイム（あるいはサイクルタイム）は，その注文が製造ラインでスタートの準備をする時間から，それが完成品になるまでの時間である。それは，注文に対する製造時間に待ち時間を加えたものを含む。

ヤマザキマザックのケースにおいて，先に到着した注文の加工が急いで行われるために，工作機械への注文は，待ち時間ができたり，遅れたりすることもある。

注文搬送時間は，販売部門が製造部門から注文を受けるのにかかる時間からそれを顧客に搬送するまでの時間である（Horngren, et al. 1997, 694）。

また時間通りの業績については，宅急便の会社であるFederal Expressの小包を搬送する時間（Horngren, et al. 1997, 696）や航空会社のNorthwest Airlinesの飛行機が，時間通りに目的地へ乗客を運ぶ時間（Horngren, at al. 1997, 696）を扱っている。このように，彼らは，製造業においては，注文の受け取りから，製造，そして搬送時間までを研究の対象としており，サービス業においては，搬送を行うといったサービス提供の時間を扱っている。特に，ヤマザキマザックの時間のように詳細な区分がされている。

11．Hansen and Mowenの研究

Hansen and Mowenは，能率の尺度としての生産性について，労働時間あるいはキロワット時間当たりのアウトプットを測定している。また検査アク

ティビティのためのアウトプットは,検査時間によって測定され,その目的は検査アクティビティの生産性を改善することである(Hansen and Mowen 1997, 410-411)といったように,基本的には,製造時間の問題を扱っている。

さらに,時間の尺度として信頼性と即応性があり,信頼性は,アクティビティのアウトプットが,時間通りに搬送されることを意味する。一方,即応性は,必要なアウトプットの製造にかかるリードタイムを測定するとしサイクルタイムと速度をあげている(Hansen and Mowen 1997, 412)。そして製造サイクル効率(Manufacturing Cycle Efficiency: MCE)についても触れている。これらは,当然のことであるが,製造時間の問題である。

このようにHansen and Mowenは,製品の製造時間と搬送時間を研究の対象としているのである。

12. Berliner and Brimsonの研究

Berliner and Brimsonは,MCEについて触れている(Berliner and Brimson 1988, 2-3)。したがって,彼らも製造時間を研究の対象としている。また製品の搬送サイクルにおける3つの重要なディメンジョンとしてエンジニアリングの設計・開発,製造,顧客への搬送をあげている。このように彼らは,製品のライフサイクル全体の時間の削減の必要性を述べている(Berliner and Brimson 1988, 43-62)。

13. McNair, Mosconi and Norrisの研究

McNairらも,MCEの問題を扱っている(McNair, et al. 1988, 181-182)。また業績測定対象として,ゼロリードタイム,加工時間の最小化,ゼロ段取時間をあげている(McNair, et al. 1988, 198)。これらより,彼らも製造時間を研究の対象としている。

14. Brabazonの研究

Brabazonは,MCEによる製造サイクルタイムの管理を説明している(Brabazon, 1999, 48-49)。したがって,彼は,製造の時間を研究の対象としている。

15. Stevers, Covin, Hall and Smaltの研究

Steversらは，時間に関する非財務的業績尺度として，顧客サービス要素の顧客満足と搬送業績そして目標達成の中の生産性をあげている。彼らは，非財務的測定プロセスの全体像を与えることを研究目的としている（Stevers, et al. 1998, 44-45）ため，上記2つの指標についての具体的な内容が示されているわけではない。しかし搬送や生産性という指標からこれらは，製造や搬送の時間を示していると考えることができる。

16. Bledsoe and Ingramの研究

Bledsoe and Ingramは，General Motors（General Motors Corporation: GM）の，品質ネットワークプログラムと呼ばれる継続的改善の原理の導入目的が，ワールドクラスの製品の製造と搬送によって，顧客満足を改善することであった（Bledsoe and Ingram 1997, 43）と説明している。また顧客満足を製造プロセスの4つの相互関連あるディメンジョンと明確に関係づけた。これには，a.製品の品質，b.搬送，c. 製造リードタイム，d.ムダがある。これらからも，製造リードタイムを中心として，製品を外部顧客やサブ部品の工場といった内部ユーザーまでも含めた搬送の時間（Bledsoe and Ingram 1997, 45）も含んでいる。これらが，彼らが研究の対象としている時間である。

17. O'Brien and Sivaramarkrishnanの研究

O'Brien and Sivaramarkrishnanは，JITにおいては，サイクルタイムと製造コストの関係性をより明確にすることによって，時間管理に関するより有用な情報を提供できる（O'Brien and Sivaramarkrishnan 1994, 63）と説明している。したがって，彼らの研究もサイクルタイムという製造時間の問題となる。その中で，彼らはセルにおける非付加価値活動によって引き起こされる差異や上流や下流の遅れによって引き起こされる待ち時間差異を求めている（O'Brien and Sivaramarkrishnan 1994, 68）という意味では，無駄を生み出す時間をどのように計算するかにその主眼が置かれている。このように，彼らの研究は，上流や下流，待ち時間を求める中で，製造時間を研究の対象としている。

第Ⅰ部 時間の視点からの先行研究の分類

18. Kren and Tysonの研究

Kren and Tysonの研究も，サイクルタイムを1つの重要な指標と考え，サイクルタイム測定基準（cycle time metrics）が，原価差異分析との関係で，サイクルタイムの効率や非付加価値コストを発見するために使われている（Kren and Tyson 2002, 18）。

また彼らは，Parlecという6つの異なった製品ラインをもつ工作機械会社の事例研究を行い，実際に適用された時間（applied hour），利益を生むだろう時間（earned hour），および賃金時間（payroll hour）が計算されている。applied時間はマシンオペレーターによってジョブで記録された実際時間と関係する。Earned時間は，事前の工程計画時間標準によって決められた時間と関連している（Kren and Tyson 2002, 21-23）。このように彼らは，サイクルタイムを中心とした製造時間を研究の対象としている。

19. 岡本教授の研究

岡本教授は，製造の主たる担い手が設備に変わる中で，設備総合効率の計算を主張し，設備管理がエンジニアリングの重要な手法である（岡本 2000, 879）と指摘している。

この計算式において，負荷時間，稼働時間，理論サイクルタイム，実際サイクルタイム等の測定から，時間稼働率，正味稼働率，速度稼働率，良品率を求めている。具体的には，段取・調整，故障・停止，速度低下，仕損にかかった時間を計算している（岡本 2000, 879-884）。このように，岡本教授は，製造時間を研究の対象としている。

（2）アクティビティ会計における時間

1. Kaplan and Atkinsonの研究

Kaplan and Atkinsonは，Tektronixの携帯計器事業部（Portable Instrument Division: PID）のコントローラーであるAndersonの記述したケースを紹介する中で，サイクルタイム原価計算（Cycle Time Costing: CTC）を提案している。

ここで，サイクルタイムとは，携帯計器を製造するのに必要な総加工（製

造）時間として定義される。これは，プリント基板の組み立てから計器の完成へといった包装までの経過時間でもある。この時間枠（time frame）は，サイクルタイムで配賦されるすべての加工と関連のある間接費を含むとしている。

またサイクルタイムの計算は，各製品ラインの1日（シフト当たり8時間）当たりの製造時間に基づいて計算される。しかし週末のような，非製造時間は，サイクルタイムに含まれない。サイクルタイムは，数日間モニターされ，計器の種類ごとに平均が計算されている（Kaplan and Atkinson 1989, 467-469）。このように彼らは，携帯計器の組立生産プロセスの時間を扱っている。

2．Borthick and Rothの研究

Borthick and Rothの研究において，第1に，購入注文書の作成，郵送の封筒に詰めるといった準備のアクティビティから，サプライヤーが，注文書を郵送で受け取るアクティビティを経て，サプライヤーがトラックに積荷し，出発し，材料を購入企業の在庫保管室に引き渡すといった搬送のアクティビティまでの一連の購買部門のアクティビティの時間をまずは対象としている。彼らによれば，これら購入サイクルタイムはトータルで25日かかることになる（Borthick and Roth 1993, 7）。

このサイクルタイムの短縮のために，彼らは電子データ交換（electronic data interchange: EDI）を実施している。これにより，購入サイクルタイムは，4.5日にしかならないだろうと説明している。

第2に，このサイクルタイム20.5（25.0－4.5）日の短縮による在庫保管期間とコストの削減額についても指摘している（Borthick and Roth 1993, 8-9）。

またBorthick and Rothは，この考え方を設備投資評価に利用している。これについて，彼らは財務的データがこのようなプロジェクトへの投資を正当化するために使われようとするなら，無駄なアクティビティと識別されたすべてのコストが分析され，評価される（Borthick and Roth 1993, 9）必要性を指摘している。この無駄な時間を消去し，減らすために段取時間や検査時間とのコストの関係もみている。つまり製造時間の問題である。

3．Hansen and Mowenの研究

Hansen and MowenのABM（Activity-Based-Management: ABM）の研究においては，アクティビティ分析の中で，材料の消費，再作業，段取，検査という各アクティビティについて付加価値コストと非付加価値コストの算定がなされる。その中でも再作業は作業時間，段取は段取時間，検査は検査時間がコスト・ドライバーとして使われている。このように各時間の中で，付加価値時間と非付加価値時間の区別を行っている（Hansen and Mowen 1997, 392-398）。ここでは，製造時間を研究の対象としている。

4．Maguire and Peacockの研究

Maguire and Peacockは，リードタイムコストプロセスマップを作成している。その第1フェーズは，リーンな生産目標と尺度，およびベンチマーク目標設定から成る。これについてMaguire and Peacockは，リーン生産方式の測定基準のうち時間について，a.エンジニアリング（製品単位当たりの平均的なエンジニアリング時間，製品当たりの平均的な開発時間，金型の開発時間，プロトタイプのリードタイム），b.製造業績（金型の交換時間）等をあげている（Maguire and Peacock 1998, 30）。

またフェーズ2のABCマトリックスにおいて，購買部門の例をあげている。その時間の30％は購入注文書の発送，40％は急ぎの注文に対する督促，そして30％が部品の調達（sourcing products）に使われた（Maguire and Peacock 1998, 31）としている。

このコスト・ドライバーとして，急ぎの注文への督促というアクティビティについて3つのコスト・ドライバーを明らかにしている。これが欠陥品の注文数，発送前での顧客の変更数，および製品を顧客へ搬送するサプライチェーンのリードタイムである（Maguire and Peacock 1998, 32）。彼らが示しているマトリックスからいえることであるが，これら3つのコスト・ドライバーは，すべてリードタイムに影響を及ぼすものである（Maguire and Peacock 1998, 35-37）。

このように彼らは，購買部門の時間の問題を中心に，開発の時間や製造の時間，そして搬送の時間も研究の対象としている。

5．Kaplan and Andersonの研究

　Kaplan and Andersonの時間主導型ABC（Time-Driven-Activity-Based-Costing: TDABC）は，単位当たりの供給能力コストと取引や活動を行うために必要とされる時間という2つのパラメータの見積だけを要求する。TDABCにおいては，顧客の注文処理，不満の処理，そして信用チェックの遂行という顧客管理と関係のある人々によって行われる一連のアクティビティについて，それぞれの見積時間を基準に配賦計算を行っている（Kaplan and Anderson 2003, 3-7）。

　また彼らは，経営者は，未利用キャパシティを今削減するよりもむしろ，将来の成長のために保有することを選択するかもしれない。経営者が，新製品の導入，新たな市場への展開，あるいはまさに製品や顧客の増大を考えるとき，彼らは現在のキャパシティでビジネスの拡大にどのくらい対処できるのか，需要増加への追加的支出を要求するキャパシティの不足がどこから生じるのであろうかを予測し得る（Kaplan and Anderson 2003, 9）というように戦略策定の時間についても指摘している。

6．Everaert and Bruggemanの研究

　Everaert and Bruggemanは，販売部門によって行われる販売注文処理アクティビティの時間を扱っている。まず彼らは，1週間に40時間労働の従業員が3人いて，彼らの時間の約20％がミーティング，トレーニング，休憩に使われている。その中でアクティビティとして，標準的な注文を処理するのにかかる時間は，3分，新しい顧客の注文処理には，登録というサブタスクを必要とし，追加的に15分がかかる（Everaert and Bruggeman 2007, 16-17）と説明している。

　彼らの研究は，基本的にはこれら2つのアクティビティについて，時間方程式による資源コスト計算のプロセスを示している。ただし彼らの研究の特徴は，時間方程式のモデルの構築において，注文処理アクティビティにおいても複数の時間ドライバーを組み込む必要性（Everaert and Bruggeman 2007, 17-20）を指摘しているところである。

7．Namaziの研究

　Namaziは，TDABCの問題点をあげ，伝統的ABCの長所を考慮する中で，第三世代のABCとして業績中心的ABC（Performance-focused ABC: PFABC）を提唱している。彼の研究においても，Kaplan and Andersonと同様に顧客サービス部門の顧客の注文処理，顧客の問い合わせの処理，そして信用チェックの遂行という3つのアクティビティについての時間を扱っている。この研究においては，効率差異や能率差異の計算，さらに未利用キャパシティの問題についても議論している（Namazi 2009, 34-46）。

8．Giannetti, Venneri and Vitaliの研究

　彼らはイタリアのピサ空港を管理するSAT（Societa Aeroporto ToscanoS.p.A: SAT）においてTDABCのパイロットモデルを実施した。その中でも，ハンドリングサービス特にランプハンドリングサービスについてのものである。これは，航空機の到着から離陸までのサービスを行うために必要なすべてのアクティビティを含んでいる（Giannetti, et al. 2011, 7-8）。

　彼らがTDABCを実施する決定は，ハンドリングサービスにおける人的資源利用（personnel capacity utilization）のノレッジを改善する必要性から生じた。なぜなら空港内には，たくさんの固定費があり，サービス価格の設定，能率の増大，そして航空会社との取り決めに従うために，その資源がいかに，なぜ利用されるかを知ることが重要であるため（Giannetti, et al. 2011, 8）だと説明している。

　したがって彼らの研究においては，ランプハンドリングサービスアクティビティでの時間を扱っている。しかしながら，航空会社の要求や航空機の特徴によってサービスの方法が異なる。航空会社でたくさんのサービスをもっているなど，さまざまなサービスがあるため，サービスを行うために必要なアクティビティは，以下のようにカテゴリー化された。それはfixed time アクティビティ（標準的なサービスのために必要），variable timeアクティビティ（カスタマイズされたサービスのために必要）である（Giannetti, et al. 2011, 8）。さらに彼らは，この情報は，短期長期の利益に影響を及ぼす戦略的および業務的なイニシアチブを選択するためにとても有益となる（Giannetti, et al. 2011, 13-14) というような時間の使い方を考えている。

（3）通過時間という経営指標からの時間

1．Liebermanの研究

　Liebermanは，時間として総製造通過時間（the total manufacturing throughput time）を算定している。これは，原材料の投入から完成品として終結するまで総製造プロセスを製品が移動するのに必要とされる時間のことであり（Lieberman 1990, 215），1企業だけでなく，部品供給業者から部品組立会社までの供給連鎖（Supply Chain）にまで範囲を拡張した時間概念である。

2．阿保教授の研究

　阿保教授は，著書『ロジスティクス革新戦略』の中で，ゴールドラットが示したシステムが販売することによって作り出す速度である「通過量」「通過速度」という概念を取り上げている。これは，1つの加工機械，あるいは機械グループで構成されるショップ，さらには1つの部門，もっと広げて工場全体，そして最も広げれば会社全体を通過する量あるいは，その速度を表現し，時間で表す場合，通過時間であるが，より一般的にはリードタイムである（阿保 1993, 197）と説明している。

　阿保教授によれば，リードタイムのうちでも，顧客が発注してから，実際にその商品を入手し，利用可能もしくは消費可能の状態にすることができるまでの時間経過を指す納入リードタイムを取り上げている。その理由として，これは顧客サービス要素として重要度が高いためと説明している。

　さらに経営効率測定という立場から，累積リードタイムもしくは戦略的リードタイムの必要性をあげている。つまり原材料を購入して，その原材料が入荷して，代金を支払うべき義務が発生してから，各種の工程を通り，完成品となり，それが流通市場の在庫点を通過して顧客の手許に届けられ，実際に顧客がその代金を支払ってくれるまでの総経過時間である（阿保 1993, 199-200）。

　この戦略的リードタイムを短縮して，経営効率を向上させるためには，加

工，組立，輸送などの直接活動時間を短縮することを意図するよりも，実に90〜95％を占めている滞留・作業待ち時間の除去もしくは，短縮を図る方がはるかに効果的なことがわかる（阿保 1993, 200-201）と説明している。

3．阿保・辻教授の研究

さらに阿保，辻教授の1994年の論文「経営速度指標としての通過時間」の中で，経営効率測定つまり経営全体での総合的な通過時間の必要性を明確に指摘している。このことは彼らが通過時間という速度は，個別工程の速度の管理においても，経営全体の速度の管理においても，きわめて有効な管理指標（阿保・辻 1994a, 125）であると指摘している点からも理解できる。

4．阿保・矢澤教授および矢澤教授の研究

また矢澤教授は，Lieberman，阿保・辻教授，阿保・矢澤教授の研究を整理する形で，以下のような指摘を行っている。商品やサービスをタイミングよく，迅速に提供することはきわめて重要である。ある企業活動の開始から終了までの経過時間に，リードタイム，通過時間，累積リードタイムもしくは戦略的リードタイム，そして総製造通過時間の4つがある（矢澤 1997, 25）と説明している。また彼は，通過時間と物流費率の計算を行っている点からも，材料の購入から，製造，そして製品の搬送時間までも計算の対象にしているといえる。つまり上記の時間でいうと，累積リードタイムもしくは戦略的リードタイムを計算しようとしている。

（4）TPSにおける時間

1．門田教授の研究

トヨタ生産システムの先行研究として門田教授の研究を取り上げることができる。特に，著書『トヨタプロダクションシステム』の中で，トヨタ生産方式においては，かんばん方式が，生産の平準化，作業の標準化，段取替え時間の短縮，改善活動，機械レイアウトの工夫，自働化といった前提条件によって支えられている（門田 2006, 11）と指摘している。その中でも，生産の平準化は，最終組立ラインが各種製品を毎日タクトタイム（つまり1個売

れる時間間隔)[1]に従って均等の量で作っていくこと（門田 2006, 14）で，その実現のためには，各種製品を迅速かつタイムリーに生産しなければならないから，生産リードタイム（かんばんなどによる生産指示から加工し，入庫するまでの時間間隔）の短縮が必要になる（門田 2006, 16-17）と指摘している。

このリードタイムやタクトタイムは，作業の標準化，段取替え時間の短縮，そして機械レイアウトとも関係してくる（門田 2006, 14-21）。

2．河田教授の研究

物流速度という新しい生産パラダイムの中で，物の稼働時間ではなく，リードタイムからみていくことの必要性を強調。ここでリードタイムは，プロダクトが工場の入口から出口までを通過する全経過時間（elapsed time）で，それは加工時間に非加工時間（待ち時間と運搬時間）を加えたものである。加工時間は価値付加時間（value adding time）で，非加工時間はコスト付加時間（cost adding time）です。改善初期は非加工時間を短縮することで比較的大きな効果が狙えます（河田 1996, 219）というように非加工時間の短縮の必要性を指摘している。またタクトタイム（河田 2007, 44）という概念もでている。このように，河田教授の研究は，製造時間を研究の対象としている。

3．田中教授の研究

田中教授のＪコスト論の研究においては，各製造工程での製造時間を示している。特に改善活動の評価指標を算定するという点からいうと，改善のためのリードタイム短縮がキーワードになっている（田中 2004, 85-92）。

1）タクトタイムは，サイクルタイム，ピッチタイムまたはインデックスタイムとも呼ばれ，均一化された作業時間と運搬時間の総計のことである（門田 2006, 134）。あるいは，完成品が1台ごとに出荷された時間間隔のことで，「リードタイム＝タクトタイム×工程数」の関係にある（河田 2007, 44）。

4. 圀村教授の研究

圀村教授は，時間を組み込んだ投下資本コスト（Time Cost of Capital Employed: TCCE）を提案している。これは製造・流通過程で循環する運転資本等の使用料であり，機会原価である。さらに，プロジェクト評価では材料費や人件費といった製造コストだけでなく，製造・販売過程で使った投下資本コストを機会原価として計測する（圀村 2008, 45）。これらから，彼の研究は，製造の時間だけでなく，販売の時間も考慮に入れている。

5. Kocakülâh, Austill and Schenkの研究

一方で，TPSに関する海外の研究についてもあげることができる。彼らの研究は，リーン生産方式（lean manufacturing）についての研究であり，これはTPSの一部であるといっている。彼らは，サイクルタイムやタクトタイムの問題を扱っている（Kocakülâh, et al. 2011, 20-28）。したがって，彼らも製造の時間を研究の対象としている。

（5）京セラアメーバ経営における時間

京セラのアメーバ経営においてどのような時間が扱われているのかを検討する。アメーバ経営は，研究として，ある程度共通の考えをもつが，他の研究との整合性をもたせるために，研究者ごとに分けた時間を示すことにする。

1. 上總・澤邊教授の研究

上總・澤邊教授が，指摘するように，アメーバの時間は，時間当り採算の計算式が示すように製造時間と営業時間に大別される。

製造部門・時間当り採算＝製造収益／総時間

営業部門・時間当り採算＝営業収益／総時間

ここでの総時間は労働時間を意味している。具体的には，「『総時間』とは，各アメーバに所属する従業員の1ヵ月間の『定時間』と残業時間」，間接部門からの『共通時間』，他アメーバからの『振替時間』を合計したものである。アメーバ間で応援などが発生した場合には，実績時間の振り替えを行い，また間接部門の総時間についても応分に割り振る」（上總・澤邊 2005, 102-

104)とされている。その際「時間当り付加価値を中軸的利益概念として，細分化したアメーバ組織の部分最適化と全体最適化を同時に目指すPCM（Profit Chain Management: 利益連鎖管理）が展開されている」（上總・澤邊 2005, 104）という指摘からも，時間が全社利益を生み出す大きな誘因になっているのである。以下も同様であるが，基本的には製造・営業部門の時間が研究の対象である。

2．三矢・谷・加護野教授の研究

彼らは，製造営業部門以外に間接部門の時間についても検討している。この間接部門として，研究開発部門，管理部門，そして物流部門の3つがあげられている。まず研究開発部門においては，事業本部内での開発部隊のテーマごとの時間が扱われている（三矢他 1999, 171; 三矢 2003, 117）。

次に管理部門については，本社や工場の経営管理，経理，人事（三矢他 1999, 173）における時間が対象となる。そして最後に物流事業部である。これは，以前は経営管理の中で行っていた物流管理を，分離させたものである（三矢他 1999, 175; 三矢 2003, 118-119）。

さらにアメーバ経営が現場だけの管理システムでない。全社的な利益管理システムであり，アメーバ自体が班・係・課・事業部・事業本部というような階層的に構成されている（谷 1999, 49）という指摘からも，全社的に時間が使われているといえる。

3．挽教授の研究

また挽教授は，上記の間接部門の時間について以下のように説明をしている。これは1981年に導入され，もともと課と部ごとに時間当り採算表を作成してきたが，2002年頃から新たに研究テーマ別の時間当り採算表も作成するようになった（挽 2007, 269-276）。そして物流管理を分離した理由として，これは，間接費と間接部門の人員削減を狙っての設立であった。なお，ここで扱う時間として具体的には，社内の製品や部材の管理，納品書に従って発送するという仕事，社内売買ということでアメーバ間の売買に関連する在庫管理を行って，必要なときにアメーバに物を渡すという仕事，それと受入倉

庫, 資材の受入倉庫（挽 2007, 277-279）等の一連の業務に関する時間がある。

4．潮准教授の研究

　潮准教授の研究も，上總・澤邊教授と同様に，製造部門や営業部門の時間を研究の対象としている。さらに，時間当り採算が独自の利益概念であり，ROIを計算構造に内包している（潮 2008, 158）という指摘もしている。このことからも時間という指標が全社的に展開されていることがわかる。

　以上より，京セラのアメーバ経営は，製造部門や営業部門だけでなく間接部門も含めたかなり広範な時間を扱っているといえる。

（6）制約理論からの時間

1．Preiss and Rayの研究

　Preiss and Rayのタイムベーストコスティング（Time Based Costing: TBC）の研究では，基本的には製造時間を示す。その上で，製品のプロダクトミックスの算定に時間の要素が使われている。その中で制約のある資源の仕事量が，時間当たりどれくらいかを金額で示した変数の方が重要であるというようにボトルネックの時間に焦点を当てている点にも１つの特徴がある（Preiss and Ray 2000a, 65-74）。

2．アーサーアンダーセンの研究

　彼らは，利益を生み出すスピード＝利益速度を示している。これは，ボトルネックであるリードタイムの一番長い工程を配賦基準として使うことによって，その工程に多くの製造間接費が行くように計算されている（アーサーアンダーセン 2000, 104）。このように彼らも製造時間を研究の対象としている。

3．今岡氏の研究

　彼は，制約理論の立場から，効率性の重視や時間の短縮がコスト削減につながっても，ボトルネックに焦点を合わせた同期化生産を行わなければ，工程間の在庫を増やし，結果としてそれらがキャッシュ・フローや利益の増大

につながらないとし，現状の原価計算の問題点を指摘し，利益速度の考え方の必要性を説明している（今岡 2002, 26-29）。このように，彼も製造時間を研究対象としている。

(7) 戦略からの時間

1. 上總教授の研究

　上總教授は，2000年の7月から9月までに，雑誌『企業会計』に3つの論文を掲載している。現代企業では，競争戦略の一環として，生産と開発のスピード競争が展開されているとし，生産のスピードアップの問題とともに，新製品の開発期間のスピードアップも等しく重要であると主張している。その理由として，競争戦略ではスピードが決定的に重要であることをあげている（上總 2000a, 84-85）。これは，原価企画による研究開発のスピードアップやBSCによる事業戦略のスピードアップ（上總 2000c, 100-101）として説明されている。

　このように新製品開発の時間の重要性を指摘しているところに上總教授の研究の特徴があるといえる。

2. Stalk and Houtの研究

　フレキシブル生産システムの特徴として，時間が競争優位の決定的な源泉としてあげられている[2]。では，どのような時間が使われているのかを検討してみたい。その中でも特に，Stalk and Houtは，価値提供システム（the Value Delivery System）全体での時間の短縮を強調している。

　ここで価値提供システムとは，顧客へ価値を提供するシステムであり，これによって，仕事が組織化され，活動が指示される。それは企業の技術や製品，サービスにも勝るとも劣らない，持続可能な競争優位の基盤であることが多い。そしてこのシステムのすべての部分と関係しているのが時間であり，システム全体での時間の消費を減らす，したがってリードタイムの必要性を

---

[2] Blackburn（1991, 3）やGregory and Rawling（1997, 8）も，同様に時間の重要性について説明している。これらの研究においては，時間が企業の競争戦略の重要な要因の1つといわれて久しい。

減らすこと（Stalk and Hout 1990, 61-62）が重要である。このように，ここでいう時間とは工程のすべての時間を指しているといえる。

またイノベーションと時間の章では，新製品開発の時間短縮の重要性についても述べている（Stalk and Hout 1990, 107-148）。

3．Kaplan and Nortonの研究

Kaplan and NortonのBSCにおいては，財務的視点，顧客の視点，社内ビジネス・プロセスの視点，学習と成長の視点の4つがある。その中でも社内ビジネス・プロセスの視点は，イノベーション・プロセス，オペレーション・プロセス，アフターサービスの3つからなっている。各プロセスで扱われている時間をみると以下のようになる。

まずイノベーション・プロセスは，市場の明確化と製品/サービスの開発という2つの部分からなる。前者においては，新たな顧客のニーズを知り，これらのニーズへの革新的解決策を考えるために，従業員が顧客と対話するのにより多くの時間を費やすことを奨励している。一方後者では，次世代製品の開発に要する時間があげられている。また製品開発の業績評価指標としてHewlett-Packard社が開発した損益分岐点時間表[3]がある。これは製品開発業務を開始し，製品を市場に出し，初期開発投資額を回収するまでの時間を表している（Kaplan and Norton 1996, 97-104）。

次にオペレーション・プロセスにおいては，各プロセスにおけるサイクルタイムやスループットタイム（加工時間＋検査時間＋移動時間＋待機・保管時間）の短縮をあげている。また加工時間以外の無駄な時間の削減の必要性を指摘している（Kaplan and Norton 1996, 116-118）。

最後にアフターサービスには，保証・修繕活動，不良品や返品の処理，クレジットカードの管理のような支払業務が含まれており，失敗への対応のスピードを評価・測定することがある（Kaplan and Norton 1996, 105-107）。

当然のことであるが，これらの時間は顧客の視点においても，重要となる。つまり顧客はリードタイムの短縮を期待するとともに，納期遵守もさらに大

---

[3] これについては水島（2001）において詳述している。

事と考えている（Kaplan and Norton 1996, 86-87）。また財務的視点においても，サプライヤーに代金を支払って，その後顧客から代金を回収するまでに要する期間を表すキャッシュのサイクルをできるだけ短縮するということが，指摘されている。これは運転資本の効率性を改善するという意味からは，優れたターゲットとなる（Kaplan and Norton 1996, 58-59）

4．Hronecの研究

　Vital signという著書の中で，業績評価基準は組織のバイタルサイン（企業活力指標）となり，組織内でトップダウンで行われ，企業の戦略，資源，プロセスに直結したものでなければならないとしている。そのために組織の利害関係者に対する価値とサービスをどれだけ最適化したかをみるクウオンタム・パフォーマンス（飛躍的な業績向上）に焦点を当てていく（Hronec 1993, 1-21; アーサーアンダーセンオペレーショナル・コンサルティング・グループ訳 2000, 1-21）必要性がある。この評価基準としてコスト，品質，時間の3つをあげ，それぞれを人，プロセス，組織の3つに区分している。以下人，プロセス，組織それぞれの時間の指標をみることにする。その中でもここでは，時間そのものを対象としているものだけの説明をしたい。

　まず，人の時間として，即応性と適応力がある。即応性は質問や要求に対応する時間である。次にプロセスの時間として，速さと柔軟性がある。速さは，提供のスピードであり，顧客の注文から製品やサービスを提供するまでの経過時間であるサイクルタイムがこれにあたる。柔軟性は，変化する要求に応えるプロセスの能力であり，装置の段取時間が該当する。この段取時間の短縮により，企業は非常に速く製造量の変更や調整が可能になる。最後に組織の時間として，速さ，柔軟性，即応性，適応力があげられている。この中で，速さを示す時間として，受注処理サイクルタイム，新製品開発時間，また応答力として，顧客の要求に応えるための時間，電話の相手にたどりつくまでの平均時間などがあげられている（Hronec 1993, 30-44; アーサーアンダーセンオペレーショナル・コンサルティング・グループ訳 2000, 30-44）。

　Hronecの研究においても上記の非財務的業績尺度で述べられているように，時間そのものを業績評価尺度の1つとして取り上げている。しかし，時間を

人やプロセスだけでなく，組織と関係させているところに企業戦略との関係性が強いといえる。

5．木下准教授の研究

原価企画における時間管理については，すでにいくつかの研究がある。それらを整理した研究としては，木下准教授の研究がある。その中では，新製品開発期間の短縮の問題が扱われている。しかしながら，成行原価から目標原価の達成ということを考えると，設計段階から量産段階までの時間が対象となる（木下 2005, 27-35)。

6．ベリングポイントの研究

コンサルティング会社であるベリングポイントが，予算管理制度改革の1つとして，予算管理プロセスのスピード化を提案。これは予算編成，予算調整，予算統制といった予算管理プロセスを構成する個々のスピード化を図る。これによってより短いサイクルでの企業の方向性を転換することが可能（ベリングポイント 2004, 57-83)。

(8) その他の研究

1．水島の研究

製造現場の時間管理の問題を中心に検討を行っている。特に，筆者は，非付加価値時間である無駄な時間の削減に焦点を当てる中で，コストをどのように計算し，評価するのか，それとともに，売上高との関係にも着目した研究を行っている。またリードタイムの削減と在庫の関係にも言及している。

さらに時間を戦略的に捉える中で，組織業績あるいはそれらの策定段階での時間の問題も検討する必要があるといったように戦略策定段階での時間の必要性についても言及している。

第3節　4つの軸からの時間の分類

　以上先行研究をみてきたが，これらをさらにいくつかの軸を示す中で，分類・整理してみたいと思う。基本的には上記研究をみたときに，①製品開発から，部品の購入，製造，販売といった各ビジネス・プロセスの時間が取り上げられている。したがって，第1に，この点からの分類ができる（**図表2-2を参照**）。②個々のプロセスか全社的もしくはサプライチェーンかといった対象とする組織単位からの分類ができる（**図表2-3を参照**）。③短期か長期かといった期間からの分類ができる（**図表2-4を参照**）。そして④反復的か一時的かといった頻度からの分類の4つをあげることができる（**図表2-5を参照**）。

図表2-2　各ビジネス・プロセスからの分類

各管理会計技法と研究者 \ ビジネス・プロセス	戦略策定	設計企画開発	予算管理	購買	製造	サービスの提供	販売	物流	顧客管理	現金回収	アフターサービス
（1）非財務的業績尺度と財務的業績尺度における時間											
1. Kaplan					○						
2. Howell・Soucy			○		○		○				
3. Lee					○						
4. Kaplan・Atokinson					○		○				
5. Lessner					○						
6. Green・Amenkhienen	○				○		○				
7. Fisher					○		○				
8. Sweson・Cassidy					○						
9. Dahavale				○	○		○				
10. Horgren・Fosterら				○	○	○					
11. Hansen・Mowen					○	○					
12. Berliner・Brimson		○			○		○				
13. McNair・Mosconiら					○						
14. Brabazon					○						
15. Stevers・Covinら					○		○				
16. Bledsoe・Ingram					○		○				
17. O'Brienら					○						
18. Kren・Tyson					○						
19. 岡本					○						
（2）アクティビティ会計における時間											
1. Kaplan・Atokinson					○						
2. Borthick・Roth			○		○						
3. Hansen・Mowen					○						
4. Maguire・Peacock※		○		○			○				
5. Kaplan・Anderson	○								○		
6. Everaert・Bruggeman							○				
7. Namazi									○		
8. Giannetti・Venneriら	○					○					
（3）通過時間という経営指標からの時間											
1. Lieberman					○						
2. 阿保				○	○		○			○	
3. 阿保・辻					○						
4. 阿保・矢澤および矢澤				○	○		○	○			

時間の視点からみた先行研究の分類　第2章

ビジネス・プロセス 各管理会計技法と研究者	戦略策定	設計	企画開発	予算管理	購買	製造	サービスの提供	販売	物流	顧客管理	現金回収	アフターサービス
（4）TPSにおける時間												
1．門田						○						
2．河田						○						
3．田中						○						
4．圀村						○		○				
5．Kocakülâh・Austillら						○						
（5）京セラアメーバ経営における時間												
1．上總・澤邊	○					○		○				
2．三矢・谷・加護野		○	○			○		○	○			
3．挽		○				○		○	○			
4．潮						○		○				
（6）制約理論からの時間												
1．Preiss・Ray						○						
2．アーサーアンダーセン						○						
3．今岡						○						
（7）戦略からの時間												
1．上總	○	○				○						
2．Stalk・Hout		○			○	○	○	○				
3．Kaplan・Norton		○			○	○		○			○	○
4．Hronec	○				○	○		○				
5．木下		○				○						
6．ベリングポイント				○								
水島	○					○						

※はサプライヤー側の時間もみている
出所：筆者作成。

■図表2-3　対象とする組織単位からの分類

各管理会計技法と研究者	個々のプロセス	組織全体	サプライチェーン
（1）非財務的業績尺度と財務的業績尺度における時間			
1. Kaplan	○		
2. Howell・Soucy	○		
3. Lee	○		
4. Kaplan・Atokinson	○		
5. Lessner	○		
6. Green・Amenkhienen	○		
7. Fisher	○		
8. Sweson・Cassidy	○		
9. Dahavale	○		
10. Horgren・Fosterら	○		
11. Hansen・Mowen	○		
12. Berliner・Brimson	○		
13. McNair, Mosconiら	○		
14. Brabazon	○		
15. Stevers・Covinら	○		
16. Bledsoe・Ingram	○	○	○
17. O'Brienら	○		
18. Kren・Tyson	○		
19. 岡本	○		
（2）アクティビティ会計における時間			
1. Kaplan・Atokinson	○		
2. Borthick・Roth	○	○	
3. Hansen・Mowen	○		
4. Maguire・Peacock	○	○	○
5. Kaplan・Anderson	○	○	
6. Everaert・Bruggeman	○		
7. Namazi	○		
8. Giannetti・Venneriら	○	○	
（3）通過時間という経営指標からの時間			
1. Lieberman	○	○	○
2. 阿保	○	○	○
3. 阿保・辻	○	○	○
4. 阿保・矢澤、および矢澤	○	○	○
（4）TPSにおける時間			

第2章 時間の視点からみた先行研究の分類

対象とする組織単位 各管理会計技法と研究者	個々のプロセス	組織全体	サプライチェーン
1. 門田	○		
2. 河田	○		
3. 田中	○		
4. 圀村	○		
5. Kocakülâh・Austillら	○		
（5）京セラアメーバ経営における時間			
1. 上總・澤邊	○	○	
2. 三矢・谷・加護野	○	○	
3. 挽	○		
4. 潮	○	○	
（6）制約理論からの時間			
1. Preiss・Ray	○		
2. アーサーアンダーセン	○		
3. 今岡	○		
（7）戦略からの時間			
1. 上總	○	○	
2. Stalk・Hout	○	○	
3. Kaplan・Norton		○	
4. Hronec	○		
5. 木下		○	
6. ベリングポイント	○	○	
水島	○	○	

出所：筆者作成。

■図表2-4　期間からの分類

各管理会計技法と研究者	期間 短期	長期
（1）非財務的業績尺度と財務的業績尺度における時間		
1. Kaplan	○	
2. Howell・Soucy	○	
3. Lee	○	
4. Kaplan・Atokinson	○	
5. Lessner	○	
6. Green・Amenkhienen	○	○
7. Fisher	○	
8. Sweson・Cassidy	○	
9. Dahavale	○	
10. Horgren・Fosterら	○	
11. Hansen・Mowen	○	
12. Berliner・Brimson	○	
13. McNair・Mosconiら	○	
14. Brabazon	○	
15. Stevers・Covinら	○	
16. Bledsoe・Ingram	○	
17. O'Brienら	○	
18. Kren・Tyson	○	
19. 岡本	○	
（2）アクティビティ会計における時間		
1. Kaplan・Atokinson	○	
2. Borthick・Roth	○	○
3. Hansen・Mowen	○	
4. Maguire・Peacock	○	
5. Kaplan・Anderson	○	○
6. Everaer・Bruggeman	○	
7. Namazi	○	
8. Giannetti・Venneriら	○	○
（3）通過時間という経営指標からの時間		
1. Lieberman	○	
2. 阿保	○	
3. 阿保・辻	○	
4. 阿保・矢澤，および矢澤	○	
（4）TPSにおける時間		

第2章 時間の視点からみた先行研究の分類

期間 各管理会計 技法と研究者	短期	長期
1. 門田	○	
2. 河田	○	○
3. 田中	○	
4. 園村	○	○
5. Kocakülâh・Austillら	○	
（5）京セラアメーバ経営における時間		
1. 上總・澤邊	○	○
2. 三矢・谷・加護野	○	○
3. 挽	○	○
4. 潮	○	○
（6）制約理論からの時間		
1. Preiss・Ray	○	
2. アーサーアンダーセン	○	
3. 今岡	○	
（7）戦略からの時間		
1. 上總	○	○
2. Stalk・Hout		○
3. Kaplan・Norton		○
4. Hronec	○	
5. 木下	○	○
6. ベリングポイント	○	
水島	○	○

出所：筆者作成。

■図表2-5　頻度からの分類

各管理会計技法と研究者 \ 頻度	反復的	一時的
（1）非財務的業績尺度と財務的業績尺度における時間		
1．Kaplan	○	
2．Howell・Soucy	○	
3．Lee	○	
4．Kaplan・Atokinson	○	
5．Lessner	○	
6．Green・Amenkhienen	○	○
7．Fisher	○	
8．Sweson・Cassidy	○	
9．Dahavale	○	
10．Horgren・Fosterら	○	
11．Hansen・Mowen	○	
12．Berliner・Brimson	○	
13．McNair・Mosconiら	○	
14．Brabazon	○	
15．Stevers・Covinら	○	
16．Bledsoe・Ingram	○	
17．O'Brienら	○	
18．Kren・Tyson	○	
19．岡本	○	
（2）アクティビティ会計における時間		
1．Kaplan・Atokinson	○	
2．Borthick・Roth	○	○
3．Hansen・Mowen	○	
4．Maguire・Peacock	○	○
5．Kaplan・Anderson	○	○
6．Everaert・Bruggeman	○	
7．Namazi	○	
8．Giannetti・Venneriら	○	○
（3）通過時間という経営指標からの時間		
1．Lieberman	○	
2．阿保	○	
3．阿保・辻	○	
4．阿保・矢澤，および矢澤	○	
（4）TPSにおける時間		
1．門田	○	

第2章 時間の視点からみた先行研究の分類

頻度 各管理会計 技法と研究者	反復的	一時的
2．河田	○	
3．田中	○	
4．園村	○	○
5．Kocakülâh・Austillら	○	
（5）京セラアメーバ経営における時間		
1．上總・澤邊	○	○
2．三矢・谷・加護野	○	○
3．挽	○	○
4．潮	○	
（6）制約理論からの時間		
1．Preiss・Ray	○	
2．アーサーアンダーセン	○	
3．今岡	○	
（7）戦略からの時間		
1．上總	○	○
2．Stalk・Hout	○	○
3．Kaplan・Norton	○	○
4．Hronec	○	
5．木下	○	○
6．ベリングポイント	○	
水島	○	○

出所：筆者作成。

まず①については，基本的には，活動の単位は，各ビジネス・プロセスで行われるため，この区分ができると考える。先行研究をみると，さまざまなビジネス・プロセスについての研究が行われている。したがって，時間といっても，単純に1つのビジネス・プロセスの問題を指しているのではないということがわかる。この点からも，時間研究の多様性があるといえる。その中でも特に，製造プロセスの時間が扱われているケースが多い。これは，生産現場における時間短縮の重要性からもいえるのではないかと考える。

次に②については，個々のビジネス・プロセスの時間管理と1組織体との関係性をみたときに，このような区分の必要性があると考える。これは1組織としては，時間管理について，個々の問題だけでなく，全社的もしくはサプライチェーンにまで拡大する中での議論が行われている研究をみてもわかることである。つまりこれは，時間の問題が，単純に1つのビジネス・プロセスだけで解決するのではないことを意味している。特に，製品の製造が1企業だけの問題でないケースにおいては，関係会社間での時間の問題を考慮する必要がある。

③については，短期的時間と長期的時間についてその管理方法が異なると考えられるため，このような区分を行うことにした。まずは，短期的時間の管理についてである。特に，TPSのように，生産現場では，リードタイムやサイクルタイム管理が，1日，1時間，1分，場合によっては1秒といったかなり短い期間で計画的に行われる必要性がある。一方で，原価企画を含めた新製品開発については，長期的な視点から，戦略性をもって管理する必要性がある。これらの時間は，削減の必要があるものの，その効果との関係性も考慮に入れなければならない。

最後に④については，上記③の短期的時間と長期的時間の性質をみるために必要な区分と考える。短期的時間管理は，継続的・反復的に行われるケースが多いが，長期的なものは，一回のプロジェクトで実施されるという傾向が強くなる。前者については，継続的改善という目標の中で，時間短縮と原価管理を根気よく行う必要がある。製造を中心としたいくつかのビジネス・プロセスでの時間管理については，まさしく継続的改善の考え方が重要となる。一方後者については，長期的なものなので，その性質としては，企業が

今後進むべき方向性と大きな関係性をもつことになる。したがって，それを理解した上でのより全社的かつ慎重な時間管理を行う必要性がでてくる。

また，ここでは時間そのものに焦点を当てているため，取り上げていないが，これを会計との関係でみていけば，各部門での業績評価のための時間と意思決定のための時間，特に時間を経営戦略の重要な要素として考えると，トップの意思決定にまで，拡大することとなる。あるいは利益を生み出すための時間とコストを削減するための時間，財務会計上の時間と管理会計上の時間といった軸も取り上げることができる。これについては，第Ⅲ部　管理会計における時間研究の体系的整理とも関係するので，改めて検討をしたい。

第4節　おわりに

以上本章では，時間と管理会計の問題を扱った先行研究のいくつかをみることによって，どのような時間が扱われてきているのかを検討してきた。上述のように，時間管理において使われる時間には，さまざまな時間があり，単純に1つの時間を議論しているわけでないことがわかった。また，ここでは，4つの軸を示したものの，製造プロセスを中心として各ビジネス・プロセスでの時間管理がまずは考慮されるべき問題であることも当然のことと考える。その中でも，購買，製造，販売といった各ビジネス・プロセスの時間管理については，継続的・反復的に行われる中で，時間短縮と原価管理が達成されることになる。

それに対して原価企画などにみられる製品開発を中心とした時間や競争優位の1要素としての時間は，長期的・戦略的な視点から考慮される必要性がある。特に，競争優位の1要素としての時間は，組織構成員や関係者の資源配分としての時間や資源配分方針としての時間といった問題であり，利益拡大とも密接な関係が出てくる。これらの時間をどのように捉え，適正な時間配分を行うことは，ますます経営者が考慮すべき重要な課題であるとともに，研究すべき対象となるであろう。

最後になるが，ここでは関係する先行研究のすべてを取り上げているわけではない。また4つの軸を示し，区分を行っているものの，期間からの分類

や頻度からの分類にみられるように，各研究者の見解について，どちらか1つに明確に区分ができているわけではない。しかし，本章の目的において述べているように，ここで得られたさまざまな時間を基礎として，時間と管理会計・原価計算との関係，管理会計における時間研究の体系的整理への議論につなげていきたいと考える。

第 II 部

時間と管理会計・原価計算技法

第3章

アメリカにおけるJITの研究

第1節　はじめに

　1980年代後半以降の管理会計研究は，多くの点でジャストインタイム（Just In Time: JIT）の影響を受けている。これらについては，特にアメリカを中心に積極的な研究が行われてきた。したがってそこで何がいわれているかをみることは，現代の管理会計を考える上でも有意義なことである。その中でも筆者の関心は時間の問題にある。

　そこで本章では，当時のJITの研究において，時間についてどのようなことがいわれているのかを中心に先行研究を整理していく。その上で，JITにおける時間と管理会計上の問題を議論していく。具体的には，JITの基本的な考え方，非付加価値時間への考え方，そこから考えられるべきマネジメントコントロールシステム（Management Control System: MCS）やコストマネジメントシステム（Cost Management System: CMS）を含めた業績評価システムについて検討をする。特にMCSの変化は，時間や品質といった変数がシステムの重要な要素になってくる。

第2節　JITの基本的な考え方

　まずは，JITの考え方や時間について何を主張すべきであるかについて基本的な見解をみる。Leeは，トヨタ生産システム（Toyota Production

System: TPS)の基本的な目標は，望まれる時間と数量，そして最小のコストで失敗品を作らないことであり，その目標の達成のために，トヨタはJIT，自働化，フレキシブルな労働力といったさまざまなオペレーティングな概念を作り出した。JIT生産は，部品が必要とされるとき，必要な量だけ，それらを作るようにあらゆるプロセスに要求する概念である。それらがきちんと実行されるときに，表面上不可能なタスクは，製造リードタイムを短縮し，不必要な仕掛品や完成品在庫を実質的に消去し得る。

またこの目的の達成のために使われる手段がかんばんであり，製造プロセスでの在庫の最小化は，JIT生産の実施におけるかんばんの数の最小化と解釈される（Lee 1987, 19-20）と説明している。このように彼は，JIT生産の基本的な考え方とともに，部品や在庫とのかんばんの関係についても述べている。

Foster and Horngren（1988, 4）は，JITのフィロソフィは，アクティビティが組織内の他の内部セグメントによって必要とされるときに，それを行うことに焦点を当てるとし，以下の4つの基本的な側面をもつと指摘している。a.製品やサービスに価値を付加しないすべてのアクティビティが消去される。b.高い品質のレベルへのコミットメントがある。c.アクティビティの能率における継続的改善に励む。d.付加価値アクティビティの視える化を簡単にしていくことが強調される。このように彼らはアクティビティに対して価値をもたらさない非付加価値アクティビティの消去を明確に指摘した。

これについて，Berliner and Brimsonも同様の指摘を行っている。彼らは，国際的に競争優位であるために，会社は，資材所要量計画（Material Requirements Planning: MRP），コンピュータ支援設計（Computer Aided Design: CAD），JIT，ロボット工学等の新しいテクノロジーを取り入れてきた。しかしながら，この変化の時代に経営管理や財務システムは，本質的に変わらないままであった（Berliner and Brimson 1988, vii）として，上述のように新しいCMSの構築を主張した。彼らは，そこでの重要な概念として，a.非付加価値コストの消去による継続的な改善，b.アクティビティ会計，c.目標原価を含む外部指向の目標，d.マネジメント報告目的への改善されたコストの跡づけ可能性（Berliner and Brimson 1988, 3）の4つをあげ，JIT

だけではないが当時の先進的なシステムの中で，非付加価値コスト消去への重要性を指摘している。

　McNairら（1988, 16-18）は以下のように述べている。JITは，工場の現場での能率改善のために製造プロセスよりもむしろ全社的な業務を行うというフィロソフィである。すべての生産や非生産的ファンクションでの継続的改善という目標に基づいて，その基本的な焦点は，構成部品やサブアセンブリーの正しい数量の製造を保証することである。JIT技法は，必要なときに，最短の距離で材料を動かし続けることと関係する。これは作業場間のスペースを取り除き，製品グループごとの製造セルで機械を運転することによって達成される。この両方の変化が，材料のフローを合理化し，スペースとともに仕掛品在庫の必要性を減らす。

　JIT生産は，それゆえに，無駄の消去に目を向けた経営管理フィロソフィである。これは単純化，最小のリードタイム，そしてオペレーションを通じてファンクションに価値を付加するために努力をする。JITは，プロセスフローの再設計，生産と需要の同期化，小ロットサイズ，およびプルシステムのスケジュールリング化を生み，これらのアクティビティの累積的な影響は，ビジネスの性質を変え，当然ながら，会計，コントロール，そして業績測定における補完的な変化を要求する。彼らの研究には，全社的な視点とともに，この点に1つの特徴がある。

　また，待ち時間や運搬時間の消去によって，最小レベルまで製造リードタイム削減を行うこと，一定の作業量（uniform plant load: UPL）が，JIT現場を成功させるという結果とともにJITの主要な目的ともなる。これらは，在庫管理や品質の改善と関係する。そこからJITの最も重要なテーマは，継続的な改善や変化であり，その目標は，単純化と，それを正しく行うということであり，1960年代，1970年代の製造プロセスに固有な複雑性の修正にある（McNair, et al. 1988, 18）と彼らは説明している。

　さらにKaplan and Atokinsonは，以下のように指摘している。JIT生産は，すべての作業が中断なしに，継続的に行われる試みであり，その目標は，化学品製造やすべての製造プロセスのような継続的な生産プロセスを反復することである。もしこの目標が達成されるなら，スループット時間は，最小化

され，在庫保管コストはほとんど消去され，生産性や品質においてたくさんの利得が実現されるであろう（Kaplan and Atokinson 1989, 412）。

次にこのスループット時間についても彼らは説明をしている。製造部品のスループット時間は，部品の生産開始から，生産の完了や顧客への搬送の準備までの時間間隔と等しい。トータルスループット時間は以下のようになる。

スループット時間＝加工時間＋検査時間＋運搬時間＋待ち時間

日本の製造業者は，この式を以下のように書きかえることによってスループット時間を減らすことの重要性を強調している。

スループット時間＝付加価値時間＋非付加価値時間

付加価値時間は，加工時間と等しい，非付加価値時間は，部品の待ち，運搬，検査時間を表す。多くの日本の製造業者は，製品が加工されないときは，顧客に対して価値が生み出されないことを強調するために非付加価値時間を無駄な時間と呼ぶ。その時間は製造プロセスにおける非能率によって無駄とされてきた（Kaplan and Atokinson 1989, 412-413）。

このように彼らの研究は，スループット時間を付加価値時間と非付加価値時間にわけ，非付加価値時間の削減による最小化と在庫削減を重要な目標としている。

Lessnerは，JITマネジメントは，無駄の消去と継続的な改善の追求に基づかれるとし，ビジネスのあらゆる局面でのエクセレンスへのトータルなコミットメントを要求する。また会社が行う各タスクは，ノンストック，ゼロディフェクト，小ロットサイズ，100パーセントの時間通りの搬送として定義される完全さの達成への別のステップと考慮されるべきだ（Lessner 1989, 22）と説明している。

その中で，彼は，JITの最も目に見える影響として，在庫の削減をあげている。伝統的には，資産と考えられる在庫をJITでは，負債と考えた。そして在庫の削減，あるいは可能な場合には，消去のために，差異のすべての原因を取り除く必要性をあげている。このための方法には，a.ベンダー数の削減，b.ロットサイズの削減，c.生産の均衡やフレキシブルなセル生産の利用，d.デザインによる組織のすべての領域における品質の改善，e.リードタイムの削減，f.段取時間の削減（Lessner 1989, 22-23）がある。

Greenらは，JITの目標が，製品に価値を付加し，同時に付加価値アクティビティを消去することであり，JITがもたらす効果として，a.品質における劇的な改善，b.減らされたリードタイム，c.より高い生産性，そしてd.顧客への即応性等（Green, et al. 1991, 50）を指摘した。このようなJITは，企業が管理すべき対象の変更をもたらしているのである。これらは同時に伝統的な管理会計技法の限界を示すことにもなる。例えば，a.標準への信頼，b.差異や能率の計算への強調，c.直接労務費への先入観，d.大量の在庫トラッキング，e.直接労務費に基づく間接費の配賦，そしてf.不適切な業績尺度（Green, et al. 1991, 50）等があげられる。つまり，これらの問題をJITにおいてどのように改善していくかは管理会計上考慮すべき重要な問題である。

　これに対して，彼らは，a.標準の取替え，b.差異と能率の単純化，c.直接労務費の消去，d.在庫跡づけを減らす，e.間接費の配賦基準の改訂，そしてJITに適した業績測定（Green, et al. 1991, 50-53）という考え方を示した。

　Swenson and Cassidyの研究は，JIT採用前後にMRPの利用を含むアメリカ製造企業によるJITの採用についての調査結果を報告している。彼らも，JITのベネフィットと管理会計への影響として以下を述べている。より短い段取や少ない仕掛品は，製造サイクルタイムを短くする。したがって，JITの製造業者は製品のリードタイムを短縮することによって，顧客のニーズへより素早く反応するようになると述べている。そして彼らはこの顧客への即応性がより重要になるとき，能率や機械稼働率という伝統的な会計尺度は，必要以上の在庫を作るといった理由から不適切であり，それゆえに，管理会計担当者は，財務的業績尺度（例えば，品質コスト）と非財務的業績尺度（例えば，段取時間，スループットタイム，入荷遅延比率（vendor performance））の両方をモニターする会計システムを構築する必要がある（Swenson and Cassidy 1993, 39）と述べている。

　彼らは，JITの1つの基本的な目標は，製造プロセスだけでなく，記帳の簡略化でもあるとして，CMS，オペレーショナルコントロールシステムから検討を行っている（Swenson and Cassidy 1993, 43-44）。

　以上先行研究をみてきたが，これらから検討すべき問題として，非付加価値時間削減への考え方，MCSやCMSという業績評価システムをいかに構築

するのか，JITを推し進める上での伝統的な管理会計上の問題点，それらを踏まえた時間に関する指標等が考えられる。特に，以下では非付加価値時間削減への考え方と業績評価システムについて検討する。なお，伝統的な会計のもつ問題点については，詳細な説明を行うとともに，これらの解決を図ることが本研究の重要テーマであるため，1章を設けることにする。

第3節　非付加価値時間削減への考え方

　上記において，JITの基本的な考え方をみてきた。時間の問題からJITをみた場合，リードタイムやスループットタイムの短縮が注目される。非付加価値時間の削減について，第1にどのようなプロセスがとられるのかを，第2に，これらの考えを実践していくために必要な点を述べていくことにする。これについて，上述したようにKaplan and Atokinsonは，スループット時間の最小化と在庫削減を重要な目標としている。そこでは，非付加価値時間を無駄な時間とし，非能率からそれを説明しようとするところが重要な点である。

　まずは，彼らは無駄な時間が，2つの遅れから生じているとし，この遅れの主要な原因からスループットが長くなっていると説明している。これには劣悪で不確かな品質と需要よりも多い製品の製造の2つをあげている。まず前者は，品質の問題からの部品の検査や再作業，あるいは機械の故障の修繕のための待ち時間により，スループットが長くなる。したがって，工程内失敗の発生を減らせば，製造のスループットも短くなる。

　次に後者については，超過在庫の理論的根拠が，段取や発注コストの経済性を考える点にあるとしている。つまり大きな段取や発注コストの存在は，小ロット生産を不経済なものと考える。ここから経済的発注量（Economic Order Quantities: EOQ）が出てくる。これは表面上段取や発注コスト，保管維持コスト，そして品切れ損失間の最適なバランスをとる。また在庫を作り出すコストをかなり控えめにいう。結果として，EOQの大ロットサイズは実質的なスループットの遅れへと導く（Kaplan and Atokinson 1989, 413）。

このようにEOQの方式は，段取や発注コストの存在は所与のものと受け入れ，これらの指標を最適にするようなロットサイズの選択をとろうとしている。一方JITフィロソフィは，製造の最適化よりもよりダイナミックな考え方をとる。JITにおいては，ロットサイズは最適でない。それは段取時間をゼロにさせるという試みによって最小化される。JITにおいて，在庫は，無駄，遅れの原因，または製造不能率のシグナルと考えられる。それは各製造段階のバッファーのために在庫の山を作り出すことによって，覆い隠されたり，回避されるべきではない（Kaplan and Atokinson 1989, 413-414）とも指摘している。このように伝統的な在庫管理手法の１つであるEOQを問題視している。

上記の遅れの原因である品質や段取時間の問題についても触れている。まず品質問題は，品質管理プログラムの実践により，仕損品そのものを出さなくなれば，再作業あるいはスクラップにされる材料数量がとるに足らないものになり，エンジニアは何千もの仕損品項目を回収するためのスキームを考える必要もなく，彼らの時間をプロセスの改善や新製品の設計に専念することが可能になる（Kaplan and Atokinson 1989, 414-415）。

次に，段取時間である。これについて以下を指摘している。機器に関する長い段取時間は，段取替え時間とともに，伝統的な製造環境での高い在庫レベルへの要求の第２の源泉となっている。日本の製造業者が段取替え時間を継続的に減らすように作業しているという例を出しながら，それを減らすためには，トレーニング，準備，テクノロジーが一緒にされ得る必要性がある。

また段取時間については，JITアプローチは，最適なロットサイズが，１ロットとなるように，段取時間の削減，最終的には消去するように機能する。１ロットになれば，ロットが在庫とならない，またこれを受け入れるように次のマシンを予定する必要なしに，その作業が次工程までスムーズに流れていくことができるのである（Kaplan and Atokinson 1989, 415）と説明している。

これらを踏まえた上で，JITからの便益として，彼らは以下の３つをあげている。第１に，最も明らかな節約が，より少ない投資での在庫保有から生ずる。つまり在庫レベルが，売り上げの３ヵ月から１ヵ月までに減らされる

とき（在庫回転率は4倍から12倍に増加），資金調達コストが3分の2まで減らされる。

第2に，工場の大きなスペースからの節約がある。これは，予定された工場の拡張を止めることを許したり，以前は分散したオペレーションが1つのロケーションで統合されることを可能にする。

第3に，これらよりも大きな便益が，改善されたJITオペレーションからの節約である。成功したJITオペレーションのもとで達成された製造プロセスの合理化，無駄の消去，生産問題のより視える化は，材料損失における大きな削減や全工場の生産性の大きな改善へと導いた（Kaplan and Atokinson 1989, 417）。

またJITは，会社がトータルな作業時間の管理や削減の手助けをするための手続きとして広く考えられるべきであるとし，これによってJITが組織中に適用されることを可能にする。その中でタスクが完成まで継続的に行われるのを妨げているものは何か。この質問への解答は，その組織が顧客に対してよりよく反応し，そのコストを下げられるように，どの非付加価値時間がそのシステムから消去され得るかについての洞察力を与える（Kaplan and Atokinson 1989, 418）。

さらにBerliner and Brimsonは，上記のさまざまビジネスプロセスからの非付加価値時間やコストの削減をより具体的に説明している。これには製品の搬送時間の最小化，ゼロディフェクトへの努力，最適な製造方法の利用，製造業務間や段取時間のゼロ時間への努力，原材料や完成品在庫ゼロの維持，経営管理や支援組織の最小化，そしてトータルライフサイクルコストの最小化をあげている。上述の段取時間については特に，エンジニアされたツールや機械，ツールのカートリッジの利用や段取の同期化によって劇的に減らされる（Berliner and Brimson 1988, 46-53）と述べている。

その中で彼らは，付加価値時間と非付加価値時間の区別と消去，そのために有用である生産形態としての連続的流れ生産（continuous-flow manufacturing）[1]とそこで必要な業績評価システムや尺度を作り出す必要があるとして，非付加価値活動と工場の生産形態や方式について以下のように述べている。

非付加価値活動のほとんどは，長い段取，同期化されない流れ，測定システムの不能率といった注文生産工場やバッチ処理工場に固有のものである。しかし注文生産工場が，セルやモノづくり中心のプロセス（point-of-use processes）を通じて，小ロット経営によって連続的フロー工場のように，いっそう作業上多くの対策を施すとき，より単純で一致した測定を構築する機会が生まれる。これは，非付加価値コストの日々のあるいは長期的な消去と業績跡づけの両方を高める（Berliner and Brimson 1988, 160）。

　さらに，彼らは伝統的な製造における多くの業績測定が，連続的流れ生産と一致していない。それらは，連続的流れ生産への移行を推進する非付加価値コストの消去を奨励しない。例えば，労務費標準は回避不能な遅れへの許容額を含む。段取費は付加価値的直接労務費であり，能率の尺度に含まれる（Berliner and Brimson 1988, 160）と指摘している。

　彼らによれば，この完全な連続的流れ生産とは，部品がサプライヤーから現場，そして搬送されるまでに必要な時間が，製造プロセスにおける付加価値時間と同じだけの長さになるように製造プロセスを作ることを意味する。それは，そのシステム内の中断（非付加価値時間）の継続的な測定や跡づけを意味する。もしリードタイムが，付加価値時間と等しいなら，ニーズは製造プロセスの全段階での正確な時間で満たされるであろう（Berliner and Brimson 1988, 160-161）。

　その結果として，オペレーション間の時間はゼロになり，全プロセスは完全で，バランスのいいものとなる。ロットサイズは1，そして仕掛品在庫は所与の時間で加工されるすべての部品の合計になるであろう。これは，連続的流れ生産の目的であり，こういう理由から，材料の待ちや運搬と関連するすべての無駄が，取り除かれなければならない（Berliner and Brimson 1988, 161）。このように，連続的流れ生産が，もたらす多くのメリットが考えられる。この連続的流れ生産の測定計画について，基本的には，そのプロ

1）連続的流れ生産については以下のような説明がある。JIT生産管理の主な狙いは，次の2点にある。第1点は，「モノの連続的な流れづくり」であり，（流れ生産」とか「生産の流れ化」ともいわれる。工場などの上流工程から下流工程に至る全工程において川の水の流れるようにモノやサービスを作っていくことである（門田 2013, 72）。

グラムの最初に行われなければならない。その計画は，全体の戦略や実施の工程表と調和しなければならないために，現在の測定やシステムは，連続的流れ生産やリードタイム/無駄の削減を実施する目標と一致しているかに対してレビューされなければならない（Berliner and Brimson 1988, 168）。製造現場での非付加価値時間を取り除くために，全体の戦略から考えることの必要性を示している点に彼らの研究の特徴がある。

第4節　業績評価システムと指標としての時間の関係

上述のように，非付加価値時間をどのように削減するかとともに，MCSやCMSという業績評価システムをいかに構築するかも重要な問題であり，その中で時間も重要な管理指標となる。

最初にLeeはMCSについて以下のように説明している。これは計画を促進し，目標を達成するよう経営者を動機づけする業績測定に依存している。意義ある業績測定のためには，MCSは変数によって説明される適切な尺度を必要とする。組織の成功や失敗を説明する重要な要因とみなされる戦略的変数は，業界における競争者のアクションや変化（環境的変数），マーケットシェア，製品品質，そして納期達成度（delivery performance）（機能変数），投資利益率や棚卸資産回転率（資産変数）を含むこれらの変数は素早く変化する。それらの変化は，予測が難しい。それらは経営者のコンスタントな注意を必要とする。なぜなら誤った変数に焦点を当てるマネジメント・コントロールは，期待外れの結果を生む（Lee 1987, 64）。このように彼の研究では，戦略的変数の考慮，そこからの他の変数の関係まで説明している。当然であるが，納期達成度として，時間も取り上げられており，これらは非財務的業績尺度が利用されることを意味している。

さらに別の視点として，Leeは能率と生産性をあげている。これを説明するためAnthonyらの見解を用いている。ここで能率（efficiency）とはインプットに対するアウトプットの比率を表し，効率（effectiveness）とはアウトプットと組織目標の間の関係を表す（Lee 1987, 64）。

Leeは能率と効率を関係させていくことの重要性を強調している。この考

■ 図表3-1　インプット，アウトプット，組織目標との関係

インプット ——————— アウトプット ——————— 組織目標
（能　　率）　　　　　　　（効　　率）

出所：Lee（1987, 64）.

えがなければ，個人あるいは部門レベルでの工場の作業者へ焦点を当てることによって，そのプログラムは重要な製造戦略や構造から注意をそらしてしまう。

そのため最小のインプット資源で望まれる目標を達成するために，もしそれらが同じ方向で進んでいるのなら，経営管理者は能率と効率の両方を強調しなければならないことになる（Lee 1987, 64-65）。

当時において，アメリカ産業は，仕損，リードタイム，そして市場の変化へ反応する時間を減らすといった効率を犠牲にして，能率や原価低減をあまりにも強調してきた。というわけか，経営者は，能率から効率への直接的なつながりを作ることを無視してきた。彼らは部分的（ローカル）な生産性を全体的（グローバル）かつ組織的な資源利用の最適化にまでいかに拡張していくかという問題により関心をもつべきである（Lee 1987, 65）という説明もしている。

これらからLeeは，新しい環境におけるマネジメント・コントロールの本質は，ポジティブな業績に焦点が当てられ，業績測定はそのフレームワークの中で行われなければならないというポジティブな業績モデル（Positive Performance Model: PPM）を主張している（Lee 1987, 66-67）。

これは，以下を明確に打ち出すことに焦点がある。a.会社全体としての資源の最適な利用，b.製造組織内全体でのスケジュールに従うこと，c.協調するという努力を通じて会社の目標や目的の達成への従業員の積極的な貢献（positive contribution），d.経営者が，オペレーションと関係するアクションへの意思決定を行うとき，会社の目標との直接的かつ継続的関係の構築。これら4つを戦略目標と捉え，コアとなるポジティブな業績への強調そして変数との関係性を示している。この変数には，製品の品質，リードタイム，

フレキシビリティ,在庫水準,長期の能率,従業員の態度,そして経営者の関わり合いがあげられ,上記の戦略目標と一致すべきである(Lee 1987, 66-69)。

PPMは,目標の達成に積極的に貢献するであろう経営者や従業員によってとられるアクションを表す。部分的な能率は,長期的収益性にとって有害である労働力をしばしばそでにする能率を高めるために経営者による在庫や努力の無駄な蓄積へと導くであろう。効率は,もし適切な目的がそのシステム内で確立されなければ,利益目標を達成することに積極的に貢献しないであろう(Lee 1987, 67)。

またPPMと伝統的なモデルの相違点として,能率,効率,個人主義的な業績の限界,直接的かつ継続的な関係の4つから説明している。

これらからLeeは,新たな環境において会社のMCSは,新しい製造戦略を支援すべきである。そのMCSは,戦略の立案や実行という全体のプロセスでの業績測定に依存する。したがって,適切な業績測定は,会社の目標の達

■ 図表3-2　ポジティブな業績モデル

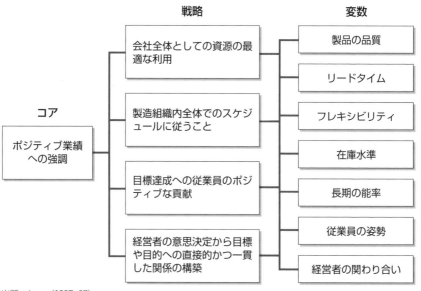

出所:Lee (1987, 67)。

成において最も重要となる（Lee 1987, 69）。具体的には以下のようになる。

　まずは，グループの業績に強調が置かれるべきであるということだ。セルレベルや工場のレベルで十分に調整された努力は，目標の達成において重要となるべきだ。従業員とプロセス間のコンフリクトは，新しい環境では，伝統的な環境よりもより深刻な結果を生むだろう。この状況において，ポジティブな業績測定は，出来高払いよりもむしろグループのインセンティブを与えることの望ましさを示すべきである（Lee 1987, 70）。同様に，LessnerもJIT技法の採用のために要求される業績評価システムは，今までよりもよりチーム的かつグループ指向的である（Lessner 1989, 25）と述べている。

　次に，全体の最適化と厳密でない評価の2つである。製造システム全体の最適化については，この全体の最適化戦略のスムーズな実施のためには，組織は，従業員や管理者の積極的な姿勢や関わり合いを必要とする。しかし伝統的な業績評価モデルでは，これらの属性を推進する必要性を強調していない。伝統的モデルでは，短期的能率や原価低減という目的に対してどのくらい貢献があったかの評価のための細かい尺度に依存してきた。またその評価は，各作業員や部門に対して厳密な形で行われたであろう。

　定量的，測定可能な基準を強調し，定性的尺度やインタンジブルな要素の十分な考慮を欠いたことは，アメリカ企業がアクティビティの十分な調整，従業員間の協力，そして増やされた生産性へと導くであろう人間関係を発展させることができる従業員との強いつながりを作り出す手助けとならなかった。だからこそ，製品の品質，短いリードタイム，長期的な効率などの明確なオペレーショナルな業績尺度を試するようになる（Lee 1987, 70-71）。

　次に厳密でない業績についてLeeは以下の説明をしている。ロアーレベルでの管理者を含めた従業員の積極的な姿勢や関わり合いを推進するために，短期業績尺度を用いたタイトなコントロールは避けられるべきである。公正な業績評価は，成功するMCSの重要要素であるけれども，すべての要素を数量化するという試みの実利性は，目標達成への組織の努力を支援する従業員のコミュニティを進めるための組織のニーズという観点からは疑問がある。例として，リードタイムの厳密な測定が行われるのなら，そのときセルは小さな仕損が起こるとき，製造ラインを止めることをためらうまた必要なメン

テナンスを延期するかもしれないということをあげている。

　代わりとして，会社は従業員への関心を示す，長期間それを実践するようアドバイスされる。これは，会社に関わり合いをもたらす手助けをする。また関わり合いを生産的な努力に変えるには，独自の会社のフィロソフィも大事になる（Lee 1987, 71）と指摘している。このように彼の考えはJITにおけるMCSを検討する上でも1つの有用な考えとなる。

　Bledsoe and Ingramも，組織目標，その目標達成のための戦略，そして業績尺度のすべてが業績評価システムと関係するといった同様な考えを示す中で，業績評価システムの最終的成功は，その組織目標が達成されているかにかかっていることが要求される。この場合に，彼らの研究においては，業績目標が顧客満足であり，戦略として同期的生産が設定されているといったように顧客満足の視点が強調されている（Bledsoe and Ingram 1997, 44）のが特徴である。彼らは，GMの業績評価システムを取り上げているので非財務的業績尺度の見解で詳述したい。

　次にBerliner and Brimsonの見解である。彼らは，製造企業の最終的な目標は，製品の信頼できるサプライヤーとして，顧客や業界によって認識されることである。そのために世界市場で，品質，コスト，機能性，タイムリーな入手しやすさにおいて優れなければならない。最終的には，彼らは収益性，投資利益率，キャッシュ・フローのような要素を高めることを望んでいるが，その過程では，製造間接費を減らす，業績の品質の改善や引渡要件を満たすといったこと（Berliner and Brimson 1988, 159）も考えられる。

　その際JITを中心として，フレキシブル生産システム（Flexible Manufacturing System：FMS），工場の島（ilands of factory），コンピュータ統合生産（Computer Integrated Manufacturing：CIM）のような当時の新しい時代の製造プロセスや技法の最適な利用によって，すべての資源の能率や効率の改善が行われている。そしてこれらを含めた会社の戦略的計画の成功を保証する重要な要素が業績測定である。これは，計画設定プロセスで作られた目標や目的に対する会社や工場の業績を測定することである。つまり非付加価値活動の識別と消去，そして製造の改善に導く原因となる要素へのタイムリーな情報を提供する。そのとき業績測定は，設備の能率改善にお

いて重要な役割を果たすのである（Berliner and Brimson 1988, 159）。このように，彼らは，業績測定それ自体が果たし得る重要な役割について明確に述べているのである。では彼らはどのような測定原則あるいは業績尺度を考えているのであろうか。まず測定原則について彼らは以下のように述べている。

戦略的計画は，業績のモニタリング，測定への構造的アプローチを含まなければならない。まさに重要な企業目的が，戦略的計画における重要性に従って，識別，評価，ランクづけされるように，業績測定も評価されなければならない。そして業績尺度は，会社の目標を支援し，ビジネスのニーズに適用できるものであるべきだ。それらは，その会社のすべて重要なアクティビティに対して費用対効果があり，タイムリーなデータを生み出し，適用が容易かつ全従業員レベルで受け入れられるべきものである（Berliner and Brimson 1988, 161）と説明している。

その中では，業績尺度は会社の目標や目的と一致し，これらの目標の達成に必要な内的および外的要因を考慮すべきである。業績尺度は，製造およびマネジメントのすべてのレベルで，ビジネスアクティビティ（業務活動）や業務計画間の結びつきを提供する。そしてそれを市場，企業，工場，現場という経営階層の4つのレベルで説明している（Berliner and Brimson 1988, 161）。このように全社目標との一致というのが第1の測定原則であり，Leeの研究においても指摘されているが，彼らの研究では，それらを各組織階層ごとに区別している点に1つの特徴がある。以下がそれぞれである（Berliner and Brimson 1987, 161-163）。

市場レベルにおいて，会社は，経済全体として，またその企業が属する業界の業績に対する競争的ポジションを測定すべきだ。これらの尺度は，品質，サービス，ライフサイクルコスト，市場占有率を含む。

企業レベルにおいて，会社は現在の利益やポテンシャルな将来の利益において反映されるであろう業務の結果を測定すべきだ。その企業目標は重要な成功要因によって示されるべきだ。これらの尺度は，純利益，売上利益率，市場占有率，およびキャッシュ・フローを含む。

工場レベルにおいて，会社は，重要な成功要因を財務的および非財務的業

績尺度で表される現場の尺度に変換すべきである。これらの尺度は，コスト，品質，デリバリー，生産性，リードタイムを含む。

　現場レベルでは，会社はその現場の業績を測定すべきだ。その現場の業績に影響を及ぼすマーケティング，エンジニアリング，工場支援活動は，主に非財務的なものとなるであろう。ここでの尺度は，コスト，品質，デリバリー，在庫，サイクルタイム，ドライバーがある。

　このように尺度としての時間は，工場や現場のレベルにおいて出てくるのである。このほかにも測定原則として，ビジネスニーズへの適用可能性，重要な活動の測定，適用の容易さ，トップダウンの受け入れ可能性，費用対効果と適時性などがあげられている。この中でも，重要な活動の測定については，業績測定が会社にとって重要である活動レベルで設定されるべきである。ここで重要というのは，企業目的やオペレーティング環境に基づくものである。

　その際活動は，付加価値活動と非付加価値活動に区別され，製造のレベルでは付加価値活動は，加工活動であり，非付加価値活動は，検査，待ち，運搬と関係し，非付加価値活動を消去する最初のステップは，これらのアクティビティを引き起こすドライバーを理解する（Berliner and Brimson 1987, 163）ことが重要である。

　次のステップは，業績尺度を確立することである。これらはリードタイム，在庫，加工費，品質，スケジュール効率（schedule performance），部品当たりの機械時間を含む（Berliner and Brimson 1987, 166）。このドライバーの必要性は，当然であるが，アクティビティ会計との関係で触れられる。

　McNair, Mosconi and Norrisは，JIT生産の戦略的利用について説明している。その中で，JIT生産のベネフィットはコスト，品質，即応性の領域を可視化することであり，これらの領域の改善が，製造を企業の戦略的ポジションと結びつけると述べている。これは以下のように説明できる。

　彼らは1つのモデルを示している。ここでは可視化，同期化，単純化，継続的生産，全体的生産というJITのテーマに基づき，JITが組織の各領域に影響を及ぼす。これはJITのテーマが第1に計画やオポチュニティ，第2に成功への組織化，そしてそれらから意識や教育の考え方が作られる。つまり

意識や教育は，JITのテーマと計画やオポチュニティとの繋ぎの役割を果たしている。そしてこの意識や教育は，管理，品質向上，UPL，プロセスフローの再構築，段取の削減，プルシステム，サプライヤーのネットワークを連続的に生み出す。例えば，品質向上は，比例性（linearity）が追求されるときに進んでいく。高品質の製品は，売りやすいそして伝統的に製造企業に市場での強いニッチを与えた。

また時間との関係でみたときに，JITプロセスに固有の即応性が与えられたら，JIT生産の成功した導入によって競争的な利点が得られるであろうということに少しも疑問はなくなる。あるいは製造レベルでの減らされたリードタイムや増やされた即応性は，生産決定への予測依存への必要性やあるいは等しく製造現場の直観力への間違えやすさを取り除く。その結果，製造は市場での会社の差別化という戦略的武器になるというように考えられるのである（McNair, et al. 1988, 16-18）。

これらを業績評価システムとの関係でみると，計画やオポチュニティとの関係でJITを捉えることから，品質向上や時間の短縮といった各領域がよくなることによって，製造そのものが戦略的武器となり得るという点に彼らの主張の優位性がみられる。

最後になるが，コスト・マネジメントについてのより具体的な研究もある。Foster and Horngrenは，JIT環境におけるコスト・マネジメントとして，原価企画（Cost Planning），原価低減，原価統制に区分をし，時間との関係でみると以下の2つが関係する。まず原価企画では，上級管理者の戦略を反映するコスト，品質，納期可能性（deliverability），フレキシビリティを組み合わせながら製品や製造ラインをデザインすること。

次に原価統制において，原価統制活動のための情報の源泉は，製造ライン作業者による個人的観察，財務的業績尺度，非財務的業績尺度（製造リードタイム，段取時間，仕損率，スケジュールの達成）であり，その中でも，個人的観察や非財務的業績尺度の役割が強くなっている（Foster and Horngren 1988, 11）と指摘している。

またSwenson and Cassidyは，The Instite of Management Accountants and Computer Aided Manufacturing-Internationalの意見から以下を指摘し

ている。コスト・マネジメントについて，上記記帳の簡略化の1つであるバックフラッシングコスティングといった原価計算よりも，CMSの必要性を主張している。コスト・マネジメントは，財務管理者がアクティビティコストに影響を及ぼす業績尺度を識別することを要求する。これらの尺度は，どこで改善が必要なのかに焦点を当てるために使う。その際管理会計担当者は，非財務的業績尺度を中心とした重要な業績尺度を識別し，モニターするのに積極的な役割を果たすべきだと管理会計担当者のより広範な役割を指摘している（Swenson and Cassidy 1993, 43-44）。

次に，オペレーショナル・コントロールである。ここでも，管理会計担当者は，製造部長へ業績についての正確でタイムリーなフィードバックを提供するオペレーショナルコントロールシステムへの必要性を認識しなければならず，非財務的業績尺度がオペレーショナルコントロールシステムの中心となると彼らは説明している。また会計システムにおける業績測定が，工場長がオペレーショナル・コントロール上重要と感じた尺度と一致していないとも指摘している（Swenson and Cassidy 1993, 44）。

このようにマネジメントシステムでの時間を含めた非財務的業績尺度の重要性が指摘されている。詳細については以下で言及する

第5節　おわりに

本章は，JITの基本的な考え方をみていく中で，時間の重要性を指摘することを第1の目的とした。そして，そこから以下の2つの問題点とその解決策を示した。第1に，非付加価値時間の削減の必要性について，第2にMCSやCMSという業績評価システムをいかに構築するかについてであった。

まず，JITの基本的な考え方について，先行研究をみたときに，いくつかの考えが示されているものの，基本的には，付加価値時間と非付加価値時間を明らかにし，ムダな時間である非付加価値時間をいかに短縮できるかが重要な問題であった。そして結果的に，仕掛品を含めた在庫の削減につながるのである。

次に，付加価値時間削減の削減について取り上げた。この無駄な時間は，

2つの遅れから生じているとし，この遅れの主要な原因からスループットが長くなっており，これには劣悪で不確かな品質と需要よりも多い製品の製造の2つがあり，段取時間が生み出す無駄の管理の必要性も指摘されている。またそのために有用である生産形態としての連続的流れ生産やその測定計画が，全体の戦略や実施の工程表と調和しなければならないこともわかった。

最後に，業績評価システムについては，能率だけを重視するのではなく，戦略との関係を示す効率を考慮に入れるといった考え方の必要性を強調した。そしてそこでは，非財務的業績尺度である時間は，重要な業績評価尺度の1つになるのである。さらに，それを市場，企業，工場，現場という経営階層の4つのレベルごとに体系化するといった見解も示された。

本章では取り上げることができなかったが，JITを推し進める上での伝統的な管理会計上の問題点についても簡潔に触れたが，詳細な内容については，次章で検討を行うことにする。

第4章

時間からみた伝統的会計の問題点

第1節　はじめに

　以上のようなJITにおいて要求される業績評価システムとともに，検討されるべき会計の問題点について本章では述べてみたい。上記の先行研究を整理すると，(1) コスト構造の変化，(2) 製造間接費の配賦基準，(3) 標準原価の問題，(4) 財務的業績尺度の問題，(5) 記帳の簡略化，そして (6) 原価計算の方式の6つに分類することができる。これらの問題点を整理することが本章の第1義的な目的である

　次に，これらの問題点を時間との関連から整理すること。そしてその問題点を解決するためにどのような管理会計技法が取り入れられるかを明示したい。したがって本章は，次章以降の本研究の個別の問題との接合的な役割を果たすために，重要な個所になると考える。以下それぞれについて検討を加えることにする。

第2節　6つの問題点からの整理

(1) コスト構造の変化

　まずは，FA化や生産形態の変化等が，コスト構造にどのような影響を及ぼすのかをみていく。これについては，直接労務費の減少や製造間接費の増

加という点があげられる。そしてそれから生じる製造間接費の配賦の問題につながる。最初に，コストについて言及してみる。

Huntらは，直接労務費が総製造コストのわずかしかない，連続的流れ生産は，最小の仕掛品で操業するという連続的流れ生産の2つの特徴から，製品原価計算を単純化させると述べている。さらに多くのエレクトロニクス製品について，直接労務費は，製品コストの3-5％しかないあるいは在庫管理費の1％というぐらい少ない。さらに直接労務費の変化が，作業者の能率や賃率よりも，いかにプロセスが上手に機能しているかに依存している。それゆえに，いくつかのHewlett-Packard社（Hewlett-Packard: HP）の事業部は，直接労務費を表示せずに，製造間接費に含めることを決めた（Hunt, et al. 1985, 59）。

Leeは，上記Huntらの直接労務費の問題を指摘しながら，特に，多品種製品について直接労務費を製品コストに入れないという問題について，サイクルタイムが利用されると指摘している。これについてLeeは以下のようにWrightの見解から説明をしている。まず作業時間と仕掛品在庫量の間の過去の比率を計算する。そしてサイクルタイムが得られると，仕掛品における労務費の割合を算定するためにサイクルタイムとその比率を用いる。

サイクルタイムは，また他よりも加工時間がかかる製品を区別するために使われる。これは多品種製品が標準原価計算システムで計算されるときに有用である。各月末に，標準との実際の差異が合計でみることができる。しかしサイクルタイムのカウントや現場で何が起こっているかを観察することは，毎月工程における差異を原価計算担当者に理解させることである（Wright 1986, 162; Lee, 1987, 53）。

これらをみたときに，直接労務費の減少の中で，記帳の簡略化を考えるとそれらを別個に計算しないという考え方がとられた。一方で，当時の少品種大量生産から多品種少量生産へという流れの中で，多品種製品の測定のためにサイクルタイムが上手に使われたのである。この点は，評価ができる。ただサイクルタイムの測定と標準原価計算システムとの関係性が明確に示されていない点に考慮すべき点がみられる。

Howell and Soucyは，新しい製造環境において，直接労務費はより重要

性が少なくなり、固定費化され、専門化される。直接労務費に焦点を置く企業は、管理者に製品の製造や不必要な在庫を作らせるようにさせる（Howell and Soucy 1987a, 26）と指摘している。

Foster and Horngrenによれば、総製造コストにおける労務費の重要性が減る中で、JIT生産方式を採用する企業は以下によって対応した。直接労務費を個別の直接費にするものの、それを削減する。ある工業用製造業者は、JITを採用した3年間で1つの工場において労務費の分類は26から5までに削減した。この削減は、個人ではなく、チームを強調するJITのフィロソフィに一致する。

もう1つは、労務費を個別の直接費として把握しないということである。その場合の代替案として、間接的な製造コストプールの一部として分類する、あるいは直接的に配賦される期間コストとして分類するという2つの考え方を示している。これについて、Harley-Davidsonのミルウォーキー工場において、直接労務費が製造コストの10％以下である場合、それを個別のコストに区分するとき、原価計算のエフォートの65％が、作業標準の設定といったこれらと関連する管理作業に向けられていた。これらから、その会社は直接労務費と製造間接費を単一の加工費に統合した（Foster and Horngren 1988, 10）。

またFoster and Horngrenは、原価計算へのインプリケーションの1つとして、以下の指摘を行っている。これについても、購買と生産に区分している。

まずJIT購買において、資材運搬コストは、単一の小売エリアや製造ラインに跡づけられるため、製造直接費と分類される。一方伝統的な環境においては、製造間接費と分類されるというようにコストの直接的跡づけ可能性を増やす（Foster and Horngren 1988, 6）。

次に生産についても以下の2つの方法から同様の指摘をしている。第1に、基本的な製造活動における変更である。これは、以前は間接費と分類された多くのアクティビティコストが、JIT工場においては直接費の区分にもっていかれている。例えば、製造ライン作業者は、メンテナンスや段取作業を行っている。このようなアクティビティは、以前は、間接費と分類された他の

作業者によってしばしば行われた。

　直接労務費を個々のコスト区分のままにしている企業にとって，製造活動における変更は，個々の製造ラインへのコストの直接的な跡づけ可能性を増やすことになる。これは工場のメンテナンスや段取のようなアクティビティと関連する間接的なコストプールが，おそらく消去されることを意味する。

　第2に，特定の製造ラインや領域にコストを跡づける能力を変えることである。これは，タイムレコーダーやミニコンピュータの利用が，特定の製造ラインや領域への跡づけの費用対効果をより高くするのである（Foster and Horngren 1988, 8）。

　そして増やされたコストの跡づけ可能性は，間接的アクティビティのコストプールの消去（あるいは削減）と関係する。これは基本的製造活動の変更，仕掛品在庫の保管場所という非付加価値活動の消去といった方法で達成される（Foster and Horngren 1988, 9）のである。

　同様な見解として，Brimsonらは，連続的流れ生産に関して，直接作業と間接作業の区別ははっきりしなくなる。間接作業は著しく減らされるだけでなく，直接作業は，通常間接作業と考えられるマテハン，検査，機械のメンテナンスのような多くのアクティビティを行うことを期待される（Brimson, et al. 1988, 169）と述べている。

　またGreenらも，JITシステムにおいては，直接労務費と間接労務費間の違いは，大部分が表面的となる。例えば，フルキャパシティ日程計画との問題の修正に時間が使われるように仕事が行われる。そして彼らは，変化を起こし，生産性の改善を行う権限をもつ半自律的なグループとして働き，現在の無駄を取り除くことによって将来の価値を付加する。HPでは，直接労務費は，ありきたりの製造間接費であり，この環境では，直接労務費に狭く焦点を当てる原価計算システムは少しも価値がなく，正しい焦点はトータル製造コストに向けられる（Green, et al. 1991, 51-52）のである。

（2）製造間接費の配賦基準

　次に製造間接費の配賦基準の問題についてである。これについてLeeは，コストセンターである製造部門から製品へ配賦されるときに問題が生じると

指摘している。具体的には，直接作業時間や機械時間のような単一の基準に依存することによって引き起こされる現在の問題は，製品の誤った計算や価格決定へと導く。というのも間接費の大部分は，新しい環境においてそれらの実際の発生とは関係のない長い作業時間を基準に配賦されているために，誤った製品ラインや単位に配賦されることになる。

　この問題の解決のために，なぜコストが発生したかを説明する要因である1つのコスト・ドライバーをもつ一組のコストプールを見つけることが可能である。何十というコストプールがあるかもしれない。このことを同質性のコスト・ドライバーと呼んでいる。

　また，その際コストが，生産操業度の変化でなく，取引で異なるということが大事であり，JITがコスト削減に有効であるという理由は，それが取引を減らしているから（Lee 1987, 57）と説明している。

　さらにLeeは，Hronecらの考えを説明する形で以下の指摘をしている。さまざまな種類のコストが，工場，集中化したサブ工場，セルといったさまざまなレベルで識別される。コストが製品に価値を付加するなら，そのコストはセルレベルで累積されるべきだ。そのセルコストは，製品が各セル内を通過するセル時間によって製品に配賦される。在庫速度（inventory velocity）（在庫がいかに早くセル内を移動するのか）は重要な尺度になる。価値を付加するかしないかを基準にコストを報告することは，非付加価値コストに経営管理者の注意をひきつける（Lee 1987, 57-58）。このように付加価値概念をベースにコスト配賦を考えることの必要性を述べている。

　そして新しい環境におけるコスト・コントロールとして，リアルタイムな情報，長期の間接費のコントロール，リアルタイムな情報の要求により，ますます直接費化される間接費の定義が，コスト・ドライバーが識別される一方で，検討される必要がある。これは，コスト・コントロールの最善の方法は，コスト・ドライバー，実際には取引をコントロールすることであるからだ（Lee 1987, 58-59）。

　Foster and Horngren (1988, 5) は，購買についての原価計算へのインプリケーションの2つから説明をしている（Foster and Horngren 1988, 6-7）。1つは，原価集計のコストプールを変えることである。伝統的には，個々の

コストプールは，購買，資材運搬，品質検査，倉庫のようなアクティビティのために頻繁に使われた。しかし，これらのコストは製造部門に配賦される。理想的なJIT購買環境においては，倉庫は消去され，資材運搬は減らされるであろう。

　2つ目は，製造部門への製造間接費の配賦基準を変えることである。純粋なJIT環境において，倉庫はない。したがって倉庫のスペースは配賦基準として利用できずに，材料消費額や搬送回数のような基準が，購買や資材運搬アクティビティと間接費の発生の因果関係をよりよく把握することができる。

　Brimsonらは，作業標準や製造間接費配賦率が変化するとして，伝統的には，これは，実際的ないし標準的直接作業の割合として行われる。JITを用いているいくつかの企業は，製造セルをオペレートしたり，支援するために必要な総作業が測定されるべきであり，しかも機械時間が間接費配賦へのよりよい基準を与える（Brimson, et al. 1988, 169）と考えている。

　Kaplan and Atokinsonは，メンテナンス，エンジニアリング，品質保証，そして包装を含むオペレーションズ，材料購入，および支援のコストは，個々のJIT生産ラインに直接跡づけられる。したがって，これらのコストを何らかの恣意的な基準で配賦するよりもむしろ，ラインに直接負担する，ラインマネジャーの責任とする。

　またコスト分類についても，材料費，労務費，製造間接費から材料費と加工費に減らされ，材料費は，製品に直課し，加工費は，JITラインで使われる時間を基準に配賦される（Kaplan and Atokinson 1989, 426）と説明している。

　Greenらの指摘にあるように，労務費の問題として，自動化が，直接労務費が間接費の配賦基準や能率の尺度にもはや適していない理由の1つであり，自動化された工場では，製造作業者は，機械やサポート要員に取って代わられる。このような直接労務費の有用性がなくなってくる中で，彼らも，コスト・ドライバーと関係する複数の配賦基準が選択されるべきであると2つのケースを紹介している。

　AT&Tでは，いくつかの異なった部門（shop）に製造間接費を配賦するために複数の基準を使った。各部門のアウトプットは，同質性のある製品グ

ループを示す。例えば、人事は、部門での従業員の数、エンジニア、材料管理、会計そして品質は、部門であるいは部門のために働いた時間が使われている。

同様に、HPパーソナルオフィスコンピュータ事業部では、設計の変更や新しい生産の配置が、直接労務費を減少させるとき、それを配賦基準とすることを改定した。このことは、サポート製造間接費（support manufacturing overhead）、生産製造間接費（production manufacturing overhead）、調達製造間接費（procurement manufacturing overhead）という3つの新しい分類という結果を生み、生産製造間接費には労務費を、そして調達製造間接費には材料という2つの配賦率を示している（Green, et al. 1991, 51-52）。

（3）標準原価の問題

次に標準原価についてである。Huntらは、H-Pでは、直接労務費は、原価構成要素のわずかしかないため、標準労務費や標準からの差異を計算するための継続的な努力は、全体のコストコントロールへのポテンシャルな影響は少しもない。さらに労務費差異が発生したなら、これらの差異は、作業者の能率よりも、そのプロセスがいかに効率的に動いているかの結果である（Hunt, et al. 1985, 60-61）と指摘している。

またHowell and Soucyも、直接労務費の重要性の低下により、標準原価計算や差異分析はもはや有用性がなくなる。そして自動化や統計的工程管理は非常に信頼でき、一貫したプロセスという結果を生むためである。差異の存在はなくなる（Howell and Soucy 1987, 26）とまで指摘している。

次に、全体的な視点からの必要性に対して、Leeは以下の会計からの提案をしている。つまり伝統的な製造能率差異は、JIT工場のセル生産においては業績評価基準として使われることはできない。これは、一定の作業量（uniform plant load: UPL）が、マーケティングを考慮して決められるからだ。要するに、市場の需要が少なければ、UPLも少なくなる。そして過少な間接費の配賦へとつながることを意味する。製造がUPLを変えないとき、それは不利差異に対して責任を負うべきではない（Howell and Soucy 1987, 66）。

Foster and Horngren（1988, 4）は，アクティビティの能率における継続的改善に励むとした上で以下の指摘を行っている。購買について，各搬送への購買価格差異情報に関する強調を少なくする。有利な購買価格差異は，価格割引による大量仕入れあるいは品質の悪い材料の仕入れから達成されるときがある。JIT環境においては，購買価格差異だけでなく，オペレーションのトータルコストに強調が置かれる。つまり品質や可用性のような要素も強調される。その場合にその基礎をなすプロセスは，トータルなオペレーティングコスト削減のために長期のコミットメントに焦点を当てる（Foster and Horngren 1988, 6-7）。

次に，JIT生産についてである。個々の労務費や間接費差異の強調を減らす。JIT工場においては，各セルの業績ではなく，トータルな工場業績を強調する。モトローラ社は，すべての労務費や間接費の標準を取り除いた。これによるベネフィットは，個々の製造セルへの焦点と関連する逆機能の側面を減らす，あるいは一般管理費を減らすことを含むという例をあげている。またJITフィロソフィの基礎をなす継続的改善の考えは，標準の改定が伝統的な工場よりも短い間隔で行われるであろうことを意味すると述べている（Foster and Horngren 1988, 9）。このように彼らは，購買と生産に区別した中で，標準の問題点として，それが個別の問題として使われている点を指摘している。この点は，重要なポイントであり，多くの研究者によっても指摘されている。その中でどのようなことを主張しているのかを取り上げることにする。

Kaplan and Atokinsonは，継続的なJIT生産フローでは，それは，個々の作業者やマシンレベルでの能率を測定することと矛盾しており，個々の作業者レベルでの出来高払いのすべてが，消去されなければならないと指摘している。その上で，唯一の能率尺度は，ライン内の個々の現場ではなく，全JITラインの操業度（the rate of output）に関するものだけである（1989, 426）。

Lessnerは，標準の欠点として，以下の２つをあげている。それらは通常短期的である。またそれらは部分最適な業績を促進する傾向にある。彼らの研究において標準原価についての最も妥当な事実は目標に対する業績測定におけるそれらの利用である（Lessner 1989, 23）。

Lessnerは，このような説明をした上で，さらに以下の指摘を行っている。業績測定として使われる伝統的な生産システムや差異分析の特徴を調べることによって，コスト・マネジメント担当者は，業績測定と生産システムの評価や発展間の関係への価値ある洞察を得ることができる。業績測定は，業績それ自体とともに，業務システムの特性を形成する。各尺度は業務上の業績や環境に大きいが，個別の影響しかもたらさない。不幸にも，これらの伝統的業績測定（購入価格差異，標準差異分析，作業能率，作業屑コスト，機械稼働率，部門の目標）が，独立して使われるとき，それらの影響は不都合なものとされ得る。例えば，標準差異分析は，緩衝としての在庫，検査を通じての品質管理，不景気における在庫の山積みを出す。また作業能率は，長い操業時間，より高い在庫レベル，顧客サービスへの焦点がより少なくなるといった生産システムへの影響がある（Lessner 1989, 23-24）。

　それとともに，Lessnerは，業績評価システムの体系化においても，1つの計画の中で業績尺度を考えることは避けられず，いかに個々の尺度が，結合力のある業績評価システムを形成するために他の尺度と一緒に使われるかへの強調のシフトの必要性（Lessner 1989, 24）を指摘している。

　Greenらは，差異の原因を明らかにするためにインプットとそれらと関係のあるコストを跡づけることを意図した標準原価差異計算そのものに時間が掛けられており，JIT環境における単純化への強調は，こういったことの必要性を取り除くことでもある。原価計算や管理会計システムの背後にある重要なモチベーションの1つは，プロダクションコストコントロールとなり，個々や部門よりもむしろオペレーションでのトータルコストの削減によって，JITはよりよいコントロールを与える。このような影響が，差異の計算や報告のどこに強調を置くのかそのものを変えている（Green, et al. 1991, 51）

　Fisherは，逆機能的なアクティビティとして，以下の説明を行っている。個々の差異を最大化するという目標は，企業全体にとっては逆機能的なアクティビティに導く。単一の差異の最大化は，企業全体の収益性に悪影響を及ぼす。購買部長は，有利な価格差異を最大化するために，安くて，グレードの低い材料を仕入れる。しかしそれは品質の悪い材料によって引き起こされる問題のために，製造コストが増加する原因となる。別の例は，標準原価が

固定費の要素を含むときにみられる。標準原価システムは，不利差異としてアイドルキャパシティを示す。ゆえに経営者は製品が必要とされないときでさえ，不利差異を減らすために，間違った考えで製品を製造するかもしれない（Fisher 1992, 33）。

以上，標準が個々の部門の問題として考えられてきたという点について検討した。これ以外にも以下のような問題点がある。さらに検討を行う。

Greenら（1991, 50）は，JIT工場における会計の強調が，能率尺度からincurred to standardというコスト比率へシフトした企業を紹介している。この比率が1より少ないかイコールであるとき，すべての原価の回収が考えられる。そして在庫の削減やプロセスの合理化でのJITオペレーションの成功が，ほとんどの能率の計算に反映されていないという問題とともに，標準それ自体が時宜を失い，材料費増加，エンジニアリングの変更，新しいテクノロジーの導入を反映しないといったことも標準原価の問題点と指摘している。

また，いくつかの企業は，伝統的な標準原価が比較や差異計算へのベンチマークとしてもはや適していないと理解し，労務費が製造原価の2％しかないとき，労務費標準は実質的には意味がなくなる。標準へ適用される間接費の割合は，しばしば恣意的であった。結果として，材料費だけが重要性をもつ。HPはこの標準材料費を使い続けるが，コスト有効性（cost effectiveness）は，TQC，在庫削減，ベンダーとの協調，時間通りの搬送，プロセスコストの削減のような目標によって測定される。

さらに標準への固執より，継続的改善を追求するため製造予算と製造実績との差異に焦点を当てている企業もある。このように，予算に反映される目標が，より成熟したJIT企業において標準にとって代わっている。あるいは標準に取って代わる実際原価の移動平均数値の計算を業績やその改善のモニターへのベンチマークとして利用している企業もみられる（Green, et al. 1991, 50-51）。

Swenson and Cassidyは，顧客への即応性がより重要になるとき，能率や稼働率という伝統的な会計尺度は，内部の業務的意思決定を支援することと関係がなくなる。例えば，能率や機械稼働率への強調は，現在の顧客の注文

を満たすために必要である以上の在庫を作り出すことを奨励する（Swenson and Cassidy 1993, 39）と指摘している。

　Fisherは，上記において逆機能的なアクティビティを指摘した。彼はこれ以外に以下の7つの問題点を指摘している（Fisher 1992, 33-34）。①オペレーティングレベルで実用的でない差異，②数字があまりにも要約的かつ集合的である，③実用性の欠如，④作業時間や機械作業時間への過度な依存，⑤標準の設定，⑥継続的改善との矛盾，⑦タイムリーな（時宜を得た）シグナルの欠如である。

　①は，不利差異がさまざまな原因によるため，原因の特定は困難なこともある。それゆえに，コントロールの中で差異を引き起こすために必要とされるアクションは，容易には解決されない。

　②は，管理者がその差異に個人的に責任を負えないといったような集合的レベルで要約されているため，現場の従業員が差異に基づいてコントロールされているとき，現場のフラストレーションへ導き，結果として差異報告書は無視される。

　③は，機械稼働時間差異が，1ヵ月に起こる多くのアクティビティのために生じる。差異は機械が効率的に動いているかいないかどうかを示すが，直接的原因や解決を求めることは困難である。

　④は，操業度基準（直接作業時間や機械稼働時間）の配賦計算に過度に依存するときに問題が悪化する。直接作業によるコスト配賦システムへの依存は，管理者に直接作業の減少にしたがって製造間接費が減少すると考えさせるような意思決定をさせる。しかしながらいつでもこんなことばかりではない。製造間接費は伝統的な原価計算システムによって示されるほど普通は減少しない。

　⑤は，ダイナミックな環境であるなら，適切な標準の改定は困難で費用の掛かるプロセスである。特に毎週の改定は，非常にコストが掛かると考えられる。結果として，使われる標準が製造現場においては絶えず時代遅れになる。

　⑥は，作業者がもし次期の標準が今の結果によって高く設定されると理解するなら，それを最大限に行うことをためらう。つまり工場の現場からの意

見は，標準設定のプロセスが，継続的改善というフィロソフィよりも，基準という考えに凝り固まるという結論に導く。

⑦は，典型的な標準原価システムは，月次ベースで差異を計算した。月末に，会計部門がその結果を集計し，金額化し，製造現場に戻すのに少なくとも2週間はかかるであろう。工場現場で働く人の多くは，その情報はアクションが起こせないほど古いものだと考えた。

以上8つに整理されたFisherの見解から，時間については，③，④，⑥，⑦の問題点をあげることができる。これについては後述したい。

（4）財務的業績尺度の問題

次に財務的業績尺度の問題である。第1に，財務的業績尺度が作業現場レベルで不適切という点があげられる。Dhavaleは以下のように述べている。多くの業績評価システムが，あまりにも抽象的な財務測定を使っている。なぜなら，それらはあまりにも複雑なので，作業現場レベルで行われている活動と関係させることができない。財務測定は，意思決定に有用な情報を提供していない。例えば，管理者は特定の危険なパートのために，機械がいかに頻繁に停止するかを知りたがる。しかし，その会社の情報システムは，財務情報しか収集していないので，その情報は利用できない。ほとんどの会社は，財務的データベースを上手に開発し，機能させているけれども，同じ程度の正確で，詳細な非財務的情報を少しももっていない。結果として，非財務的情報が利用できないためだけに，財務的尺度が不適切なときでさえ，それらが開発される（Dhavale 1996b, 50）。

第2に，財務的業績尺度が，過去の業績の結果を示しているにすぎないという問題である。会計測定値は，管理者にすでに行われた意思決定の結果は示すが，将来の業績を予測するようなことは何一つない（Eccles and Pyburn 1992, 41）。Eccles and Pyburnは，彼らの調査において，ある管理者が以下のように記していると説明している。つまり業績を改善するために財務的尺度を使うことは，フットボールゲームでスコアボードに集中しているようなものである。スコアボードは，勝敗については伝えるが，どんなプレーが要求されているかについてより多くの指針を与えない。必要とされる

のは，どのランニングプレーが最も成功したのか，いかにうまくクォーターバックがパスを通したのか，いかにうまくディフェンスが，相手の攻撃を止めるのか等の，最終的にスコアに影響を及ぼすゲーム中での決定についての情報である。これを企業の立場からいうと，優れた財務的結果へ導く基本プロセスや重要な結果についての尺度が必要とされる（Eccles and Pyburn 1992, 41）。

　この点について少し説明をすると，伝統的な業績尺度である売上，利益，投資利益率等の財務的業績尺度は，管理者が，財務的業績を評価する手助けをするが，マネジメントの効率性，製造の生産性，製品の品質，資産の利用性の評価には役立たない（Bledsoe and Ingram 1997, 43）。したがって，財務的業績尺度だけではプロセスの評価は難しいということになる。

　第3に，非製造，配賦および管理不能コストが，財務的業績尺度に含まれているという問題である。Dhavaleによると，これらのコストの影響により，経営者が，新しいイニシアチブや改善の効果を判断できないとしている（Dhavale 1996b, 50-51）。また彼は，配賦コストが以下のような追加的な問題を生むと指摘している。つまり配賦方法の変更が，業績そのものでなく業績尺度を変えてしまうということである（Dhavale 1996b, 51）。したがって，このようなコストを業績評価尺度に含めることは，方法の決定者の恣意性が非常に入ることになり，業績尺度として問題がある。この点は上記の製造間接費の配賦問題と関係する。

　第4に，1つの財務的業績尺度に過度に依存している問題である。これについては，上記の標準原価の問題点でも指摘しているので，具体的な内容は省略する。非財務的業績尺度との関係も含めて以下個別の章を設けて詳細な検討を行うことにしたい。

（5）記帳の簡略化

　Huntらが，仕掛品在庫の会計を簡略化することにより，ひと月当たり約10万の帳簿記帳が，消去された（Hunt, et al. 1985, 58）という1例をあげ，Leeは，製造における変化がHPの会計システムをよりシンプルにした（Lee 1987, 50）と説明している。

Foster and Horngrenは，JIT購買に関して，内部会計システムにおいて購入デリバリーの頻繁かつ詳細な報告を減少させる。JIT購買環境では，原材料の搬送数は実質的に減る。組織は内部会計システムにおいて以下の方法で情報処理コストの削減を追求した。これには，一括りにされた個々の購入デリバリー，電子振り込みシステムの利用，仕入債務部の再編成がある（Foster and Horngren 1988, 7）。

　一方JIT生産において，作業伝票（work tickets）で記録される詳細な情報のレベルを減らすことがある。JITフィロソフィの重要な側面は，すべてのアクティビティの簡略化である。作業伝票がJIT生産で簡略化するいくつかの方法がある。その1つとして，製造プロセスが，完成品中の材料を少なくするように変えられる。これは，部品が少なくなるように製品を再設計するあるいは別の工場で組み立てられる部品の割合を増やすことによって達成される。

　製品コストにおける労務費の割合が低いJIT工場は，作業伝票で記録されるのは，直接材料だけであり，ほかのすべては，期間に配賦される（Foster and Horngren 1988, 9-10）。

　これについてJIT工場では，出来高払賃金（piecework payment plans）が消去される。これは，作業者当りで報告される取引を劇的に減らすことを可能にする。この出来高払賃金は，たとえ完成品への需要がないとしても，作業者にものを作るというインセンティブを与える。経営管理者は，在庫を作るというよりも作業者を休ませる方を好むという見解もあるとFoster and Horngrenは指摘している（Foster and Horngren 1988, 11）。

　さらに，Kaplan and Atokinsonは，ひとたびJIT生産が達成されたなら，仕掛品在庫は，最小化されるであろう。それゆえに，仕掛品についての正確な会計が，財務諸表にとって重要でなくなる。会社は，原材料と仕掛品の代わりに，単一の勘定原材料仕掛品（Raw and In Process materials（RIP））を設ける。また，製造プロセスのわずか2点（入口と出口）まで伝票を減らすことは，作業屑や再作業による損失を最小に，また製造プロセスの初めから終わりまでに少しの在庫しかない非常にコントロールされた製造環境を要求する（Kaplan and Atokinson 1989, 427）。

そしてHPが，ひと月100,000から5,000以下に取引の削減を見積ったという例をあげている。これからも手の込んだ製造指図書といった証憑を2つの伝票ポイント（RIPと完成品）システムに取り替えることからの簡略化は，とてつもないことである（Kaplan and Atokinson 1989, 427）と指摘しているのである。

（6）原価計算の方式

　勘定科目削減をはじめとした記帳の簡略化とともに，記録の詳細さを少なくするための原価計算システムを考えることの必要性もいわれた。これは，原価計算の方式が，個別原価計算から総合原価計算やバックフラッシングコスティング[1]に変えられるということである。

　この理由の1つとして，JIT生産方式を採用する効果が，製造ラインが連続流れ生産をベースに動かされている点にある。これは，総合原価計算と関係する。一方，個別原価計算はバッチ生産と関係する。他の合理性は，JIT生産工場において品質への強調が強められるために，加工部品の同質性が大きくなるからである。そしてこれらの簡略化は，JIT生産工場における製品原価計算の個々の会計記入におけるかなりの削減へと導いた（Foster and Horngren 1988, 11）とも指摘している。

　Brimzonも同様に，製造指図書が連続的流れ反復生産に取って代わられるとき，個々のバッチや製造指図書ごとにコストを集計するシステムは，修正されるであろう。そのトレンドは総合原価計算へ向かわせるだろう。そしてそこではトータルプラント，製造セルあるいは組立ラインが，すべての加工費が累積されるであろう当然のコストセンターになる（Brimzon 1988, 168-169）と述べている。

　Kaplan and Atokinsonは，TQC，JIT，そしてCIM環境でみてきた新しい

---

[1] バックフラッシングの簡単な説明をしておく。これは，まず組織のアウトプットに焦点を当て，次に売上原価や製品原価があるときにそれらにもっていく。バックフラッシュという用語は，おそらく以下の理由から生まれた。それは製品原価計算記帳のトリガーポイントが，製品が販売されるまで遅れてしまうからである。そのとき，コストは会計システムを通じて輝きだす（flashed）のである。そしてこれについてFoster and Horngren は，3つの例をあげて説明している（Foster and Horngren 1988, pp.12-14）。

業績尺度は，会社の原価計算システムにおける変化を伴うべきだ。個々のバッチ生産プロセスに対して個別原価計算システムを長い間使ってきた会社は，それがJITと相いれないことがわかってきた。そこで最初の会計の仕事は，現在の測定をやめることである（Kaplan and Atokinson 1989, 425-426）。つまり原価計算を含めた会計システムが，生産システムの簡略化と同時に簡略化される必要性を述べている。

第3節　時間からみた伝統的会計の問題点

　簡略化という主たる考え方の中で，JITが会計上どのような影響を及ぼすのかという点から，伝統的会計の問題点を指摘してきた。その中で，本研究の主たるテーマである時間の評価と関連させることによって，そこでの問題点を明らかにしていきたい。そのために，まずは，これらの議論の整理において，コスト構造の変化，製造間接費の配賦の問題，標準原価計算の問題，そして財務的業績尺度の問題は，その内容から関連性があると考える。これらを踏まえた上で以下検討を加えることにする。

　(1) のコスト構造の変化においては，大きく直接労務費の減少と製造間接費の増加やその多様性が取り上げられている。これは，製造間接費の配賦基準としての時間の意義の低下と関係する。つまり直接労務費や直接作業時間では正確な配賦計算ができなくなる。時間の問題に限れば，これは直接作業時間という1つの配賦基準での配賦計算の難しさを示すことになる。

　しかし，増加および多様化する製造間接費をどのように管理するかを一方で考慮する必要性が出てくる。これはまさしくアクティビティ会計の登場と関係する。この基本的な考えは，製造間接費をアクティビティごとに分け，それぞれのコスト・ドライバーを見つけ出し，配賦計算を正確に行うことである。ここで時間は，コスト・ドライバーとしての役割が期待される。確かに，直接作業時間そのものの役割の低下はあるが，逆の見方をすれば，機械稼働時間やリードタイム等の時間の現代的意義を考える1つのきっかけとなるといえる。

　これは標準原価の問題の中の操業度配賦基準への依存においても同様であ

る。また能率や稼働率の測定を行うという標準原価計算の主たる目的にも異議を唱えている。上述のように，時間の短縮を図り生産性をあげることが，余分な在庫を生み出すことになる。このように有利差異にするために，標準差異分析が，作業員に在庫を作るという逆機能の行為させることになる。これは，大きな問題といえる。

そして標準原価が，リアルタイムの情報の提供ができない点も時間の問題として取り上げることができる。これについて，筆者は，競争の激しい時代においては，このような時間の遅れをなくし，よりタイムリーな情報の提供が要求される。これによって管理者は，素早い是正措置をとることが可能になる。そのためにもプロセスを評価できる非財務的業績尺度が有用である（水島 1999, 47）と考える。

これはまさしく財務的業績尺度が抱える問題の１つでもあり，当然のことながら，上記コスト構造の変化，製造間接費の配賦，標準原価の３つの問題は，財務的業績尺度の有する問題としても捉えることができる。そしてそれを解決すべく，時間に関する非財務的業績尺度の有用性に関する多くの議論が行われているのである。

それでは，財務的業績尺度を利用した標準原価計算の役割は終わったのかといえるのかということである。これについては，必ずしもそうではないと考える。したがって，その現代的意義がどこにあるのかといった議論も必要となる。これについても以下の章で検討を加える。

一方，記帳の簡略化や原価計算の方式についても記帳時間の短縮を図るという意味では，重要な問題として認識する必要があり，これらの位置づけを時間研究のどこに置くかは検討すべき課題である。

以上より，どのような研究が必要であるかを整理すると以下のようになる。①非財務的業績尺度と財務的業績尺度としての時間，②アクティビティ会計における時間，③通過時間，④TPSにおける時間，⑤アメーバ経営における時間の問題の５つである。この中で，①，②は，アメリカの研究を中心に，一方③，④，⑤はわが国の研究が中心となる。以下詳細な内容を検討する。

第4節　おわりに

　本章では，JITにおいて検討されるべき会計の問題点について述べてみた。具体的には，(1) コスト構造の変化，(2) 製造間接費の配賦，(3) 標準原価，(4) 財務的業績尺度の問題，(5) 記帳の簡略化，そして (6) 原価計算の方式の6つであった。

　(1) コスト構造の変化については，直接労務費の製造コストにおける重要性の低下が，それを個別のコストではなく，製造間接費の一部に入れるといった考え方を採用する企業が増えていることがわかった。最終的には，トータルコストの削減といった考え方が必要となる。

　(2) 製造間接費の配賦基準については，直接作業時間や機械時間のような単一の基準で行うことの問題点が指摘されている。これは上記の自動化による直接労務費の減少とも関係する。その解決策として，複数の配賦基準の利用が指摘された。時間の利用としては，サイクルタイムもあげられている。これは6章のアクティビティ会計と時間の問題と関係してくる

　(3) 標準原価については，標準の問題点として，それが個別の問題に使われている点であり，全社的視点から考える必要性を指摘している。この点は，重要なポイントであり，多くの研究者によっても指摘されている。また，標準を守ることが，品質の低下や在庫の作り過ぎという問題を生み出している。時間との関係からも，いくつかの標準原価の問題が存在する。

　(4) 財務的業績尺度の問題については，それが作業現場レベルで不適切である。過去の業績の結果を示しているにすぎない。非製造，配賦および管理不能コストが，財務的業績尺度に含まれているという問題。1つの財務的業績尺度に過度に依存している問題の4つから説明を行った

　(5) 記帳の簡略化については，仕掛品在庫の会計を簡略化することにより，ひと月当たり約10万の帳簿記帳が，消去された。あるいは作業伝票がJIT生産で簡略化するいくつかの方法の1つとして，製造プロセスが，完成品中の材料を少なくするように変えられるというような会計システムがよりシンプルになるという状況が生み出された。

(6) 原価計算の方式については，個別原価計算から総合原価計算やバックフラッシングコスティングといった記録の詳細さを少なくするための原価計算システムを考えることの必要性がいわれた。

次に，これらの問題点を時間との関連から整理すると，特に上記（1）（2）（3）については，基本的には単一の配賦基準としての時間に問題があるということを指摘できる。そしてその問題点を解決するためにどのような管理会計技法が取り入れられるかを示しているのである。以下の章では，これらの問題点を解決するための具体的な管理会計や原価計算の技法をみていくことにする。

第5章

非財務的業績尺度の意義と財務的業績尺度の役割について

第1節　はじめに

　第4章で指摘した問題点に対して，どのような管理会計・原価計算の技法が考えられてきたのかを具体的に検討していく。したがって，第5章から第9章までが，本研究の第2の問題となる。その中でも，本章においては，非財務的業績尺度の問題を議論する。上述のように，非財務的業績尺度は，当時の環境の変化において，財務的業績尺度の問題点が指摘される中で，その有用性が書籍や論文を通じて積極的に論じられてきた。

　本章では，第1に，非財務的業績尺度とはどのようなものなのかを先行研究から整理をする。それらは，時間だけでなく，品質，フレキシビリティ，生産性等多様な要素からなる。したがって，それらすべてを説明する中で，時間についてまとめていく。特に製造サイクル効率という指標は，多くの研究者によって議論がされているので，詳細な内容をみることにする。また非財務的業績尺度の管理会計上の利用目的についても言及していく。これらを明らかにすることが本章の主要な目的である。

　それに対して，標準原価計算といった伝統的な財務的業績尺度はどのような意味をもつのかについても議論を行う。またタイムコストといった問題についても論じていく。これらをとおして，業績尺度から時間の意義を考える。

第2節　時間を中心とした非財務的業績尺度の研究

　非財務的業績尺度の必要性は，当時の研究においては重要な問題の1つであった。以下どのような研究が行われてきたのかを指摘しておきたい。これについては，Lorange and Mortonが，1974年の論文「マネジメントコントロールシステムのためのフレームワーク」の中で，非財務的業績尺度について触れている。彼らは，まず，現在のコントロールシステムの問題点を指摘し，その考え方が企業外部の圧力の大きさから変更されなければならないと説明している。そしてこれらの変化は以下の3つの主要な領域において生じる。すなわち，第1に，伝統的な組織形態（分権化組織）からより複雑な形態（多面的構造）への発展を反映するようにコントロールシステムが変更されることへの要求。第2に，通常のコントロールシステムの一部として非貨幣的変数の利用。第3に，計画設定とコントロール間の結びつきおよびコントロールとオペレーション間の結びつきである（Lorange and Morton 1974, 41-43）。このように，第2の主要な領域として非財務的業績尺度という言葉が出てくるのである。しかし，ここでは具体的に何かを示しているのではない。

　Kaplanは，1983年の論文「製造業績を測定する」の中で，製造会社の成功のために重要な要因を理解することが必要とされる。製造業績を上げるための決定要因の理解には，多くの学問からの貢献を必要とする中で，会計も重要な役割を果たし得る。会計の研究者は，生産性，品質，在庫コストのような非財務的業績尺度の開発を試みる。製品のリーダーシップ，製造のフレキシビリティ，そして搬送業績といった尺度は，企業が新製品を市場に出すために開発される（Kaplan 1983, 284）と説明している。

　また製造オペレーションにおける組織やテクノロジーの当時の経験は，安定した製品特性や受け身の最適化のモデルという前提が壊れていることを示唆している。この中で，管理者は品質の改善，段取時間の削減，製造のフレキシビリティを高める，制約的な作業規則の克服，そして不安定な供給，劣悪の品質，そして一定でなはい機械業績によって引き起こされる偶然性を減らすために，製造プロセスに積極的に介入しなければならない（Kaplan

1983, 287)。

　さらに会計システムについても以下のように言及している。特徴や仕様が変わらない操業時間が長い標準品（規格品）を前提とした伝統的な会計システムは，この新しい環境においては有用性がない。その挑戦は，企業の新しい製造戦略を支援するであろう新しい内部会計システムを考案することである。品質，在庫，生産性，フレキシビリティ，そして技術革新の改善尺度が要求されるであろう。これらの経営目標達成に基づく経営上の業績尺度は，短期的財務業績尺度への現在の強調に取って代わるように開発されるべきだ（Kaplan 1983, 287）。

　これらを踏まえて，彼は，比較的安定した特徴をもつ成熟品の生産においては，企業間の競争は，品質，コストの最小化，生産性が基準となるであろう（Kaplan 1983, 288）。品質，在庫，生産性，技術革新，インセンティブシステムの5つをあげている。

　時間については生産性が考えられる。これは消費されたインプット対製造されたアウトプット比率で示され，製造の能率を特徴づける最も明確な選択である。その中で，生産性の尺度は，時間に関する製造業績を示す最も基本的なものであるが，意思決定やコントロール活動において，管理者への手助けをするといった点においてはまだ考えられてはいない（Kaplan 1983, 292-293）という指摘もある。

　またKaplanは，業績評価において財務的業績尺度が一般的である理由として，明確で，包括的な業績尺度を与える。すべての業務および業績尺度を金額で示すことによって，全体の業績尺度を得るために，種々の業務単位や事業部を1つにすることができるとしている。

　それに対して，非財務的業績尺度がもつ重大な問題は，それらが部分的尺度であるという点，すなわち単一の全体尺度にまとめるのが困難か，不可能な尺度である。このために，インセンティブシステムでも，評価において財務的業績尺度が利用される（Kaplan 1983, 298-299）。

　Leeは，上述のように，PPMにおいて，4つの戦略目標を捉え，コアとなるポジティブな業績への強調そして変数との関係性を示している。この変数には，製品の品質，リードタイム，フレキシビリティ，在庫水準，長期の能

率,従業員の態度,そして経営者の関わり合いがあげられ,上記の戦略目標と一致すべきである (Lee 1987, 66-69)。このように,時間としては,リードタイムがあげられている。

　Howell and Soucyは,ワールドクラスの製造業者になるには,以下の5つの主要な非財務的業績尺度が必要であると主張している。すなわち①品質,②搬送（スループットタイムやサイクルタイムを含む）,③在庫,④材料費/スクラップのコントロール,⑤機械の管理とメンテナンスである。管理会計担当者は,コントロールプロセスにおいてこれらの要素を把握する必要がある。そのためにも,より多くの非財務的で,主観的に決定された尺度を,伝統的な報告および評価プロセスと統合すること,また報告や分析においてよりタイムリーでフレキシブルなシステムが要求されるであろう (Howell and Soucy 1987a, 26)。

　ここで彼らは業務上の尺度が変化する製造環境と歩調を合わせることができない理由として以下の3つをあげている。第1に,古くなった原価計算システムが,依然として,製造業績を測定するための主要なツールである。ほとんどの製造業者は,長年使い続けてきたシステムをもっている。第2に,伝統的な尺度が,依然として,製造業績を評価するための基準である。企業は,直接作業時間 (labor utilization),標準対実際の業績,そして製造間接費の配賦計算で製造業績を評価し続ける。第3に,管理会計担当者は,オペレーションと関係をもっていない。典型的に彼らは,オペレーションとの直接的なコミュニケーションを少しももたない (Howell and Soucy 1987a, 26)。このように環境の変化に対応できていない状況にある。以下では,搬送についてみておきたい。

　これは,プロセスの継続性と信頼性の確立,維持を目的とし,マーケティングに関して正確な搬送スケジュールを見積ることを可能にする。それらがひとたび確立されたなら,スピードやスループットが強調されるべきだ。ワールドクラスの製造業者は,100％の時間通りの搬送と100％の注文の履行目標を確立している。彼らによれば,搬送業績には3つの尺度がある。第1に,時間通りの搬送業績があり,実際の搬送測定のうち搬送が遅れた日を記入する。目標はできるだけ早く達成されなければならず,昨日であったは不適切

である。

　第2に，履行された注文の割合があり，それは履行された注文額，ライン品目，特別な品目数によって測定される。

　第3に，時間の長さ，サイクルタイムで，顧客による注文の受け取りから搬送までを要求する。例えば，ある会社はこの尺度に集中し，改善の達成のために必要な変化を実行することによって，6ないし7ヵ月のサイクルタイムを5ないし6週間にした。サイクルタイムは，さらに購買注文リードタイムと製造サイクルタイムに分けられる。前者は，製造を開始するのに必要な資源を現場に提供するのにかかる時間であり，後者は材料の分配から，製造現場での搬送可能な状況にするのにかかる時間である。最後に彼らは以下のように指摘している。多様な利用可能な時計は，どこで価値が拘束され，どのポテンシャルな機会がより多くの能率のために存在するかに経営管理者が焦点を当てることを可能にする（Howell and Soucy 1987a, 28）。

　Kaplan and Atokinsonは，JITシステムにおける非常に多くの在庫の削減やCIMのもとでの増やされた自動化が新しいオペレーティング業績尺度への要求を作り出すであろう（Kaplan and Atokinson 1989, 421）と指摘している。

　まず彼らは，これについて，グローバル尺度とローカル尺度の2つをあげている。まず前者は，スループットないしリードタイムであり，総リードタイム対サイクルタイム（実際の加工）の比率が大事である。詳細な内容については，以下の製造サイクル効率においてみていきたい。

　一方，後者の個々の作業現場でのローカル尺度は，全体のスループットやリードタイム削減目標の支援を手助けするだろう。例えば，ある会社は，段取時間削減の動機づけのための明確な目標を立てた。これには，型の数分での交換（single minute exchange of dies），10分よりも少ない工具の交換（the exchange of tools in fewer than ten minutes），ワンタッチでの型の交換（one touch exchange of dies）がある。他の尺度は，製品が完成する平均的な距離（average distance traveled by products），平均的な在庫回転日数（average number of days'production in inventory），そして逆数である年当たりの在庫回転率（the number of inventory turns per year）がある

■ 図表5-1　アメリカの半導体製造工場のサマリーレポート

	達成された業績	理想となる目標
1．単位コスト	$ 1.50	$ 1.00
2．サイクルタイム	7日	3日
3．時間通りの搬送	60％	100％
4．品質（PPM）	200	0
5．直線性	65％	0％
6．在庫回転率	15倍	75倍
7．仕損（scrap）	30％	0％

出所：Kaplan and Atokinson（1989, 423）.

（Kaplan and Atokinson 1989, 421）。

　JITで，工場は毎日，実際には毎時間安定した一様な生産速度を達成しようとする。したがって，生産の比例性に関する毎日のまたは毎月の尺度が，安定した生産速度をセル生産や工場がいかに実現できたかのフィードバックを提供するであろう（Kaplan and Atokinson 1989, 422）。

　また集積回路（Application Specific Integrated Circuits: ASIC）を作っているアメリカの半導体製造工場のサマリーレポートの中でも，セル生産のオペレーティング業績評価のために7ポイントの測定システムを導入した。そこでは各尺度と理想目標が示されており，時間については，サイクルタイムと時間通りの搬送があり，理想の目標はサイクルタイムが，セルをとおして故障時間のない理想的な時間，時間通りの搬送は，要求の正確な組み合わせによる100％の時間通りの搬送であった。

　このような報告書は，現在のMACS（Management Accounting Control Systems: MACS）から以下の方法で離れるであろう。第1に，業績尺度やボーナスを収益性，ROI，予算の達成のような単一の指標ではなく，多くの尺度と結びつけるであろう。第2に，コスト業績は，7つの尺度のうち1つだけである。そのレポートは重要な成功要因に焦点を当て，長期のコスト削減や利益増大は，短期の財務目標の達成によってでなく，短期の製造業績の継続的な改善によって最も達成されることを強調する。第3に，オペレーティングレポートからの便益は，理想的目標の達成における継続的改善への必

要性を強調することである。つまり年々の標準（standard usage）目標を単に満たすことだけでは，十分でない。工場は各期の理想の業績に近づくよう努力しなければならない（Kaplan and Atokinson 1989, 422-424）。このように，Kaplan and Atokinsonは，非財務的業績尺度を含んだ報告書の有用性を述べている。

Lessnerは，製造環境に対する業績尺度の影響の１つとして以下の指摘を行っている。財務的業績測定は，望まれた結果や目標を提供するだけである。それらは，目標を達成する手段やアプローチを伝達するのに十分ではない。そこで，財務的および非財務的業績尺度の両方から業績評価システムを組織化することによって，マネジメントは会社の目標を達成するために使われた彼らが望む環境や手段への組織化の手助けができる（Lessner 1989, 24）。

ここで彼は，購買部門で使われる業績尺度の例をあげている。これには，ベンダーの品質，ベンダー数，在庫日数，時間通りの搬送，作成あるいは実践されたベンダーのコスト節約概念，品質コスト等がある。そして明確な業績測定システムと調整されたとき，これらの業績尺度は，トータルコストの原因や製造業務をより効率的にサポートする物事へ焦点を当てることによって，総購買コストを下げることに購買部長の目を向けさせることができるであろうと指摘している（Lessner 1989, 25-26）。

Greenらは，JIT環境において，業績評価システムは，新しい製造フィロソフィを反映することを意図し，総合的品質管理（Total Quality Control: TQC），在庫の削減，早くなった段取時間，リードタイムの短縮，そして新製品立ち上げ時間等の進捗を測定し，報告することができる。また時間通りの搬送，床面積の利用，そして品質の歩留りの改善も同様に重要である。事実，費用対効果を考えると，業績評価システムはその会社の非付加価値活動にターゲットをあてるべきだ。このようなシステムは伝統的な短期的財務尺度の消去を要求し，何らかの新しく，多くの関連のある非財務的業績尺度を含み得る。

JITの進捗を跡づける唯一の関連のある財務的またはコスト情報は在庫関連のものだけである。在庫削減は，JITの第一義的な役割ではなく，リードタイムや非付加価値活動の短縮の結果である。事実コスト情報が，オペレー

ショナル・コントロールにおいて果たす役割は少なくなる。それへの依存は，生産現場で作られた真の利益をゆがめる。

また，彼らはパラレル方式（parallel systems）を採用し，セル生産を行うAT&Tのケースを紹介している。これはセル生産に接した生産現場に据え付けた製造エクセレンスボードがあり，共同で決められた目標への月々の進捗がはっきり示されている。改善尺度が，JIT導入前の向上の業績を示す基準に対して計算される。これらの改善指標は，JITが製造能率，品質，そしてカスタマーサービス目標の実現に貢献した程度を示す。AT&Tの工場の例は，品質歩留りの53％の改善，製造時間における12倍の短縮（12-fold decrese），作業屑や再作業の88％の削減，そして時間通りの搬送の95％の増加を含む。以上のように，彼らは非財務的業績尺度の必要性を指摘している（Green, et al. 1991, 50-53）。

Fisherは，オペレーショナルすなわち非財務的業績尺度の当時の起こりは財務的業績尺度に対する非財務的業績尺度の優位性を再主張しようとする試みにあった。非財務的業績尺度を使うことによって，管理者は，市場での成功へ導く実行できるステップの進度を跡づけようとした（Fisher 1992, 31）。

また競争の高まりは，企業がその成功要因を再評価するきっかけとなる。企業戦略の再評価は，競争に勝つための重要な成功要因を決めるために必要であった。企業評価の段階では，その企業が戦略を適切に実施するために重要と考えられるものを決める。ある企業は，これら重要な成功要因すなわち必要不可欠なもの（imperative）が生き残りのための本質であることを記すことに至った。それは顧客満足，製造業績，マーケットリーダーシップ，品質，信頼性，即応性，技術的リーダーシップ，優れた財務的結果などである。

重要な成功要因の多くは，コストを考慮したものではない。それゆえに財務的基準に重きを置く標準原価システムは，組織をコントロールするための正確なシステムと考えられなかった。これらの中で，信頼性，即応性，品質について記述している（Fisher 1992, 34）。

Fisherによれば，いくつかの企業は，約束した搬送日という信頼性が競争的優位の重要な要素であると考え，これを示す非財務的業績尺度として，時間通りの搬送があると指摘している。そこで彼らは，時間通りの搬送の割合

を跡づけるコントロールシステムを実施した。ある会社は，最初に，時間通りに搬送された製品の割合を測定基準とした。そしてこの尺度への依存は，工場に注文を遅らせるよりも，時間通りに履行することの大事さを動機づけする。また彼はこの基準の下では，2つの製品の搬送において，2つともわずかに遅れるよりも，1つが非常に遅れ，1つを時間通りに行うことの方がよい（Fisher 1992, 34-35）とも指摘している。

次に，Fisherは，競争的優位の他の重要な要素として，顧客への即応性をあげている。彼は，この尺度について以下の説明をしている。ある企業は，以前それを測定するために，新しく採用された製品数を使ってトライしたが，これでは困難であることがわかった。というのも新製品の数は，顧客の要求を満たすために必要とされた時間と強い関係がなかったためである。そこで注文を履行するために必要とされたリードタイムを用いて測定することにした（Fisher 1992, 35）。

Swenson and Cassidyは，この顧客への即応性がより重要になるとき，能率や機械稼働率という伝統的な会計尺度は，必要以上の在庫を作るといった理由から不適切であり，それゆえに，管理会計担当者は，財務的業績尺度（例えば，品質コスト）と非財務的業績尺度（例えば，段取時間，スループットタイム，入荷遅延比率（vendor performance））の両方をモニターする会計システムを構築する必要がある（Swenson and Cassidy 1993, 39）と述べている。

またSwenson and Cassidyは，オペレーショナル・コントロールにおいての非財務的業績尺度として，多くの企業が，ベンダー品質，時間通りの業績，作業屑や再作業，段取要求を測定しており，JIT移行後の業績改善として，段取や再作業は平均で44％まで下がり，平均の機械段取時間は47％削減し，トータルな在庫は平均で46％まで下がった（Swenson and Cassidy 1993, 44）と指摘している。

Dahavaleは，サイクルタイムをセル生産やフォーカスド工場[1]における業績尺度として有用な指標であると示した。彼は，サイクルタイムをセルサイクルタイムと注文サイクルタイムからなるとし，セルサイクルタイムは1バッチの加工の始まりから終了までの所要時間を示し，製造の側面だけをみ

ていると説明している。一方注文サイクルタイムは受注からその完全な搬送までの所要時間を示し，注文サイクルタイム＝注文が行われるまでの待ち時間＋セルサイクルタイム＋注文数が搬送されるまでの時間という計算式になる。注文サイクルタイムはそのシステム内の受注管理を考慮に入れる。顧客の観点から，計算するのものは受注後いかに早く搬送されるかである。これらを測定するのが注文サイクルタイムである（Dahavale 1996a, 60）。

Dahavale（1996a, 61-62）は，さらにセルサイクルタイムを計算するために1セルの製品単位当たり加工時間が，4，8，5，および3分である4つの機械を用いている。この中で8分の加工時間をもつ機械がボトルネックであり，この機械の加工時間を減らすことがサイクルタイムを改善することになると説明している。

Horngrenらは，顧客満足，品質，そして時間についての財務的業績尺度と非財務的業績尺度の両方から説明を加える中で，非財務的業績尺度の重要性を強調している。彼らは，この中でいくつかの企業の事例も紹介している。以下彼らの見解をみる。

まず，時間について以下のような説明がある。会社は，競争において時間をますます重要な要素とみている。物事を素早く行うことは，収益を増やし，原価を下げる手助けをする。例えば，United Van Linesのような運送会社においては，もし商品の運搬をより早く時間通りに行えるなら，より多くの収益を獲得できるであろう。AT&TやTexas Instrumentsのような会社は，時間通りをより強調することによって，低コストを報告する（Horngren, et al. 1997, 693）。

そこから彼らは，会社が，製品やサービスへの顧客の要求にいかに即応できるのか，およびこれらの会社が予定の搬送日を満たすという信頼性を表す時間の非財務的業績尺度，そしてもう1つが，新製品開発の時間と会社が新製品を市場に素早くもたらすことによる財務的成功をあげている。ここでは前者を中心に説明を行う。これには，顧客のレスポンスタイムと時間通りの

1）フォーカスド工場とは，基本的には原価計算，調査，およびリードタイムの削減目的，あるいはエンジニアリングや品質管理のような支援機能の組織化目的から設けられた部門であった（Kren and Tyson 2002, 19）

業績がある。

　顧客のレスポンスタイムは，顧客が製品の注文やサービスへの要求をしたときから，その製品やサービスが，顧客へ搬送されるまでの時間を総計したものである。顧客要求へのタイムリーな反応は，多くの産業において重要な競争要因である。これについてHorngrenらは，ヤマザキマザック（注文での工作機械メーカー）の例を載せている。2章において詳述しているが，この会社では，顧客のレスポンスタイムを注文受取時間，注文製造リードタイム，注文搬送時間という3つの要素に分けている。

　また彼らは，製造間接費の配賦基準に，製造リードタイムを採用したZytec社は，それを使うことが，管理者に製品の製造時間を減らすようにし，次に，製造間接費が減少し，営業利益が上がることになった（Horngren, et al. 1997, 694）と説明している。

　さらに彼らは，このような時間の問題を考慮する上で，タイム・ドライバーの重要性を認識することが必要であるとみている。これはファクターにおける変化が，アクティビティが行われる速さの変化を引き起こす要因となるものであり，a.顧客が製品やサービスを注文するときの不確実性とb.限られたキャパシティおよびボトルネック（実行が要求される作業が利用可能なキャパシティに近づくか超えるオペレーションである）の2つからなる。前者においては，マザックが工作機械の注文をランダムに受ければ受けるほど，ますます待ち時間が増え，遅れが生じるという状況が生まれる。後者においては，特定の機械が他の製品の加工にフルに稼働する一方で，その機械を使って加工される製品が到着したときにボトルネックが生じる（Horngren, et al. 1997, 694）。この問題については，タイムコストの問題とも関連するので，詳細は後述する。

　次に，時間通りの業績は，搬送の予定日に，製品やサービスが実際に搬送されることを指す。製品やサービスへの顧客の注文は，一般的に品質，コスト，および搬送日を詳記する。彼らは，まず時間通りの業績をこのようにみている。そしてこの例として，Federal Expressの事例を紹介している。それらは小包1ついくらか（price per package），夜間の宅急便（配送サービス）についての翌日の搬送時間を詳記する。小包を翌朝の早い時間，すなわ

ち午前10時30分よりも9時までに搬送することは，顧客のレスポンスタイムを減らすであろう。

他方，時間通りの業績は，午前10時30分という約束した搬送時間の達成についての頻度を測定する。しかし，Horngrenらは，顧客のレスポンスタイムと時間通りの業績との間にトレードオフがあると指摘している。つまり，顧客のレスポンスタイムをより長く予定すること，例えば，翌日10時30分ではなく，午後1時までの搬送は，時間通りの業績を達成することを容易にする（Horngren, et al. 1997, 696）。

最後に，彼らは，時間通りの業績が顧客満足の重要な要素になると指摘している。なぜなら，顧客は自分が必要と考えるときに，物を受け取ることを望み，期待するからである。Horngrenらは顕著な例として，航空業界のケースをあげている。つまり飛行機が，時間通りに目的地へ乗客を運ぶことは，競争的な利点を享受できる。例えば，Northwest Airlinesは，1994年12月に時間通りの業績についてナンバーワンの評価を得た（毎日のフライトの84.7％が予定時刻の15分以内に到着した）。そして最終的には，管理会計担当者は顧客のレスポンスタイムや時間通りの業績についての情報を跡づける。なぜなら，会社はこれらの尺度で管理者を評価するためである（Horngren, et al. 1997, 696）。このように，これら2つの尺度は，顧客満足の非財務的業績尺度でもある。

Hansen and Mowenは，1995年のテキスト『原価管理』の中で，①品質，②在庫，③材料費，④搬送の業績，⑤機械の業績，⑥生産性の6つに区分している。このうち①から⑤については，Howell and Soucyの見解を中心に考察され，6番目に生産性が独自の見解として加えられている。

また1997年のテキスト『管理会計』の中では，非財務的業績尺度について以下のような指摘をしている。非財務的業績尺度が当時の責任会計システムにおいて重要な役割を果たした。先進的な環境において，オペレーショナル・コントロールは，より事後よりも事前的になる。伝統的な環境において，実際の結果は，定期的に標準と比較される。その比較は，1週間，1ヵ月の頻度で行われるが，実際の業績が達成されるのよりも遅いか，それが管理者に報告されるときよりも遅くなることが多い。継続的改善は，よりタイムリー

な評価を要求する。こういった方向で，この変化を達成するために，アクティビティの業績評価における作業者の関わり合いが大きくならなければならない。

　非財務的業績尺度は，それを大きくするためには重要である。非財務的業績尺度は，アクティビティ業績の物量的尺度と関係する。作業者はそれらと容易に関わり合いをもち，それらの結果が遅れるというよりも，リアルタイムに報告され得る。すぐのフィードバックは，素早い反応時間を許可し，能率を高める。非財務的業績尺度は，競争に勝つために必要と考えられる要素と関係すべきで，また継続的改善全体の目的を動機づけし，支援すべきだ。さらに，その利用によって財務的業績が改善すべきだ。最終的に非財務的業績尺度は，①能率，②品質，③時間という3つのアクティビティ業績と関係する（Hansen and Mowen 1997, 410）と指摘している。このように，彼らの研究はアクティビティと業績評価の問題を考えようとしている。

　では上記3つの尺度の中で，時間について以下では検討していく。まず①の能率の尺度として，生産性，機械稼働（Machining），在庫保管（Carrying Inventory）の3つ（Hansen and Mowen 1997, 410-414）をあげている。このうち，生産性の中で，時間の問題が出てくる。ここで，生産性とは，いかに効率的にインプットがアウトプットを製造するのに使われるかを測定する。プロセスの生産性に関する非財務的尺度には，材料当たりのアウトプット，労働時間当たりのアウトプット，キロワット時間当たりのアウトプット，従業員当たりのアウトプットが含まれる。

　また彼らは，製造プロセスでのアウトプットは，製品単位ごとに測定され，使われる尺度は，アクティビティごとに異なると説明している。例えば，検査アクティビティのためのアウトプットは，検査時間によって測定され，その目的は検査アクティビティの生産性を改善することである。そしてこれは，同じアウトプットを製造するためにより少ないインプットを使う（同じ検査時間），あるいは同じインプットでより多くのアウトプットを製造することによって達成される（Hansen and Mowen 1997, 410-411）。

　そして当然であるが，③の時間の中でより具体的な尺度が示される。これらは信頼性と即応性という2つの重要な業績特性がある。信頼性はアクティ

ビティのアウトプットが時間通りに搬送されることを意味する。この時間通りの搬送という非財務的業績尺度を測定するためには，搬送日を設定し，次に時間通りに搬送された注文を，時間通りに搬送された総注文数で割って算定される（Hansen and Mowen 1997, 412）。

即応性は，必要なアウトプットの製造にかかるリードタイムを測定する。その目的は，リードタイムを減らすことによって，即応性を高めることである。注文履行アクティビティでは，即応性は，顧客の要求に応ずる会社の能力を反映する。この非財務的業績尺度として，サイクルタイムと速度があげられる。サイクルタイムは，アクティビティ・アウトプットユニットの製造にかかった時間の長さでり，速度は所与の時間に製造できるアクティビティ・アウトプットユニット数である。Hansenらはタイムベース能力が1980年代の企業にとってより重要な競争的ディメンジョンであるとし，そういう意味からもサイクルタイムと速度が重要な尺度の1つとなる（Hansen and Mowen 1997, 412）と指摘している。このサイクルタイムと製造コストを結びつけるための計算式を示している。これについては，アクティビティ会計との関係もあるため次章において詳述したい。

上記の研究に対して，Steversらは，非財務的業績尺度についての多くの研究があるが，実務については少しも知られていない。そこで，彼らは，非財務的測定プロセスの全体像を与えることを研究目的とした。具体的には，フォーチューン誌500社とカナダポスト誌300社のトップに対して，a.特定の非財務的業績要素を重要と識別しているのか，b.企業が重要な非財務的業績要素を測定しているのか，c.会社は，計画設定プロセスにおいて非財務的業績要素情報の測定のあるなしの程度を調べている。方法としては，顧客サービス，マーケットの業績，イノベーション，目標達成，および従業員の関わり合いの5つにグループ化し，21の項目について質問をしている。

調査結果として，顧客サービス要素が最も重要な尺度と考えられる。253の回答企業の内，235（92.9％）が顧客満足と搬送業績を，206（81.4％）が製品/プロセスの品質を非常に重要とみなした。サービスの品質については，205（81％）が非常に重要とみなした。マーケットの業績と目標達成も，非常に重要なカテゴリーとみなされる。マーケットの業績のうち，マーケット

シェアが200（79.1％），目標達成のうち生産性が211（83.4％）の企業によって重要とみなされた（Stevers, et al. 1998, 44-45）。21の項目の内ここでは時間に関する指標のところだけを取り上げたが，搬送業績と生産性という時間と関係する2つは，上述のように，経営者にとっても重要な指標と考えられていたのである[2]。

以上，時間を中心として非財務的業績尺度に関する先行研究をみてきた。これらから，非財務的業績尺度の多様性そして時間の非財務的業績尺度だけをみてもさまざまな指標が示されていることがわかった。同時に，当時の管理会計研究において，非財務的業績尺度の研究がアメリカを中心に積極的に議論されてきたことがわかる。これらを踏まえて，以下では，製造サイクル効率（Manufacturing Cycle Efficiency: MCE），サイクルタイムと原価管理，およびタイムコストといった内容をみることにする。そして最終的には，全体の整理を行うことにする。

第3節　製造サイクル効率について

MCEについては，1987年のCAM-Iレポートの1章で示されており，その後何人かの研究者により詳細に述べられている。まずCAM-IのメンバーであるBerliner and Brimsonは，この協会の基本答申を示すため，1988年に「先端企業のコストマネジメント」という著書を出版している。この中で，彼らは，伝統的な実務よりも優れているCMSのより重要な利点の1つとして，非付加価値コストの消去をあげており，MCEについて触れている（Berliner and Brimson 1988, 2-3）。以下彼らの見解である。

製造業の最近の経験では，成功の要因の1つは，無駄の消去に取り組む会

---

[2] 彼らの調査結果では，重要性と測定間のギャップ，測定と利用間のギャップがみられる。特に時間の指標については，以下のような指摘がある。多数の企業が，計画プロセスにおいて，管理者に伝えるために使われないデータを収集しており，これが測定と利用間のギャップと呼ばれるものである。この例として，顧客サービスカテゴリーにおける搬送業績/顧客サービスがあげられる。235の回答企業中197（83.8％）がこれらの要素を測定しているが，その内140（71.1％）の企業しか計画目的にこの情報を使っていない（Stevers, et al. 1998, 46-48）と指摘している。なお，詳細については水島（1999, 37-42）を参照のこと

社であるという考え方が強くなっている。製品が加工されるときにだけ価値は付加される。製造工場において遊びをもつ製品は、製品がよくなるわけでなく、無駄な原価が発生する原因となる。このような非付加価値コストには、在庫維持費、倉庫保管費、納期管理費（expediting)、および生産管理費等がある。

これらのコスト削減のために、工程のリードタイムを、加工時間、検査時間、運搬時間、待ち時間の4つに分け、運搬時間、検査時間、待ち時間は製品が加工されないという理由から、非付加価値時間とし、リードタイム＝加工時間＋非付加価値時間とする。そしてこれらの尺度としてMCEをあげている。計算式を示すと以下のようになる（Berliner and Brimson 1988, 3-4)。

$$MCE = \frac{加工時間}{加工時間 + 検査時間 + 待ち時間 + 運搬時間}$$

さらに彼らは、以下の説明をしている。今日多くの製造業ではMCEは、しばしば10％以下である。最適な製造環境において、MCEは1（100％）になるであろう。その理由として、その目標があらゆる製造段階で、正確な時間で、正確な量を作ることによって、非付加価値時間を消去するということをあげている（Berliner and Brimson 1988, 4)。このように、彼らの研究では、加工時間と非付加価値時間に区別し、非付加価値時間の消去の必要性を述べている。

また付加価値概念は、加工時間の分析にも有用であり、あるいは戦略策定、製品やプロセスの開発、購買、財務といった支援機能に適用されるときにも、この付加価値概念は不必要で非効率な活動とも関連する（Berliner and Brimson 1988, 5-6)と彼らは述べている。

McNairらは、MCEの問題を、JITを前提として考えている。彼らは、ポテンシャルな節約は、サイクルタイムの最小化つまり材料を動かし続けるという必要性の認識を要求する。したがって加工や待ちに、運搬や検査を含めたトータルサイクルタイムの削減は、コスト削減と競争性を高めることになる（McNair, et al. 1988, 181-182)。このように、基本的には、Berliner and

Brimsonの考え方と同様である。しかし以下のような指摘がある。

　JIT生産システムの目標の本質つまり無駄の消去を把握する指標であるMCEが使われる。この消去は，すべてのコストは等しくないという認識であるために，従来のコスト削減よりも進んだものである。この付加価値基準の利用は，企業に組織活動分析や企業の競争性を高める目標原価の削減や消去という結果を生む基準を与えている（McNair, et al. 1988, 182）。この指摘は，彼らの研究の特徴の1つといえる。

　それとともに，業績測定の範囲として，a.作り易い設計（Design for Manufacturability），b.ゼロ仕損，c.原材料在庫の最小化，d.ゼロリードタイム，e.生産の最適化，f.生産の線形性，g.ゼロ段取時間，h.ゼロ完成品在庫，i.マネジメントコスト構造，j.トータルライフサイクルコストの最小化といった指標も示している（McNair, et al. 1988, 197-211）。

　またKaplan and Atokinsonは，1989年の『Advanced Management Accounting』の第2版の中で，JITシステムのためのグローバルな尺度はスループットまたはリードタイム，すなわち，ある品目の生産開始から，それが顧客へ発送の準備ができるまでの時間間隔のことであり，JITの進捗度を動機づけるための優れた尺度として加工時間÷スループット時間をあげている（Kaplan and Atokinson 1989, 421）。彼らは，ここで製造サイクル効率という言葉は使ってないものの，上記の式はそれである。

　これについて，トータルリードタイム対サイクルタイム（実際の加工時間）の比率は，会社が現在理想的な比率からどのくらい離れているのかの優れた指標を与える。ほとんど独立した部品製造会社は，5％より少ない価値しかない。これは工場の時間の5％以下しか製品製造に使われていないことを意味する。したがってリードタイムの95％以上が，貯蔵や業務前後の待ちに使われている（Kaplan and Atokinson 1989, 421）と彼らは説明している。

　その後の同書の1992年の第3版，あるいはKaplan and NortonのBSCの研究においてもオペレーション・プロセスの業績評価指標の1つとして製造サイクル効率について説明している。そこでは，Kaplanらは，MCEの背後にある理論は，検査，仕損品の補修，工程間での運搬，まさに工程待ち時間等の加工時間以外のすべての時間は，無駄つまり非付加価値時間であるという

ことである。こういった時間は無駄である。なぜならフィジカル（physical）な製品は，顧客ニーズを高めるものではないためである。そしてその製品は，顧客への引き渡しが遅れることになる。その間は何ら価値を生み出さないのである。MCEが1に近づくとき，組織は製品の運搬，検査，修繕，および保管等の無駄な時間が減少し，顧客の注文に迅速に対応する能力が改善しているということがわかる（Kaplan and Norton 1996, 116-118）。

Hansen and Mowenは，MCEについて，理想は非付加価値活動をそれらに費やされる時間をゼロまで減らすことによって消去することであるとし，これが達成されるなら，MCEが1になるであろう。そしてMCEが1に向かって改善するとき，サイクルタイムも改善する（Hansen and Mowen 1997, 413）。

彼らはMCEの計算例を示している。これは前述の即応性でのデータを利用して，実際のサイクルタイムが6.0分，理論的（理想的）なサイクルタイムが5.0分である。これより，非付加価値時間は1.0（6.0−5.0）で，MCEは5.0÷6.0＝0.83となる（Hansen and Mowen 1997, 413-414）。このように，彼らは，実際のサイクルタイムと理論的（理想的）なサイクルタイムを利用することからの計算を行っている。

また，Brabazonは，1999年の論文「サイクルタイム管理によるコスト管理をしなさい」の中で，製造サイクルタイムは，MCEによって表され，MCEは，比率フォーマットにおいて，価値が製造プロセスで付加されている時間の割合を示すと説明している。伝統的な製造環境において，MCEはしばしば10％以下で，それは典型的な製造工場が，仕掛品在庫に多額の投資を行ったことを示している。本質的にMCEは，サイクルタイムでの非付加価値活動を強調し，多くの企業が非付加価値活動の削減と除去によって製造サイクルタイムを著しく減らすことができる（Brabazon 1999, 48）としている。

次にMCEを高めることに焦点がある理由を説明している。第1に，製造プロセスにおいて，注文時間がより短いなら，仕掛品のレベルは，減少傾向になるであろう。

第2に，顧客からの急ぎの注文あるいは突然の市場の変化にフレキシビリ

ティに対応する企業の能力が高められる。増やされた製品フレキシビリティは，より高い利益かより高い売上高を得るといった企業の能力を改善することができる。サイクルタイムの短縮は，製造業者が工場のキャパシティを増やすことなしに，生産のスループットを高めることを可能にする。これは，より低いコストという結果を生む（Brabazon 1999, 48-49）。

　MCEを高めるコストとして，サイクルタイム短縮から生じる原価節約とサイクルタイムの機会原価の2つがあると説明している。前者は，製造サイクルタイムが短縮されたなら避けられるだろう労務費，保管費，段取費等である。後者は，サイクルタイム短縮が，販売可能な生産を増やすという結果を生むなら，サイクルアワーの機会原価は，サイクルタイム短縮への投資を行うか否かについての意思決定をアシストするために計算，利用される。

　例えば，会社が注文を24時間の所要時間で達成できないために，ビジネスチャンスを失うと仮定しなさい。この問題は工場に1つのボトルネックな生産プロセスがあるために起こる。失われた注文のそれぞれの平均的売価が25,000ポンドで，各注文が16,360ポンドの増分的キャッシュコストを生む。失われたキャッシュ・フローは，注文当たり8,640ポンドで360ポンド（8,640ポンド÷24）というサイクルタイムアワー当たりの機会原価と等しい。彼はこの機会原価は，ボトルネック資源でのサイクルタイム短縮のコストが評価されるかどうかへの財務的ベンチマークを与えるとも説明している。このような考えは制約理論においてさらに展開される（Brabazon 1999, 49）とも書いている。その意味では，これは，タイムベーストコスティングの研究とも関係してくる。

　また彼は，MCEとJITとの比較についても述べている。これらの比較は2つの概念の間にかなりの結びつきがあることを示している。製造サイクルタイムの削減は，JITシステムの導入における重要なステップである。JITは特定の製造環境においては確かに利点があるが，MCEを高めるというベネフィットはすべての企業に適用できる。

　一方彼は，以下のような類似点もあると指摘している。第1に，JITシステムにおける業績測定と同様に，MCEにおける継続的改善という目標は，機械稼働率（machine utilisation）といった伝統的な業績尺度とは一致しない。

第2に，MCEの目標は，製造レスポンスを早めるために，生産効率を高めるということである。その目標は，企業が顧客の需要に対してフレキシブルに製造することを可能にする。また第3に，MCEの概念も，JITと同様にサプライチェーンを含む企業間を超えて拡張され得る（Brabazon 1999, 49）と述べている。

このように，Brabazonは，MCEとコストの関係において，上記のリードタイムやサイクルタイムの短縮だけでなく，機会原価としての考え方を計算例から明確に述べている。この見解は，次章以降においても，時間短縮による効果の1つとして考えられる。その意味では，とても興味深く，重要な考えといえる。それとともにMCEがJITの測定尺度と考えられているのに対して，JITとの比較関係についても言及している。ここに彼の研究の特徴があると考えられる。

第4節　非財務的業績尺度を中心とした業績評価システム

(1) GMの業績評価システムの概要

非財務的業績尺度の最後になるが，これを中心とした業績評価システムとはどのようなものであるかを示しておきたい。以下General Motors社（General Motors Corporation: GM）のケースをBledsoe and Ingramの見解を中心にみることにする。GMは，1978年から1988年まで増大するグローバル競争や技術上の変化のため，マーケットシェアや実質的財務損失において10%以上の減少を経験した。1980年代後半に，品質ネットワークプログラムと呼ばれる継続的改善の原理を導入した。この目的は，ワールドクラスの製品の製造と搬送によって顧客満足を改善することであった。そしてこの顧客満足という主要な目的を達成するための重要な戦略が，同期化プロセス（synchronous manufacturing processes）の導入であった。これは，すべての製造サイクル，アクティビティ，従業員が共存できるように，それからの組織的コーディネーションを目指すシステムである（Bledsoe and Ingram 1997, 44-45）。

GMにおいて，同期化プロセスと継続的改善の重要な側面は，そのプログラムの進度や成功を監視するための業績評価システムの開発であり，このシステムの開発をスタートさせるために，顧客満足を製造プロセスの4つの相互関連あるディメンジョンと明確に関係づけた。これは，①製品の品質，②搬送，③製造のリードタイム，④ムダであった。以下それぞれの内容である。

① 製品の品質は，顧客が期待する特性，性能，信頼性，耐久性を製品に作り込むことによって，ゼロ欠損を達成すると定義づけられる。

② 搬送は，外部の顧客や内部のユーザーに時間通りに搬送される製品の割合と定義される。内部のユーザーには他のGMの工場で作られるサブ部品を使う組立工場が入る。ユーザーへの時間通りの搬送は，JIT生産プロセスでの信頼を高めるために特に重要である。ユーザーは，必要なときに，必要な製品を引き渡すサプライヤーに信頼を寄せる。

③ 製造のリードタイムは，特定の製品の加工，運搬，検査，待ち，および保管時間の総計と定義される。その目的は，コスト削減のためにリードタイムを短縮することであった。

④ ムダは，顧客要求を満たす全プロセスで発生するあらゆる非付加価値活動や資源と定義される。

GMでは，4つの顧客満足のそれぞれの業績評価のために，さまざまな成果（outcome）尺度が有用であるとみなした。中でも，品質は，製品の完成から顧客への搬送というすべてのプロセスをカバーしているという意味で有用な尺度と考えられた。一方，時間を示す搬送とリードタイムについて，前者は工場がひと月に顧客の要求を満たす時間の割合，後者は，1製品の製造にかかる平均時間によって測定される。それ以外にも，製品返品，失敗や保証コストを跡づけているが，それらは，タイムリーさがないため有用性が少ない（Bledsoe and Ingram 1997, 45-46）と説明している。

（2）GMの業績評価システムの開発と実施

まずは，GMの業績評価システムの概要をみた。次に，このシステムの開発をGMのGrand Rapids工場のケースを使ってより具体的にみることにする。Grand Rapids工場の業績評価システムの開発は，製造，エンジニアリング，

および会計のスタッフチームが，製造のスタッフと共同を始めた1991年の夏にスタートした。そのチームは品質，搬送，リードタイムあるいはムダと関連づけられる工場の顧客満足問題を調査した。工場の従業員は，以下の3点について要求された。①なぜ業績が不適切であり，②その業績を改善するためには何をすべきかを調べる，③製造プロセスを通じて改善への提案を行う。

　これに対して，従業員は，品質，搬送，リードタイムあるいはムダに関する特別な問題がどうして起こったかを識別する。最低限，ほとんどの従業員が特別な問題や失敗の原因を調査するだろう。さらに，重要なことは，いくつかの条件（例えば製品のデザイン）は変わらないが，彼らは製造環境やプロセスコントロールについて有用なレコメンデーションを行うだろう。

　これをまとめると①作業現場の組織化，②目に見えるコントロール，③ムダやリードタイムの削減，④引っ張り方式の実施の4つになる。製造に従事する人やマネジメントプランニングチームは，この4つの領域での改善が繰り返し発生する顧客満足問題の大半を解決するであろうと考えている。③のムダやリードタイムの削減には，リードタイムやムダチャートのメンテナンス，ムダ削減計画の開発，これらの計画についての従業員の訓練が含まれる（Bledsoe and Ingram 1997, 45-46）。

（3）GMの業績評価システムの変化への影響

　これらが識別されると，次は評価の問題になる。ここでの評価システムは，工場の管理者に各製造ラインを毎月評価し，すべての製造に従事する人に彼らの業績を再検討するために月ごとのミーティングに出席するよう要求した。このような新しい評価システム（図表5-2を参照）は，Grand Rapids工場における製品ライン中の2つの製造オペレーションに採用された。このシステムは，工場の伝統的な評価システムと著しく対比し，おびただしい数の在庫，製造部門間の利害の衝突，製造のボトルネック，そして辛辣な従業員のモラルといった従来工場を苦しめていた問題を克服した（Bledsoe and Ingram 1997, 47）。

　さらに彼らは，これらの製品ラインについて新しい評価システムの顧客満足への影響をみている。以下のようになる。Grand Rapids工場の管理者は，

図表5-2　Grand Rapids工場における業績評価システム

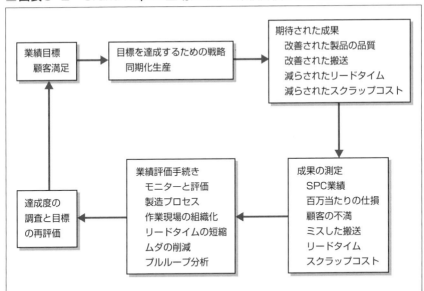

出所：Bledsoe and Ingram (1997, 47).

工場における5つの製品ライン中3つに対してデータを提供した。その製品ラインの2つが，新しいシステム実施前後のデータが利用できたために，テストグループ（テスト1と2）となった。それに対して，第3のグループはコントロール製品ライン（コントロール）であり，この時点で新しいシステムを導入していなかった。

1993年1月現在，同期化プロセスはコントロール製品ラインのオペレーションには採り入れられなかった。そのため，新しい業績評価システム（特に同期化プロセス環境のために作られた）は，この製品ライン評価プログラムには採用されなかった。結果として，組織目標を達成するための戦略とその目標と関連ある成果の達成を評価するために使われたシステムの両方が，テストグループとコントロールグループの比較によって評価されることになる。業績評価システムの成果は，その評価システムの実施前後に関する業績の比較によって評価される。新しいシステムの影響を評価するために調べられた要素は，Grand Rapids工場での重要な成果評価尺度（primary outcome

■図表5-3　業績の実施結果

業績尺度	テスト1	テスト2	コントロール
SPC業績	減少	減少	増加
百万当たりの仕損	減少	減少	変化なし
顧客の不満	変化なし	減少	変化なし
ミスした搬送	変化なし	減少	変化なし
リードタイム	減少	減少	変化なし
部品当たりのスクラップ	減少	変化なし	変化なし

出所：Bledsoe and Ingram (1997, 48).

assessment measures）として使われたものであった。これには，a.SPC業績データ，b.百万当たりの仕損，c.顧客不満の件数，d.ミスした搬送の件数，e.製造のリードタイム，f.スクラップコストが含まれる。

これらの各要素についての統計的データをみると以下のようである。図表5-3が示すように，新しい業績評価システムは，顧客満足を増大させるのに非常に有効であった。コントロール製品ラインにおける改善はなかったが，テスト製品ラインの少なくとも1つにおいてすべての領域で改善がなされた（Bledsoe and Ingram 1997, 47-48）。

また，この統計的データが示す以外に，これらの業績評価システムによる利点としてBledsoe and Ingramは以下の2つをあげている。第1に，非財務的業績尺度が業績評価に用いられるとき，従業員は全体のプロセスの中で彼らの役割への責任を負い，彼らの業績への責任を感じるように奨励される。第2に，新しいプログラムが実施されると，規格外の材料の原因を取り除くという注意だけにサジェスチョンアワードが払われる（Bledsoe and Ingram 1997, 48-49）。

以上，GMのGrand Rapids工場のケースをみてきたが，業績目標としての顧客満足との関係性の中で，非財務的業績尺度の改善がその達成に貢献していることが示されている。その際，リードタイムや搬送という時間に関する指標も1つの役割を果たしているのである。このように，彼らの研究は，品質や時間といった非財務的業績尺度が，業績評価システムの中で体系的に整理されているという点では，興味深い研究とみることができる。

第5節　財務的業績尺度からの時間

(1) サイクルタイムと原価差異分析

　上述のように，伝統的な会計の問題点の1つとして標準原価計算の役割の低下について指摘したが，一方で，これを当時の環境にいかに適用させていくかといった研究も行われている。これは，時間の問題を非財務的業績尺度からだけでなく，財務的業績尺度から検討する必要性があったことを意味している。以下では大きく2つの問題を取り上げる。第1に，サイクルタイムと原価差異分析を関係させることによって，原価管理を図るという見解について，第2に，タイムコストそのものについてである。これらから，時間とコストの関係について検討していく。以下では，まず第1の問題を取り上げる。

　O'Brien and Sivaramarkrishnan（1994, 63）によれば，JIT製造プロセスそれ自体が需要の変動に素早く反応するように製造サイクルタイムを管理し，改善することを強調する。したがって，在庫と機会原価の両方を減らす。このような環境において，いかなる意思決定支援システムも，サイクルタイム管理を手助けするように構築されなければならない。サイクルタイムシステムの目的は，製造コストをサイクルタイムと関係させることによって，新しい情報を提供することである。結果として，サイクルタイムシステムは，高コストという不能率さや望ましい効率性を強調することによって，よりよいサイクルタイムの計画やコントロールを引き起こす手助けをする。JIT環境において，サイクルタイムシステムを実施することは困難ではない。なぜなら，サイクルタイムシステムに必要な測定が，物量コントロールシステムと統合されているためである。このように，彼らはJITにおいては，サイクルタイムと製造コストの関係性をより明確にすることによって，時間管理に関するより有用な情報を提供できると説明している。以下O'Brien and Sivaramarkrishnanの見解にしたがって考察する。

1) サイクルタイムシステムの特徴

　サイクルタイムと製造コストの関係をみる前に，まずサイクルタイムシステムの特徴を理解する必要がある。O'Brienら（1994, 64）によると，サイクルタイムを理解するためには，製造業務を連続したアクティビティと考えることが有用であり，各アクティビティは，特定の期間に特定の仕事を行うために資源を消費する。そしてサイクルタイムシステムにおいて，2つの基本的な測定が要求されると指摘している。これを示すと以下のようになる。

　第1に，各アクティビティ（同様のアクティビティの1集団）は伝統的な意味においてコストセンターと考えられる。これは製造設備がJIT環境において組織化される方法と一致する。製造は，これらセルが行うアクティビティに基づいてセルで組織化される。各セルはコストセンターと考えられる。それゆえに，多くのコストがセルレベルで測定される。

　第2に，これは，伝統的な会計システムからの出発であり，タイム測定システムが設定される必要がある。タイム測定システムは，標準時間スキャニング装置（standard time scanning equipment）を使って物量測定システム（例えば，かんばんシステム）と容易に統合される。これらの測定は，各アクティビティ（セル）の単位時間当たりのコスト計算を可能にする，所与の製品の製造にかかるすべてのアクティビティコストを合計することは，製造コストを算出する。さらにこの形で作られた会計システムは以下の利点を与える（O'Brien and Sivaramarkrishnan 1994, 64-65）と彼らは説明している。

① 測定は細分化されるから，そのシステムは大きなフレキシビリティを与える。データはニーズに合った方法で集計され，処理される。例えば，所与の製品のサイクルタイム単位当たりでの製造コストは，すべてのアクティビティコストを集計することによって計算される。

② 原価標準がそれぞれのまたはすべてのアクティビティレベルでアウトプット率に対して立てられる。これはアクティビティレベルでの差異計算を可能にする。例えば，アクティビティ単位当たりの実際原価があらかじめ設定された標準よりも高いのなら，アクティビティのセルでのミスがある。あるいは上流部門での遅れのコストを増やしている。サイクルタイムを増やす不利差異は，サイクルタイムに影響のない不利差異と

は分けられる。結果として，経営管理者の注意はポテンシャリーに多額の利益指標をもつ差異に引き付けられる。
③　伝統的な会計報告書がサイクルタイムシステムから作り出される。

このように，サイクルタイムシステムは，物量測定システムとの結合により，セルレベルでのコスト計算を可能にするとともに，このシステム特有の有用な差異分析情報の提供を可能にする。これらの前提条件をもとに，以下具体的に展開していく。

2) サイクルタイムシステムでの差異分析

タイムデータベースに加えて，サイクルタイムシステムは伝統的な会計システムとほぼ同じ方法で，コストをセルレベルに集計することを要求する。それは各製造セルをコストセンターとして扱うことによってである。タイムデータベースとともに，これらのコストは，製造フローの調整のために必要とされる適切な原価率を計算することを可能にする。

以下では，サイクルタイムシステムがいかに業績評価やコントロール目的のために有用な差異を提供できるかを例証する。ここでのデータは**図表5-4**，

■図表5-4　サイクルタイムシステムのための測定単位

定義
活動時間単位は1製品単位のためのアクティビティを完了するのにかかる標準カレンダータイムとして定義される。所与の時間において：
AT＝実際作業時間
AWT＝実際待ち時間
TT＝総時間（AT＋AWT）
ST＝標準作業時間
SWT＝標準待ち時間
TST＝総標準時間（ST＋SWT）
ACR＝実際の原価率（実際原価/総時間）
SCR＝標準の原価率（標準原価/総標準時間）

出所：O'Brien and Sivaramarkrishnan (1994, 68).

■図表5-5　8時間シフトでのサンプル製造データ

基本的データ		
時間	=	Aシフト（8時間）
製造単位	=	Aバッチ
セルでの作業者数	=	1
標準賃率	=	1時間当たり12ドル
標準材料単価	=	ポンド当たり15ドル
バッチを完成するための標準作業時間単位	=	20分
シフト当たりの標準製造	=	24バッチ
バッチ当たりの標準材料消費数量	=	50ポンド
実際データ		
実際製造	=	16バッチ
実際賃率	=	1時間当たり12ドル
実際材料単価	=	ポンド当たり15ドル
実際材料消費数量	=	800ポンド

出所：O'Brien and Sivaramarkrishnan（1994, 68）．

図表5-5から利用する。

　まず，この差異分析を行う重要な目的であるが，これについてO'Brienらは，総差異を以下の3つの源泉に分けることである（O'Brien and Sivaramarkrishnan 1994, 68）と指摘している。

　①セルにおける非付加価値活動によって引き起こされる差異
　②価格差異
　③上流や下流の遅れによって引き起こされる待ち時間差異[3]

　また，これを計算式で示すと以下のようになる。まず，総差異の一般式は，TT×ACR－TST×SCRになる。総時間（TT）は実際作業時間と待ち時間に分類される。しかし，ここでは，JIT環境を想定しているので，標準待ち時間は0と設定される。そこで，この式をJIT環境での式に直すと（AT＋

---

3) 彼らは，かんばんシステムにおいて例外カードを用いた場合，待ち時間差異は，a.上流や下流での遅れからのみ生じる差異と，b.歩留損失がある場合に追加的なインプットを要求することから生じる差異に分けられる（O'Brien and Sivaramarkrishnan 1994, 70）と説明している。

AWT)×ACR−ST×SCRとなる。さらに，これを（AT−ST）×ACR＋ST（ACR−SCR）＋AWT×ACRにする。これにより，総差異は以下の3つの源泉から生じると考えられる（O'Brien and Sivaramarkrishnan 1994, 68）。

① 能率差異（(AT−ST)×ACR）は，達成される製造レベルのために必要とされる標準作業時間が，実際作業時間と異なるなら，シフトにおいて生じる。
② 価格差異（ST×(ACR−SCR)）は，標準原価率と実際原価率の間の差額から生じる。
③ 待ち時間差異（(AWT−0)×ACR）は，上流や下流での遅れから生じる。つまり，この3つの分類は，上述の3つの目的に関する分類と同じになる。

それでは，セルサイクルタイムでの差異分析を具体的にみていくことにする。これに関しても，引き続きO'Brienらの見解（O'Brien and Sivaramarkrishnan 1994, 68-70）から説明していく。ここで利用する図表5-6は，セルA4に関する8時間シフトでのサンプルの製造データを与える。ケースⅠでは，実際作業時間5時間20分（2時間40分が待ち時間）とし，ケースⅡでは，実際作業時間8時間とする。

1．伝統的な差異分析

伝統的な会計において，直接労務費の総額は，単位当たりの操業時間に基づく賃率を使って計算される。標準賃率は，バッチ当たり4ドルである。ケースⅠとⅡの両方に関して，16バッチの標準作業インプットは5時間20分であるが，実際の作業は8時間である。時間当たり12ドルの標準賃率では，これは32（(8−5時間20分)×12）ドルの不利な作業能率差異という結果を生む。賃率差異は，両ケースにおいて0である（O'Brien and Sivaramarkrishnan 1994, 69）。

O'Brienら（1994, 69）によると，伝統的な差異分析は，ケースⅠとケースⅡの間を区別することができないと指摘している。なぜなら，それがセルでの不能率から生じる差異と上流や下流での遅れから生じる差異を区別するこ

とができないからである。

2．サイクルタイムシステムでの差異分析

図表5-6は，サイクルタイムシステムでの労務費差異分析を示す。総差異は伝統的なシステムの下での総差異と同じである。両ケースにおいて，賃率差異は生じない。ケースⅠでは，不利な待ち時間差異が，ケースⅡでは，不利な賃率差異が生じる。これらの差異は，サイクルタイムの管理にとって非常に有益である。

ケースⅠでは，待ち時間差異は，実際の作業時間は標準と等しいが，実際の製造がそのシフトのために標準に達しないという理由から生じる。すなわち，2時間40分の待ち時間は，上流ないし下流のどちらかの遅れから生じた。しかしそれはセル内での不能率によるものではない。したがって，セル4自体が，トータルなサイクルタイムへのマイナスの影響に責任を負うことはない。

それに対して，ケースⅡでは，不利な能率差異は，実際の作業時間が標準の作業時間よりも多いために生じる。この不利差異は，セルにおいて生じるために，サイクルタイムにマイナスの影響を及ぼす。もしこの種の差異が存続するのなら，追加的な調査が保証される。なぜなら，不能率が多くの理由（例えば，作業を怠ける従業員あるいは品質の劣った材料や設備の利用）から生じているためである（O'Brien and Sivaramarkrishnan 1994, 69-70）。

なお，材料費差異分析に関しては，通常の差異分析と同じであるために，ここでは省略をする。

以上，サイクルタイムシステムが，時間と原価との結びつきにおいて，いかに新しい情報を提供できるかについてみてきた。上述のように，JITの下では，サイクルタイムシステムの管理を容易に行うことができる。時間を管理する上で，その差異分析の大きな特徴は，2つに要約することができる。第1に，伝統的な意味での労務費と間接費と区別することなく，生産工程での時間の短縮が，分析の重要な目的となる。第2に，差異を非付加価値活動によって生じる差異と，待ち時間による差異とに区別している点である。その意味からも，伝統的な差異分析よりも，より時間を意識した有用な管理情

第5章 非財務的業績尺度の意義と財務的業績尺度の役割について

■ 図表5-6 サイクルタイムシステムでの労務費差異

実際原価＝シフト当たり8時間×時間当たり12ドル＝96ドル（図表5-5参照）
標準原価＝実際の製造での標準作業時間コスト5時間20分×時間当たり12ドル
　　　　＝64ドル

ケースⅠ：

- TT ＝ 総時間 ＝ 8時間
- AT ＝ 実際作業時間 ＝ 5時間20分
- ST ＝ 標準作業時間 ＝ 5時間20分
- ACR ＝ 実際原価/TT ＝ $96/8時間 ＝ 時間当たり12ドル
- SCR ＝ 標準原価/ST ＝ $64/5時間20分 ＝ 時間当たり12ドル

能率差異＝（AT－ST）ACR＝0ドル
価格差異＝ST（ACR－SCR）＝0ドル（不利）
待ち時間差異＝（AWT－0）×ACR＝32ドル（不利）

ケースⅡ：

- TT ＝ 8時間
- AT ＝ 8時間
- ST ＝ 5時間20分
- ACR ＝ $96/8 ＝ 時間当たり12ドル
- SCR ＝ $64/5と1/3分 ＝ 時間当たり12ドル

能率差異＝32ドル（不利）｛（8－5と1/3時間）×12ドル｝
価格差異＝0ドル
待ち時間差異＝0ドル

出所：O'Brien and Sivaramarkrishnan（1994, 69）.

報を提供することができるのである[4]。

　さらにKren and Tysonの研究もサイクルタイムを1つの重要な指標と考え，サイクルタイム測定基準（cycle time metrics）が，原価差異分析との関係で，サイクルタイムの効率や非付加価値コストを発見するために使われている（Kren and Tyson 2002, 18）。

　これは，Parlecという6つの異なった製品ラインをもつ工作機械会社の事

例研究であり、内部報告資料として損益計算書を始め、Earned時間報告書や品質サービスプロセス業績指標といった報告書を作成している。その中で実際に適用された時間（applied hour）、利益を生むだろう時間（earned hour）、および賃金時間（payroll hour）が計算されている。applied時間はマシンオペレーターによってジョブで記録された実際時間と関係する。Earned時間は、事前の工程計画時間標準によって決められた時間と関連している。

今一例として、1ジョブが作業量当たり6分の部品間のサイクルタイムが10単位あると仮定する（段取時間はゼロと仮定）。そして実際にはそのジョブを完成させるのに、2時間かかったと報告があった。この場合 applied時間は2時間で、earned時間は1時間となる。さらにこれら実際に適用された時間と利益を生むであろう時間との比率を求めることによって、能率の測定を行っている。上記のデータとの場合1時間／2時間から50％の能率と考えている（Kren and Tyson 2002, 19-22）。

また彼らによれば、サイクルタイム測定基準は、伝統的な原価差異分析との関係において、実現可能操業度や予定の生産量水準に基づいた加工費率が、非付加価値コストの測定可能な金額を計算するために使われるとし、加工費は配賦不足額を非付加価値コストとして扱うことは、製品に超過的コストで配賦しない。コスト・コントロール努力に経営管理者の注意を集めるであろうという2つの目的を達成できると指摘している。そして結論的にはサイクルタイムは、会計差異との関係で製造セル環境において重要な測定基準となる（Kren and Tyson 2002, 23）と述べている。

一方わが国においても、設備がいかに効率的に稼働しているかを知るために、原価差異分析を実施するという岡本教授の研究がある。これについて岡

4）伝統的な標準原価計算とJITの下での標準原価計算の違いについて、小林教授は以下のように説明している。JIT思想のもとでは、それらの検討は顧客への引き渡しや生産工程の前後の流れを円滑に行うことを主たる目的として行われるのに対して、伝統的な標準原価管理では、個々の生産場所での作業能率の向上やその効率性の測定を主たる目的としてきた。したがって、その目的や考え方は同じではない（小林 1993, 56）

また、標準原価計算の問題については、Maskell（2006）やCunningham（2006）の研究にあるように、リーン会計との関係の中でも触れられている。

非財務的業績尺度の意義と財務的業績尺度の役割について　**第5章**

　本教授は企業環境の激変で，標準原価計算の原価管理機能が低下してきたことは事実であるが，原価計算の研究者も実務家も，標準原価計算を環境変化に対して適応させる努力を怠ってきたことも，原価管理機能低下の一因であるといわなければならない（岡本 2000, 878）とまず説明をしている。

　その上で以下の指摘をしている。現在では，製造の主たる担い手は設備に変わり，作業者は副次的ないし間接的な役割を果たすのみで，直接労務費自体も製造原価に占める割合が激減する場合が多くなってきた。このような時代に，旧態依然たる標準原価計算を使用しようとする方が時代錯誤であろう。したがって標準原価計算の脱皮が必要不可欠であるといわなければならない。そこで設備総合効率の計算を主張し，その意義として工場生産の主たる担い手が変わった以上，設備管理がエンジニアリングの重要な手法である。工場現場では，設備管理の中心的指標として，設備総合効率を使用し，設備をどれほど効率的に利用したかを判断している（岡本 2000, 879）。これらを求める計算式は以下である（岡本 2000, 879）。

$$\text{設備の総合効率} = \underbrace{\frac{\text{稼働時間}}{\text{負荷時間}}}_{\text{時間稼働率}} \times \underbrace{\underbrace{\frac{\text{材料投入量} \times \text{実際CT}}{\text{稼働時間}}}_{\text{正味稼働率}} \times \underbrace{\frac{\text{理論CT}}{\text{実際CT}}}_{\text{速度稼働率}}}_{\text{性能稼働率}}$$

$$\times \underbrace{\frac{\text{良品産出量}}{\text{材料投入量}}}_{\text{良品率}} \left(\times \frac{\text{理論CT}}{\text{理論CT}} \right) = \frac{\text{良品産出量} \times \text{理論CT}}{\text{負荷時間}} = \frac{\text{標準時間}}{\text{負荷時間}}$$

　この計算式において，負荷時間，稼働時間，理論サイクルタイム，実際サイクルタイム等の測定から，時間稼働率，正味稼働率，速度稼働率，良品率を求めている。そしてこれら4つの率を掛け合わせることが設備総合効率の計算の1つの特徴といえる。しかしながら設備総合効率は比率で示されるために標準原価計算と結合しにくいという欠点がある。そこで段取・調整，故障・停止，速度低下，仕損にかかった時間を計算することによって，比率を金額に直す必要がある。これらのデータから得られる差異として，能率差異

について正常仕損差異，異常仕損差異，速度低下ロス差異，空転・チョコ停ロス差異，一方操業度差異は段取・調整ロス差異，故障停止ロス差異といったものをあげることができる（岡本 2000, 879-884）。

特に速度低下ロス，空転・チョコ停ロス，段取・調整ロス差異，および故障停止ロス差異は，作業時間の無駄から発生する差異を計算しようとしている。このように理論サイクルタイムや実際サイクルタイムを含めた設備に関連する時間の測定から，従来とは異なるところのより有用な差異分析を行うことができるのである。

（2）タイムコストの問題

1）不確実性への影響と遅れへのボトルネック

上述のように，Horngren, Foster and Datarの研究では，時間のドライバーとして，a.顧客が製品やサービスを注文するときの不確実性とb.限られたキャパシティおよびボトルネックという2つが大事である。これらの問題に対して，管理会計担当者は，キャパシティの制約がある場合に，新製品の収益性を評価することが要求されると指摘している。例えば，新製品の導入はあらゆる製品の搬送における遅れを引き起こす。このように，時間が競争力の重要なディメンジョンであるとき，管理会計担当者は遅れのコストを認識し，考慮しなければならない。そのためにも，まずは遅れの理由と大きさを理解しなばならない。これを例証するために，彼らはFalcon Works（以下FWと呼ぶ）のケースを載せている（Horngren, et al. 1997, 694）。以下これをみていく。

FWは，スティールバーをある特殊部品A22に加工するために旋盤機械を使う[5]。FWは顧客がその部品を注文したときにのみ，部品を作る。製造リードタイムに焦点を当てるために，注文受取時間と注文搬送時間はわずかであると仮定する（Horngren, et al. 1997, 694）。

FWは，実際にはA22の10，20あるいは50の注文を受けるかもしれないが，30の注文を受けると予想する。しかし各注文は，1,000単位であり，製造時

---

[5] 2000年に発行された第10版においてHorngrenらは，A22はギアーでC33はピストンとしている。ここでは，A22とC33として，説明をしていく。

間として100時間（機械を掃除し，準備のための段取時間に8時間そして加工時間に92時間）掛かるであろう。その機械の年間のキャパシティは4,000時間である。もし，FWは予想する注文数を受け取るなら，総製造時間数は，4,000時間という利用可能なキャパシティ内の3,000時間（100×30）となるであろう。たとえ，予想されたキャパシティの利用が強いられなくても，待ち時間や遅れは依然として生じるであろう。なぜなら，FWの顧客の注文が不確実なためである。したがって，機械が別の注文を加工する一方で，違う注文が受け取られる可能性が出てくる。

この単一の製品ケースにおいて，顧客の注文の形態およびいかに注文が加工されるかという特定の仮定のもとで，注文が，段取や加工される前にラインで待つであろう平均時間数，すなわち平均待ち時間は等しくなる。

$$\frac{\text{A22の平均注文数}\times(\text{A22の製造時間})^2}{2\times(\text{年間の機械のキャパシティ}-(\text{A22の平均注文数}\times\text{A22の製造時間}))}$$

$$=\frac{30\times(100)^2}{2\times(4{,}000-(30\times100))}=\frac{30\times10{,}000}{2\times(4{,}000-3{,}000)}$$

$$=\frac{300{,}000}{2\times1{,}000}=\frac{300{,}000}{2{,}000}=150\text{時間}$$

この公式における分母は，超過するキャパシティやクッションを測定する。そのクッションが小さければ小さいほど，遅れは大きくなる。製造時間は，その公式の分子を2乗して記入する。製造時間が長くなればなるほど，注文が到着するとき，機械が稼働する機会がますます増え，遅れも大きくなるだろう（Horngren, et al. 1997, 695）。

彼らによると，上述の公式は平均待ち時間だけを記述している。機械が稼働していないとき，特別な注文が生じる。そしてそのケースにおいて，製造は直ちにスタートする。他の状況において，FWは2つの他の注文が加工されるのを待っている一方で，1つの注文を受ける。このケースにおいて，遅れは150時間以上になるであろう。A22の注文に対する平均製造リードタイムは250時間（150時間の平均待ち時間+100時間）になる。

さらに，FWは新製品C33を導入するかどうかを検討している。FWは次年度にそれについて10の注文（それぞれが800単位の注文）があると予想する。各注文は50時間（4時間の段取時間と46時間の加工時間）の製造時間が掛かるであろう。A22への予想される需要は，FWがC33を導入するかどうかの影響を受けないであろう。

注文が段取され，加工される前の平均待ち時間は，上述の単一の製品ケースにおいて記述された公式を拡張した以下の式によって与えられる。

$$\frac{(\text{A22の平均注文数} \times (\text{A22の製造時間})^2) + (\text{C33の平均注文数} \times (\text{C33の製造時間})^2)}{2 \times (\text{年間の機械のキャパシティ} - (\text{A22の平均注文数} \times \text{A22の製造時間}) - (\text{C33の平均注文数} \times \text{C33の製造時間}))}$$

$$= \frac{30 \times (100)^2 + (10 \times (50)^2)}{2 \times (4{,}000 - (30 \times 100) - (10 \times 50))} = \frac{(30 \times 10{,}000) + (10 \times 2{,}500)}{2 \times (4{,}000 - 3{,}000 - 500)}$$

$$= \frac{300{,}000 + 25{,}000}{2 \times 500} = \frac{325{,}000}{1{,}000} = 325 \text{時間}$$

C33を導入することが，平均待ち時間を150時間から325時間へと2倍以上にする原因となる。その理由を理解するために，顧客注文到着時の不安定さや不確実さのショックを吸収するためのクッションとしての超過的キャパシティについて考えなさい。C33を導入することが，超過的キャパシティを減らす原因となり，現在の注文が製造される一方で，どの時点でも新しい注文が到着するという可能性を増やす。

A22の平均製造リードタイムは，425時間（325時間の平均待ち時間＋100時間の製造時間）であり，C33に関するそれは375時間（325時間の平均待ち時間＋50時間の製造時間）である。C33は製造をスタートさせるための待ち時間だけにその製造リードタイムの86.7%（325÷375）を費やしていることに注意しなさい（Horngren, et al. 1997, 695-696）。

2）タイムコストの意義

Horngrenらは，このように，その製品の追加に対して製造リードタイムの予想される影響があるならば，会社はそれを導入すべきか検討の余地があ

り,最終的には,C33による関連収益と関連コストの識別と分析,特に全製品への結果としての遅れのコストの影響を評価する必要がある(Horngren, et al. 2000, 691)と指摘している。以下では時間と収益やコストとの関係についてさらに検討していく。

まず製造リードタイムが,収益とコストの両方にどのように影響を及ぼしているかを考えてみる。これについてHorngrenらは,収益は顧客が自分の手元に商品が早く届くのであれば,わずかなら多少高いお金でも進んで支払うという状況を示している(Horngren, et al. 1997, 696)。換言すれば,平均的なリードタイムが短縮されるため,その販売価格も高くなるのである。**図表5-7**から,C33であれば,300時間を越えるかどうかで,10,000ドルと9,600ドルになる。このように製造リードタイムが短縮されることにより,400ドルの収益が上がるのである。

一方,彼らはC33を導入するという意思決定によって影響を及ぼされるコストとして,直接材料費と保管費のみがあげられると指摘している。ここでの直接材料保管費は,在庫と関係した投資の機会原価,スペースレンタル,仕掛品,および品質低下や資材の運搬のような保管関連コストからなる。彼らは,保管費の計算において時間を基準とした注文当たりで行うとしている。その場合に,会社が発注の時間で直接材料費を購入したとき,それは在庫になるため,待ち時間と製造時間が長ければ発生するであろう保管費も多くなると考えている(Horngren, et al. 1997, 696)。

これら基本的な考えを前提に,C33を追加するかどうかの意思決定において時間をどのように考慮に入れるかを考えてみたい。通常の意思決定においては,C33を追加することによる関連収益と関連コストの差額つまり限界利益が1つの判断材料になる。したがって,限界利益がプラスであるときは,

■**図表5-7 平均の製造リードタイムが以下であるなら,注文当たりの平均売価は**

製品	平均注文数	300時間以下	300時間以上	注文当たりの直接材料費	時間での注文当たりの保管費
A22	30	$22,000	$21,500	$16,000	$1.00
C33	10	10,000	9,600	8,000	0.50

出所:Horngren, et al. (1997, 696)。

■ 図表5-8　C33導入のためのFWの意思決定について予想される関連収益と予想される関連コストを算定する

関連項目	代替案1 C33の導入 (1)	代替案2 C33を導入しない (2)	差額 (3) = (1) - (2)
予想される収益	$741,000a	$660,000b	$81,000
予想される変動費	560,000c	480,000d	(80,000)
予想される保管費	14,625e	7,500f	(7,125)
予想される総コスト	574,625	487,500	(87,125)
予想される収益-コスト	$166,375	$172,500	$ (6,125)

a. ($21,500×30) + ($9,600×10) =$741,000；平均的製造リードタイムは300時間以上であろう。
b. ($22,000×30) =$660,000；平均的製造リードタイムは300時間以下であろう。
c. ($16,000×30) + ($8,000×10) =$560,000
d. $16,000×30=$480,000
e. (A22の平均的製造リードタイム×A22の注文当たり単位の保管費×A22の予想注文数) + (C33の平均的製造リードタイム×C33の注文当たり単位の保管費×C33の予想注文数) =425×$1.00×30+375×$0.50×10=$12,750+$1,875=$14,625
f. (A22の平均的製造リードタイム×A22の注文当たり単位の保管費×A22の予想注文数) =250×$1.00×30=$7,500

出所：Horngren, et al.（1997, 697）．

それを追加するという意思決定がなされる。しかしHorngrenらは，注文当たり1,600ドル（9,600ドル-8,000ドル）とプラスの限界利益にもかかわらず，C33を導入しないと選択をしている（図表5-7を参照）。その理由として，FWはその機械を利用可能な4,000時間の内3,500時間しか利用しないために，C33を加工するキャパシティをもっており，現在のA22へのC33のマイナスの影響を認識することが重要となるからである。つまりC33を製造するために旋盤機械の余分なキャパシティを使い切る上での収益における予想される損失とコストにおける予想される増加があり（Horngren, et al. 1997, 697-698），これをHorngrenらはタイムコストと呼んでいる（Horngren, et al. 2000, 691）

そこで，これらの問題について製造リードタイムを基準に考えてみると以下のようになる。図表5-7で示したように，これが300時間を境に収益に影響を及ぼす。これらのデータを考慮に入れ，C33導入の成否を計算したのが，図表5-8である。まずC33を導入するケースでは，上述のようにA22の平均

的製造リードタイムが長くなる。これは，C33の導入により，A22の平均待ち時間が増やされたためである。したがって，A22の製造リードタイムは，425時間（325時間の待ち時間＋100時間の製造時間）となり，300時間よりも長くなるために，収益における減少を生むことになる。またC33の導入による製造リードタイムも375時間となり，収益における減少を生むことになる。それとともに，製造リードタイムが長いということは，それだけコストの増大という結果をもたらす。

具体的にはC33の導入は，A22の平均製造リードタイムを250時間から425時間へと増やすことになる。製造リードタイムをより長くすることによるコストは，保管費の増加とA22収益の減少（A22の平均製造リードタイムが300時間を越えることによって引き起こされる）である。予想以上の長いリードタイムコスト22,125ドルは，C33を売却することからの16,000ドル（注文当たり1,600ドル×予想注文数10）の予想される貢献利益を6,125ドル（**図表5-8**を参照）だけ超過する（Horngren, et al. 1997, 697）。

以上彼らの見解をみてきたが，ここで大事なことは，製造リードタイムの長さによって，予想される収益の額が異なるという点である。したがってC33による，A22製造への影響を考慮に入れなければならない。このケースでは，上述のごとく300時間を越えるかどうかで，関連収益が違うのである。その意味では，キャパシティに余裕をもたせる形でA22だけを作り，もし未

■**図表5-9 平均製造リードタイムの増加による影響**

製品	A22の収益における予想される損失 (1)	全製品の保管費用における予想される増加 (2)	収益の予想損失＋C33導入コストの予想増加 (3) ＝ (1) ＋ (2)
A22	$15,000[a]	$5,250[b]	$20,250
C33	—	1,875[c]	1,875
合計	$15,000	$7,125	$22,125

a （$22,000－$21,500）×予想される注文30＝$15,000。
b （425時間－250時間）×$1.00×予想される注文30＝$5,250。
c （375時間－0）×$0.50×予想される注文10＝$1,875。

出所：Horngren, et al.（1997, 697）。

利用のキャパシティがあれば，A22の追加を行うのか，あるいは，C33も同時に製造すべきかどうか，より利益が上がるような意思決定が求められるのである．その際，リードタイムの長さに着眼するといった考えが重要となる．

第6節　おわりに

　本章は，前章の業績評価システムの構築の問題の中で重要視される非財務的業績尺度について特に，時間を中心として検討を行ってきた．多くの研究者が指摘しているように，製造現場での管理において時間の評価がされている．この1つの指標としては，製造サイクル効率をあげることができる．これは製造現場の中で，いかに非付加価値活動や時間を見つけ出し，削減のためのインセンティブを与えることができるかが重要となる．この製造現場における時間とともに，購買や搬送までの時間を評価するといった研究も多く示されている．これは時間通りの搬送業績に代表される．また，顧客管理，現金回収，製品開発，戦略策定といったようにさまざまなプロセスにおいての時間の評価が行われているのである．この点は，当時において時間そのものの多様性とそれらを評価するための評価指標が考え出される必要があったことを意味している．

　さらに上記の業績評価システムを考察する中での，時間の役割についても明確に述べられている研究もあった．これはGMの業績評価システムであり，これによって，業績評価システムという体系化の中での時間の評価が可能になるのである．

　一方で，財務的業績尺度を新しい環境へ適応させるための研究も行われている．具体的には，標準原価計算での差異分析においてみられる．これには，上流や下流で待ち時間差異の計算や設備総合効率等のサイクルタイムとコストの関係に注視するものである．またタイムコストというように，時間のコスト化の問題も議論されているのである．特に，Horngrenらは遅れの結果として収益における予想される損失とコストにおける予想される増大をタイムコストと呼んでいる．

　このように，時間を含めた非財務的業績尺度を業績評価指標として積極的

に活用しながら,財務的業績尺度をいかに新しい環境に適応させることができるかが,1つの重要な検討課題と考えられていた。

第6章

時間とアクティビティ会計に関する研究

第1節　はじめに

　上記会計の問題点の1つである製造間接費の配賦問題について時間の視点から解決する方法を本章では検討する。これについては，活動基準原価計算（Activity Based Costing: ABC）や活動基準原価管理（Activity Based Management: ABM）といったアクティビティ会計が考えられる。

　矢澤教授は，1980年代の地球規模の競争によって，アメリカやヨーロッパの企業が困難に直面したとき，対策を提言したものに2つあったようである。1つはジョンソンとカプランが原価計算を補強するために，因果関係を追及するコストドライバーを用いて，ABCを行い，ABMを実施するものであった。もう1つがゴールドラットのスループット理論である（矢澤 1997, 3）。

　また櫻井教授は以下の指摘をしている。ABMをもって伝統的なアメリカの会計思考に立脚するプロセスであると考えるのは誤りである。ABMは新しいパラダイムを必要とする。それには，TQM（総合的品質管理: Total Quality Management: TQM），JIT（かんばん方式），顧客満足，時間ベースの競争，エンパワーメント，工場中心の経営，継続的なフローのプロセス，およびキメこまかな製造活動などである。そしてABMの目標は，標準原価計算などとは違って，能率の向上にあるわけでもない。その目標は，プロセスの変革（例えば，納期の短縮化，商品開発時間の短縮）を通じてスピードの経済を達成するとともに，ムダ，重複，不安定性を取り除くことで経営の

効率化を図り，もって効果性重視の経営に資することにある（櫻井 2007, 343-344）。

このようにアクティビティ会計は，欧米を中心に近年の原価計算の問題を考える上において，重要な役割を果たしてきたことは間違いない事実であろう。またABMの目標が，スピードの経済の達成や経営の効率化という点にあるのなら，アクティビティ会計のメカニズムを時間という視点からみていく必要性があるだろう。

以下では，まず第2節において，コスト・ドライバーとしての時間やその決定要因について検討する。その際無駄な時間を削減するときに，時間ドライバーを利用することによって，それをコスト情報として認識することが可能となる。そのような点も考慮に入れることにする。

次に，第3節以降では，第1章で取り上げた時間の中で，製造間接費の配賦の問題およびアクティビティ会計との関係から整理できる先行研究について，詳細に内容をみていくことにする。また最近の研究では時間主導型原価計算（Time-Driven Activity-Based Costing: TDABC）も議論されているため，取り上げることにする。これらからアクティビティ会計における時間が管理会計上どのような意義をもつのかについて検討を加えることにする。

第2節 コスト・ドライバーの決定要因

(1) コスト・ドライバーとしての時間

上述したように，伝統的な製造間接費の配賦計算においては直接作業時間や機械稼働時間といった時間が配賦基準として使われてきた。またその問題点も指摘した。これらを解決する手段としてABCが考え出された。そこでまずはコスト・ドライバーとはどのようなものなのかを時間を中心に検討してみたい。

ABCにおいては，配賦基準の代わりに，製造間接費をアクティビティや製品に割り当てるためにコスト・ドライバー[1]という概念が用いられている。コスト・ドライバーとは，原価を発生させる要因のことであり，ABCの中

心的概念の1つである。ABCでは，コスト・ドライバーの和訳である原価作用因が示すように，製造間接費は，ある活動を行うために発生すると考えられている。したがって，製造間接費をより直課することを目的とするABCにおいて，原価の発生要因を示すコスト・ドライバーの方が，配賦基準よりも適切である。

コスト・ドライバーの例として段取費や設計費を割り当てるための段取回数，段取時間，設計回数や設計時間などをあげることができる。コスト・ドライバーとしての時間の問題を考慮する上で，ABCにおいて何がコスト・ドライバーとして利用されているのかを検討してみる。Kaplan and Cooperは著書『Cost & Effect』において，コスト・ドライバーとして取引ドライバー（transaction drivers），時間ドライバー（duration drivers），強度ドライバー（intensity drivers）の3つを示している。そこで以下では3つのコスト・ドライバーをみることにする。まず取引ドライバーとは，段取回数，受取回数，そして製品の支援回数などであり，アクティビティがいかに頻繁に行われているのかを計算する。これはすべてのアウトプットが本質的にアクティビティに対して同じ要求を行うときに使われる。しかしこれは費用もかからないが，正確性も少ないと考えられている。

次に時間ドライバーは，アクティビティを行うためにかかった時間を表す。時間ドライバーは，アクティビティ量がアウトプットごとで著しく異なるときに使われるべきである。例えば，単純な製品は，段取に10から15分しかかからないが，複雑で高性能な製品には6時間かかるとしたなら，段取回数である取引ドライバーを用いると，複雑な製品に過小なコストがいき，単純な製品に過大なコストが配賦されることになる。このようなゆがみをなくすために，時間ドライバーを用いる。

最後に強度ドライバーである。これは，アクティビティが行われるたびに，

1）コスト・ドライバーは，資源ドライバーとアクティビティ・ドライバーからなる。本章では，特にアクティビティ・ドライバーの問題を考えているが，基本的な概念であるコスト・ドライバーをもちいている。しかしながら，第5節Time-Driven ABCにおける時間の意義においては，Kaplan and Anderson（2003）の原文に忠実に従うという意味で，アクティビティ・コストドライバー・レートやアクティビティ・コストドライバー量という用語をそのまま用いている。

利用された資源に直課する。段取の例でみると，特定の複雑な製品は段取ごとに特別な計器や検査器具そして，特別な段取や品質管理スタッフが要求される。時間当たりの段取費のような時間ドライバーは，すべての時間に等しくコストがかかると考える。しかしある段取には必要であるが，別の段取には必要ではない特別なスタッフ，特に熟練工や高価な設備を反映しない。このケースでは，製造指図書や他の記録に基づき，アクティビティコストはアウトプットに直課される必要がある（Kaplan and Cooper, 1997, 95-97）。

このように彼らの研究においては，コスト・ドライバーを3つの視点から体系的に整理しているとともに，その中の1つとして，時間ドライバーを明確に示している点に1つの特徴がみられる。

また2003年の12月にワーキングペーパーとして公表されたKaplan and AndersonのTDABCにおいては，コスト・ドライバーとしての時間の重要性がますます強調されている。このように時代が変わっても，コスト・ドライバーとして時間が重要視されていることは間違いないことである。

（2）コスト・ドライバーの決定要因について

コスト・ドライバーとしての時間が，何らかの目的から用いられているという点である。例えば，時間に焦点を当てることによる製造間接費のより適切な管理，無駄なアクティビティやコストの発見，除去等である。そしてこれらの目的は，コスト・ドライバーの決定要因とも何らかの関連がある。そこで次に，コスト・ドライバーの選択は，何によって決定されるのかという問題について検討してみたい。この決定要因をみることによって，コスト・ドライバーが何を理由に選択されるべきかを知ることができ，そこからコスト・ドライバーと時間の関係そして時間の意義を考える手掛かりを得ることができるだろう。

まず，これらの問題を考慮する上で，伝統的な製造間接費の配賦基準がどのような理由から選択されているかを検討してみる。これについては，合理性，関連性，経済性，簡便性の4つをあげることができる。これら4つと時間の関係について考えてみる。一般的には，時の経過とともに金額が発生していくと考えれば，直接作業時間や機械運転時間と発生した製造間接費との

間の因果関係は強いといえるだろう。この状況において，直接労務費や直接材料費よりも時間と製造間接費の発生は因果関係が強く，時間基準は適切であるといえる。

　また以下のような指摘がある。多くの製造間接費は他の要因よりも時間の関数で変化する。特に，監督者給料，福利費，教育訓練費などの費目は直接作業時間と深い関係をもって変動するし，減価償却費，賃借料などは時間の関数で発生すると考えることができる。それゆえ，この方法によって特定の製品に配賦するのが理論的にみて最も合理的である（櫻井 1988, 154-155）。上記から，合理性や関連性の観点からみると，時間を配賦基準として選択することは妥当であるといえる。

　このような配賦基準の決定要因に加えて，本章の中心的なテーマでもあるコスト・ドライバーに関する決定要因を考えてみたい。Macarthur（2003, 37）は，コスト・ドライバーの決定要因として意思決定，行動への動機づけ，そして国の文化の3つをあげている。まず意思決定である。彼は，コスト・ドライバー選択のための主要な基準は，アクティビティコストとの因果関係にあると考えている。その理由として，原価対象や他のアクティビティによる活動資源消費を正確に描写する原価割当が，意思決定目的のためには大事であるという点をあげている。このように，彼はコスト・ドライバーとアクティビティコストとの因果関係を強調する一方で，実際にはコスト・ドライバーの選択において，頻度（frequency）や強度（intensity）というようないくつかのコスト・ドライバー間の選択の必要性があると述べている。

　例えば，文書処理活動コストを割り当てるために，文書処理回数は，正確さは少ないが，タイプされた行数よりも安く測定できる。あるいは機械段取活動コストを割り当てるために，段取時間は，おそらく段取回数よりもコストがかかるものの，各段取時間が異なるなら，それは，段取回数よりも洗練なものになるだろう。また秒で測定された機械の段取時間は，分で測定されたときよりも洗練されている。しかしながら特別な正確性は，その追加的な情報収集コストを上回ることはない。コスト・ドライバーの選択は，その代替案の正味のベネフィットに基づかれるべきである（MacArthur 2003, 37-39）。

それに加えて，活動ドライバー率を計算するための基準操業度についての現実的な選択は，年間予定操業度と実際的生産能力を含むといったその選択に関する意思決定についても説明を行っている。その中では，価格決定やキャパシティ管理の意思決定においては実際的生産能力が支持されると指摘している（MacArthur 2003, 38）。これについては第4節TDABCの中で，検討をしていきたい。

　上記より，アクティビティとコストとの因果関係を重視し，コスト・ドライバーの精度を高くすれば，アクティビティに対して，より正確なコスト割り当てを行うことが可能になる。しかしそれでは手間やコストがかかるという問題を生む。したがってコストベネフィットを絶えず考察する必要があるということになる。

　第2にコスト・ドライバーの選択は，行動への動機づけとも関係する。これは，コスト・ドライバーが意思決定を促進し，望まれる組織行動をモチベートするように，アクティビティコストと因果関係をもつとき，理想的になるということである。例えば，カスタマー・サービス・センター（Customer Service Center: CSC）におけるランニングコストは，大半が通話時間や通話回数を起因としている。もし通話時間に大きな違いがあるのなら，分秒のような時間尺度は，意思決定の促進のために，CSCのアクティビティコストの配賦にとって，最善の因果ドライバーとなる。このように時間基準コスト・ドライバーの利用が，通話時間を減らすようにCSCのマネジメントの努力をモチベートし，おそらく望ましい行動へと導く（MacArthur 2003, 37-39）。

　ABMの実施プロセスにおいて，コスト・ドライバー分析がある。そこでは，コスト・ドライバーそのものの発生を抑えることが，コスト削減につながると考える。したがって，動機づけの視点は，コスト・ドライバーの選択の理由を考える上において，重要な問題といえるだろう。

　第3に国の文化である。これは，組織内において国特有の意思決定や行動への動機づけの必要性があるとき，考慮すべき問題である。例えば，ドイツでは，段取アクティビティを割り当てるために，段取時間が好まれる傾向にあるが，アメリカでは段取回数が，一般的である（Keys 1999, 20-26; MacArthur 2003, 40）。

(3) 配賦基準とコスト・ドライバーの決定要因の比較

　以上，コスト・ドライバー選択基準の決定要因についてMacArthurの見解を中心にみてきた。コスト・ドライバーに関するこれら3つの決定要因と配賦基準のそれを比較することによって，両者の違いを明らかにするとともに，コスト・ドライバーとしての時間の問題を検討してみる。基本的には，コスト・ドライバーの決定要因は，伝統的な配賦基準のそれよりも広範であるといえる。具体的にみると，配賦基準において重要視されていた合理性や関連性は，コスト・ドライバーの決定要因としても，大事になるであろう。その理由は，合理性や関連性を無視したコスト・ドライバーの設定は，考えられないからである。確かに，経済性すなわちコストベネフィットの問題はあるが，やはり関連性や合理性は，コスト・ドライバーの重要な決定要因であることは間違いない。時間に関しても，それをコスト・ドライバーに用いるという意思決定は，時間とコストとの関連性があるからこそ行われるのである。

　それに対して，動機づけは，Hiromoto (1988, 23) のように従来もなかったわけではないが，コスト・ドライバーを選択する上での重要な決定要因の1つとして考えることができる。これは上述のようにコスト・ドライバーそれ自体に動機づけの効果があると考え，その注視によって，アクティビティコストの削減と同時に，時間であれば時間そのものの管理も行うことを意図する。また国の文化についても，各国で管理会計への取り組み方や理解の仕方が異なる現状において，無視できない要素となるであろう。このように，これら2つの要因は，コスト・ドライバーと配賦基準を比較する上での大きな相違点であるといえるであろう。特に，動機づけの問題は，コスト・ドライバーの現代的意義を考える際にも重要な意味をもつ。したがって，これについては節を改めて書くことにしたい。

　以上両者の比較の問題を考えてみたが，コスト・ドライバーと時間の関係について簡潔に述べておきたい。上述のように，配賦基準として時間が重要視された理由は，合理性や関連性があったからである。これは，コスト・ドライバーと時間の関係をみた場合にも同様である。それとともに，動機づけ

の点からみても,時間は管理すべき重要なものであろう。このようにコスト・ドライバーとして時間が重要であるとしながらも,一方で経済性や簡便性の観点からみると,時間をコスト・ドライバーに利用することの欠点がみられる。

そこで以下では具体的な先行研究をみることによって,時間ドライバーが,実際のケースにおいてどのように利用されているかを検討してみる。さらにTDABCについても内容を詳細に考察してみたい。TDABCは,これらの問題に対する1つの解決策を与えるといわれている。それらを踏まえた上で,コスト・ドライバーとしての時間の意義について結論を導きたいと考える。

第3節 コスト・ドライバーとしての時間の研究

上記のコスト・ドライバーの説明を受けて,時間をコスト・ドライバーとした研究のいくつかをみていく。そしてそれらが原価管理や意思決定という管理会計のどのような目的に使われているのかを明らかにしていく。

(1) Kaplan and Atkinsonの研究

Kaplan and Atkinsonは,上述のようにTektronixの携帯計器事業部 (Portable Instrument Division: PID) のケースを紹介する中で,サイクル・タイム原価計算 (Cycle Time Costing: CTC) という概念を紹介している。彼らによれば,CTCは,製品コストがその製造に必要な時間に関係しているという理論に基づいている。したがって,製造効率や品質の増大を通じて工程時間と在庫を減少させることに注意が向けられるであろう。PIDにおいては,CTCは加工費の配賦において直接労務費に代わるものとして実施されるべきである。この尺度は,現在の製造環境により適しており,コストのより正確な反射鏡となる (Kaplan and Atkinson 1989, 468) と説明している。

これは,基本的に,直接労務費基準により製造間接費を配賦するという (現在の) 原価システムが,組立生産プロセスの現実を表せていないという問題から提案されたものである。これに対して,材料費と上記のサイクルタイムという2つのコストドライバーが解決策として示されているいる (Kaplan and Atkinson 1989, 462-472)。

　まず材料費配賦法の考え方を簡潔に述べることにする。彼らは間接費の50％が材料費と関連（間接材料費）があることがわかった。これらのコストには，材料の計画，調達，検査，保管，そして販売に関するものがあった。この状況において，配賦基準としてこれらのアクティビティと関連のあるものが選択されるべきと考え，材料費額，部品数，品番（部品番号）（part number）という３つの代替的方法を示している（Kaplan and Atkinson 1989, 463）。

　これら３つの中のどれかを選択するために，該当のプロジェクトチームは，どのコストが間接材料費に含まれるべきかを理解し，これらのコストが引き起こされる要因を識別し，それとともに相対的な重要性を決めることの必要性をわかっていた。マネジメントとの会議によって，間接材料費は，４つの異なった要素（a.部品価格によるコスト，b.実際の部品数によるコスト，c.各異なった品番のメンテナンスや運搬にかかるコスト，d.各異なった品番の使用によるコスト）に分類されることが認められた。

　彼らによれば，この分類は頻繁な部品の使用により発生したコストのカテゴリー（bとc）は，各異なった品番をもつことによるコスト（c）に対して２次的なものであり，部品価格によるコストは，同様にかなり小さいものであったということを示した。

　また，各品番をもつというコストは，各品番に対して行われなければならないいくつかのアクティビティから生じた。これらのアクティビティは，ベンダーとの計画，スケジューリング，交渉，そして各品番の購入，受け取り，処理，搬送，貯蔵，支払を含む。品番が多くなればなるほど，各アクティビティもますます行われる必要が生じる。以上より，そのチームは部品に関する間接材料費総額は，品番数がさらに小さくなれば，合理的に削減することが期待されると結論づけた。

　これから，マネジメントは，間接材料費のために選ばれた配賦基準が，品番の削減を通じて間接費を減らすということに焦点が当てられるべきであることを決めた。つまり上記の３が選択された（Kaplan and Atkinson 1989, 464-465）。

このように部品の発生するアクティビティに注目することから，それらとの関係の中で，配賦基準を決定しているところにも彼らの研究の1つの特徴があるように思える。また彼らは，品番の削減がJIT生産の能率を増やす。新しい配賦基準により正確な製品原価情報を提供し，それにより，製品の決定は期待された収益性によって影響を及ぼされる戦略計画目的のために有用である（Kaplan and Atkinson 1989, 467）とも説明をしている。

上述のように，彼らは間接材料費については，新しい配賦基準を使って配賦計算をしている。しかし残りの50％については，しばらくの間直接労務費で配賦され続けるだろう（Kaplan and Atkinson 1989, 463）と指摘している。これらに対しての新たな配賦基準がCTCである。以下これについて具体的にみることにする。

ここで，サイクルタイムによる配賦は，サイクルタイムが長い製品の方が，コスト高になるというもので，それは組織をサイクルタイムが長い原因の削減に目を向けさせようとするのである（Kaplan and Atkinson 1989, 467）。

さらにこれらの考えをみていくことにする。まずサイクルタイムとは，携帯計器を製造するのに必要な総加工（製造）時間として定義される。これはプリント基板の組み立てから計器の完成へといった包装までの経過時間でもある。この時間枠（time frame）は，サイクルタイムで配賦されるすべての加工と関連のある間接費を含む。

これには，設備の減価償却費，間接労務費，製造と関係する建物，維持費，電気，水道，ガス，電話等のユーティリティ（utilities），そして床のスペースといったものが含まれる。そして彼らは，これらのコストが，異なった製造プロセスや製品ラインといったいくつかのコストプールに分けられる（Kaplan and Atkinson 1989, 469）ことを指摘している。この点にアクティビティ会計との関係をみることができる。

またサイクルタイムの計算は，各製品ラインの1日（シフト当たり8時間）当たりの製造時間に基づいて計算される。しかし週末のような，非製造時間はサイクルタイムに含まれない。サイクルタイムは数日間モニターされ，計器の種類ごとに平均が計算された（Kaplan and Atkinson 1989, 469）。

それとともに，マネジメントによる，サイクルタイム概念の受け入れが期

待される。マネジメントとのインタビューの中で，コストは計器製造にかかる時間と関係があるという確固とした考えが示された。またサイクルタイムは仕掛品在庫のレベル，品質，フレキシビリティ，およびカスタマーサービスと密接に関連があった。これらの考えは，製造業績の主要な尺度としてのサイクルタイムの使用からも明らかにされた（Kaplan and Atkinson 1989, 469）。

この利点として，①サイクルタイムは，直接労務費よりもコスト消費のより広範な尺度となる。というのもサイクルタイムは機械時間と検査時間や待ち時間のような非付加価値アクティビティに費やす時間を含むからである。またアップデートも6ヵ月ごとにされるので，製造プロセスや製品設計における変化を反映する。②PIDの継続的プロセス型生産環境における費用対効果（cost and effort）のよい指標と考えられた。その研究チームは，このことをサイクルタイムと以下のそれぞれのコストとの関係を調べることによって確証した。

a．間接労務費……製造管理者やプロセスエンジニアはサイクルタイムが長い製品ほどより多くの時間を費やしたと報告した。
b．従業員名簿荷（payroll load），仕事をしても払われない（Paid-not-worked）……直接作業時間は，サイクルタイムの一要素である，だからサイクルタイムを基準に作業関連間接費を配賦することは意味がある。
c．減価償却費……その研究はサイクルタイムがより長い計器は，検査計器のような減価償却資産により多くの時間を費やしたことを示した。
d．建物，維持費，ユーティリティ，補助材料（supplies）……サイクルタイムがより長い計器は，製造現場でより多くの時間を消費した。建物等は，その計器が現場で使われる時間に比例して消費されたと考えられた。
e．直接労務費……直接労務費は，サイクルタイムの一要素であった。ゆえにサイクルタイムはこのコストの発生のよい指標となった。またJIT生産において，ライン人員が，仕損品の再作業，故障修理，機械の修繕のような伝統的には直接労務費に含まれなかった課業を行った。サイクルタイムは，伝統的には直接作業時間の要素に入れないものを取り込ん

だ (Kaplan and Atkinson 1989, 470)。

このように直接労務費と工程関連間接費との時間の関係を明確に説明している点も，彼らの研究の興味深い点としてあげることができる。

一方サイクルタイムの不利点として，a.並列プロセス (parallel process) での直接作業時間を把握できなかった，b.生産量の少ない製品の測定の困難性，c.品質保証上必要なサーマルチェンバで使われる時間を含んでなかった (Kaplan and Atkinson 1989, 470-471) という3つがあげられた。

最後に，各計器に関する加工と関連のある間接費は以下の式から計算される。

サイクルタイム÷単位×数量＝サイクル単位の製品ライン加工費

直接労務費＋加工間接費が$5,000,000　製品ラインサイクル単位975,000

サイクル単位当たり何ドル＝$5,000,000÷975,000＝$5.13

その計算は，より短いサイクルタイムをもつ計器がより少ないコストを受けるという結果を生む。これらサイクルタイムの分析は，追加的なオプションや品質問題のある計器は，サイクルタイムもより長くなることを示した (Kaplan and Atkinson 1989, 471)。

彼らの研究をみたときに，製品コストとサイクルタイムの関係性を考え，当時の多様性のある製造間接費を製品に正確に配賦するために時間を使ったのである。その際時間の短縮を意図している。意思決定と動機づけの要因があげられる。

（2）Hansen and Mowenの研究

Hansen and Mowenは，上述のように，サイクルタイムが即応性を示す1つの重要な尺度であると考えている。それとともに，製造サイクルタイムを減らし，速度を速めた結果として，搬送業績を改善するように，オペレーショナルな管理者を奨励するためのインセンティブが与えられること。この目的を達成するために一般的な方法として製品コストをサイクルタイムと結びつける，また製品コストを減らした管理者に報酬を与えることがある (Hansen and Mowen 1997, 412) とも説明している。これらから，彼らはサイクルタ

イムをコストと結びつけるためにいくつかの考え方を示している。まずは，サイクルタイムを配賦基準とする方法，そして次にそれらをアクティビティごとに計算をするといった2つの計算方法である。まずは前者をみることにする。

1）サイクルタイムによる配賦計算

　セルの加工費（cell conversion cost）が，製品がセルを通過するのにかかる時間を基準に配賦される。一定の期間（数分間）に利用可能な理論的な生産時間を使うと，分当たりの付加価値標準コストが計算され得る。

$$\text{分当たりの標準コスト} = \frac{\text{セル加工費}}{\text{利用可能な時間（数分）}}$$

　ここで，単位当たりの加工費の計算のため，この分当たりの標準コストに，その期の単位製造に使われる実際のサイクルタイムが掛けられる。実際のサイクルタイムからの単位コストを理論的なあるいは最適なサイクルタイムからの単位コストと比較することによって，管理者は改善のためのポテンシャルを評価することが可能となる。製品がセルを通過する時間が長ければ長いほど，単位当たりの製品コストがますます高くなることに注意が必要となる。製品コストを減らすことのインセンティブとともに，製品原価計算へのこのアプローチは，オペレーショナルな管理者やセル作業者にサイクルタイムを減らし，速度を速める方法をみつけさせる（Hansen and Mowen 1997, 142-143）と述べている。また以下の1つの計算例を示している。

　理想的な速度：時間当たり12単位　利用可能な生産時間（年間）400,000分
　年間の加工費：1,600,000ドル　実際の速度：時間当たり10単位
　これらを計算すると単位当たりの実際加工費は以下のように計算される。

$$\text{分当たりの標準コスト} = \frac{1{,}600{,}000 \text{ドル}}{400{,}000 \text{分}} = \text{分当たり4ドル}$$

$$\text{実際のサイクルタイム} = \frac{60分}{10単位} = 単位当たり6分$$

$$\text{実際の加工費} = 4ドル \times 6 = 単位当たり24ドル$$

一方,単位当たりの理想的な加工費は以下のようになる

$$\text{理想的なサイクルタイム} = \frac{60分}{12単位} = 単位当たり5分$$

$$\text{理想的な加工費} = 4ドル \times 5 = 単位当たり20ドル$$

 これらについて以下の説明がある。サイクルタイムを単位当たり6分から5分に減らす(あるいは速度を時間当たり10単位から12単位に速める)ことによって,単位当たりの加工費は24ドルから20ドルに減らされる。同時に,搬送業績を改善するという目的が達成されるのである(Hansen and Mowen 1997, 413)。このようにサイクルタイムという非財務的業績尺度を利用すること,それらを加工費の計算に関係させることで時間の短縮とコスト削減が図られるのである。

 Hansen and Mowenは,サイクルタイムという尺度を注文履行アクティビティの問題として捉えているが,上述のようにアクティビティとの関係では説明していない。そこで,次にABMの研究において,材料の消費,再作業,段取,検査アクティビティについての時間とコスト削減の計算が行われている(Hansen and Mowen 1997, 392-398)。以下この計算のプロセスを具体的にみていく。

2) ABMにおけるプロセス価値分析

 Hansen and Mowen によれば,ABMは,マネジメントの注意をアクティビティに向ける全組織を統合するアプローチであり,顧客の価値やこの価値の提供によって,達成された利益の改善を目的としている。またABMは,製品原価計算とプロセス価値分析の2つのディメンジョンをもつ(Hansen and Mowen 1997, 392)。

 そのうちプロセス価値分析が,付加価値活動や非付加価値活動の分析と関

係する。ここでプロセス価値分析とは，どんなアクティビティが行われるのか，なぜそれらが行われるのか，そしてそれらがいかに上手に行われるのかについての情報を提供する。このプロセス価値分析はドライバー分析（driver analysis），アクティビティ分析（activity analysis），そして業績測定（performance measurement）と関係する（Hansen and Mowen 1997, 392-393）。その中でも，アクティビティ分析や業績測定において付加価値コストと非付加価値コストの問題が示されている。

1．アクティビティ分析

　まず，アクティビティ分析は，プロセス価値分析の中心であり，組織が行うアクティビティを識別し，記述し，そして評価するプロセスである。またアクティビティ分析は，コスト削減目標の達成にとって重要であり，アクティビティ消去（Activity elimination），アクティビティ選択（Activity selection），アクティビティ削減（Activity reduction），アクティビティ共有（Activity sharing）という4つによってコスト削減を行う（Hansen and Mowen 1997, 396）。

　特にアクティビティ削減は，アクティビティによって必要とされる時間と資源を減らす。コスト削減へのこのアプローチは，主に必要なアクティビティの効率性の改善や非付加価値アクティビティが消去されるまで，それらを改善するという短期的戦略を意図している（Hansen and Mowen 1997, 396）。この点からも，アクティビティ分析それ自体に，時間の短縮とそれによるコスト削減を実現するという機能が，すでに備わっていると考えることができる。したがって，アクティビティ会計は，時間の短縮とコスト削減との関係をみる上で，1つの重要な手法であるといえるであろう。

2．アクティビティ業績測定

　次に，アクティビティの業績測定についてである。アクティビティがいかにうまく行われているかの評価は，収益性改善へのマネジメントの努力にとって基本となる。これらの尺度は，アクティビティがいかに上手に行われているのか，そしてその結果が達成されているのかを評価することを意図する。

■ 図表6-1　付加価値および非付加価値コスト報告書

アクティビティ	付加価値	非付加価値	実　際
材料の消費	1,600,000	160,000	1,760,000
再作業	0	90,000	90,000
段取	0	360,000	360,000
検査	0	60,000	60,000
合計	1,600,000	670,000	2,270,000

出所：Hansen and Mowen（1997, 399）.

　そしてアクティビティの業績尺度は，効率，品質および時間という3つの重要なディメンジョンに中心がある。

　効率は，アクティビティアウトプットとアクティビティインプットとの関係に焦点を当てる。例えば，アクティビティの効率を改善するための1つの方法は，より低いインプットのコストで，同じアウトプットを作り出すことである。次に品質は，アクティビティが，最初に正しく行われたのかと関係する。最後に時間は重要であり，時間が長くなれば資源の消費も多くなり，顧客要求への反応能力も低くなる。このうちアクティビティ効率の財務的業績尺度の中に，付加価値および非付加価値アクティビティコスト報告書（**図表6-1を参照**）がある（Hansen and Mowen 1997, 396-397）。以下ではこれらをみることにする。

3）付加価値標準による付加価値コストと非付加価値コストの計算

　非付加価値コストの削減は，アクティビティの効率を高める1つの方法である。会社の会計システムは，付加価値コストと非付加価値コスト間の区別をすべきだ。なぜならアクティビティ業績の改善は，非付加価値アクティビティの消去と付加価値アクティビティの最適化を要求する。したがって，企業はアクティビティごとに付加価値コストと非付加価値コストを区別し，きちんと報告すべきである。非付加価値コストの強調は，会社が現在経験している無駄の大きさを明らかにする。このことは，非付加価値アクティビティのコントロールにより多くの強調を置くように，マネジャーを奨励する（Hansen and Mowen 1997, 397）。このように，非付加価値コストを認識し，

削減することが，企業にとって重要な取り組みとなる。そのためには，付加価値標準の設定が必要になる。

付加価値標準（value-added standard）は，非付加価値アクティビティの完全なる消去と，必要であるが，不効率に行われるアクティビティの完全なる消去を要求する。したがって，付加価値アクティビティは，また最適なアウトプットレベルをもつ。それゆえに，付加価値標準は，最適なアクティビティアウトプットを識別する。そしてそのことは，アクティビティアウトプット測定を要求する。付加価値標準の設定は，それらがすぐに達成されるであろうことを意味しない。継続的改善という考えは，理想にむかって進むということで，それがすぐに達成されるということではない（Hansen and Mowen 1997, 397）。さらに具体的な計算をみると以下のようになる。そのために必要な概念と数値が以下である。

実際のアクティビティコストを，付加価値アクティビティコストと比較することによって，マネジメントは，非生産的なアクティビティのレベルと改善へのポテンシャルを評価する。アクティビティごとのアウトプット尺度の識別は，付加価値コストと非付加価値コストの識別と計算の基本となる。ひとたびアウトプット尺度が識別されると，次にアクティビティごとの付加価値標準数量（SQ）が明らかにされる。付加価値コストは，付加価値標準数量に，標準価格（SP）をかけることによって計算できる。一方非付加価値コストは，実際のアクティビティアウトプットのレベルから付加価値レベルを引いて，単位当りの標準価格をかけることによって計算できる（Hansen and Mowen 1997, 398）。

これらの計算を通じて，材料の消費，再作業，段取，そして検査という4つのアクティビティについての付加価値コストと非付加価値コストの計算を行う。なお，これらのコストドライバーとして材料の消費がポンド，再作業が作業時間，段取が段取時間，検査が検査時間となる。今簡単な計算例[2]を示すと，材料の消費について，SQは40,000，AQは44,000，そしてSPが40ドルと仮定すると，付加価値コストが40,000×40ドル＝1,600,000ドルになる。

2）Hansen and Mowenの計算例について筆者がまとめている（Hansen and Mowen 1997, 398-399）。

一方非付加価値コストは（44,000 − 40,000）×40ドル = 160,000ドルになる。なお，再作業，段取，検査アクティビティについては，非付加価値コストのみが算定される。

　このように1時点の付加価値コストや非付加価値コストの報告は，アクティビティをより効率的に管理するためのアクションのきっかけとなる。そして無駄の金額を知ることは，マネジャーにコスト削減をもたらすためにアクティビティを削減，選択，共有，そして消去するための方法を探させることができる。またそれはマネジャーがプランニング，予算，そして価格決定を改善する手助けをする（Hansen and Mowen 1997, 398）。

　以上Hansen and Mowenの見解を中心に，付加価値コストと非付加価値コストの算定までをみてきた。上述のようにABMにおいては，リードタイムを構成しているアクティビティである加工，検査，運搬に関するコストを，それぞれ集計することが可能である。そのときに，同時に各アクティビティの付加価値コストと非付加価値コストを算定できるので，付加価値コストについては，さらなる原価管理を，非付加価値コストについては，可能なかぎり消去するといった取り組みがされることになる。このように，予算を含めた他の利用目的も指摘しているのものの，彼らの研究は時間を使って原価管理を行うことを主たる目的としている。またコスト・ドライバーの決定要因からみた場合には，動機づけの効果がみられる。

　そう考えると，ABMの実践により，リードタイムに関係して発生するコストの短縮には一定の効果がみられることになる。ただし付加価値時間と非付加価値時間というリードタイムそれ自体の短縮には必ずしもつながらない。なぜならリードタイムの短縮が，コストの削減と明確に結びつくとはいえないからである。したがって，加工や運搬のアクティビティコストと時間との因果関係をみつけることが大事である。ABM上それを解決できるものが，コスト・ドライバーとしての時間の利用である。

　しかし当然であるが，すべてのアクティビティコストの発生が時間との因果関係をもつわけではない。これは上述のHansen and Mowenの見解からもいえることである。その意味においては，アクティビティ会計の中で，時間とコストとの関係がきちんと把握されているとはいえない。またABCの本

質が，製造間接費のより正確な計算であるとすれば，時間をコスト・ドライバーとすることによる，正確性という言葉の意味が失われる可能性も出てくる。時間の短縮とコストの削減の関係性をみるということの重要性を考えることとともに，いかに正確な計算を行うことができるかも，大事な問題である。ここにコスト・ドライバーを中心とした，時間とコストの関係に関する把握についての限界がある。

このようにABMでは，リードタイムの構成要素である加工，段取，運搬，そして停滞などの時間から生ずる付加価値コストや非付加価値コストの算定はできるが，リードタイム短縮の結果としての仕掛品原価や加工原価そのものの削減額を，トータルに評価することはできない。つまり製造間接費の削減額は評価できるが，材料費，人件費，在庫がもたらす金利などといった製造間接費以外のコストについては，その削減額を把握することはできない。その点も，アクティビティ会計のもつ大きな問題点の1つであると指摘しておきたい。

（3）Borthick and Rothの研究

Borthick and Rothは，以下のように述べている。もし会社が，無駄な時間を短縮し，消去するために，財務的なデータを利用することを望むのなら，会社は，無駄な時間を引き起こすアクティビティやそのアクティビティコストについて正確な情報を必要とする。したがって，会社は，アクティビティを識別し，製品やサービスの原価計算のためABCを使う必要がある。また会社が，原材料を製品へ変えるのに依存する価値創造活動の詳記のために，価値連鎖の構築と利用は重要である。このことは，コスト・ドライバーを決定し，一連のアクティビティを連結し，中間製品を評価し，サプライヤーや顧客の利益を計算することをより容易にする（Borthick and Roth 1993, 7-8)。

このように，Borthick and Rothは，アクティビティ会計の必要性を考慮した上で，時間のための会計がなぜ重要であるのかを説明している。そのために，第1に，現在の競争環境での時間の重要性を論じ，無駄な時間がいかに識別され，取り除かれるかを考慮する。第2に，いかに会計が無駄な時間の消去をサポートできるか例証している。その技法として，1）電子データ

交換(electronic data interchange: EDI)の実施によるサイクルタイムの短縮と効果,2)設備投資評価の修正,3)サプライヤーとのコミュニケーションの改善の3つ(Borthick and Roth 1993, 4)をあげている。これらについて,以下では,ABCとの関係から彼らの研究をみていく。

1)EDIの実施によるサイクルタイムの短縮と効果

第1に,購買部門のアクティビティについてみる(Borthick and Roth 1993, 7)。①購入注文書を作成し,郵送の封筒に詰めるといった準備のアクティビティがあげられる。これには4日が費やされる。②サプライヤーが,注文書を郵送で受け取るアクティビティで3日かかる。③サプライヤーが開封し,担当の部署へ引き渡し,記入するまでに4日がかかる。④サプライヤーは購入注文書の作成,購入側の信用状況の確認とそのメモの郵送といった処理に5日を有する。⑤サプライヤーは,購入企業へ発送日を確認し,発注記録書の作成と,倉庫への引き渡しに5日を要する。⑥サプライヤーはトラックに積荷し,出発し,材料を購入企業の在庫保管室に引き渡すといった搬送のアクティビティに4日をかける。これら購入サイクルタイムはトータルで25日かかることになる。

しかしEDIの導入によって,サイクルタイムが短縮することになる。これについてBorthick and Rothは以下の説明をしている。もしこの会社やその主要なサプライヤーが,注文やその処理のためにEDIを実施するなら,両社が処理時間における減少からの便益を得ることができる。例えば,購入プロセスでの各アクティビティの時間が,もし0.1日まで減らされるなら,購入サイクルタイムは,4.5日にしかならないだろう。

EDIを通じて達成される時間を基準に,会社の在庫レベルは,注文プロセスから除かれる20.5(25.0－4.5)日のために必要とされる原材料の数量まで減らされる。この20.5日の削減は,原材料の在庫における51%(すなわち20.5÷40日)の減少を認める。各材料での1日当たり400単位の平均消費量で,在庫はしたがって,各原料について8,200単位(20.5日×1日400単位)にまで減少するであろう。これは原材料Xについて65,600ドル(8,200単位×800,000/100,000単位)の削減そしてYについて98,400ドル(8,200単位×

1,200,000/100,000単位）の削減し，トータルで164,000ドルの在庫削減となる。もし原材料の保管費が10%であるなら，この削減は，16,400ドルの年間の節約という結果を生む。

またその他の原価削減として，少ない原材料の購買占有コストの減少，注文への準備作業の自動化による購買部門での人件費や消耗品の減少があげられる（Borthick and Roth 1993, 8-9）。このように彼らの研究は，ABCの実施によって，時間の短縮が各アクティビティコスト削減にどのように影響し

■図表6-2　アクティビティとコストデータ

原価要素	製品A	製品B	両製品	コスト
製造単位	10,000	10,000	20,000	
使用された原材料（単位）				
X	50,000	50,000	100,000	$800,000
Y	100,000	100,000		$1,200,000
毎日の材料消費量				
X			400	
Y			400	
使用された作業時間				
部門1				$681,000
直接作業	20,000	5,000	25,000	
間接作業				
検査	2,500	2,500	5,000	
機械運転	5,000	10,000	15,000	
段取	200	200	400	
部門2				$462,000
直接作業	5,000	5,000	10,000	
間接作業				
検査	2,500	5,000	7,500	
機械運転	1,000	4,000	5,000	
段取	200	400	600	
購入				$100,000
購入注文数				
材料X			200	
材料Y			300	

出所：Borthick and Roth (1993, 8).

■ 図表6-3　購入サイクルタイム

注文ないし注文履行ファンクション	EDIなしでの日数	EDIでの日数
会社の準備	4.0	.1
メール発送での注文	3.0	.1
サプライヤーの受取	4.0	.1
サプライヤーの処理	5.0	.1
サプライヤーの承認	5.0	.1
サプライヤーの搬送	4.0	4.0
注文プロセスのトータル	25.0	4.5

出所：Borthick and Roth（1993, 9）．

ているのかを知ることを可能にする。しかしその計算方法をみたときに，購買部門の各アクティビティとコストドライバーとしての時間の関係については，明確に説明がされているわけではない。

2）設備投資評価の修正

　第2に，この考え方を設備投資評価に利用することである。これについてBorthick and Rothは，財務的データがこのようなプロジェクトへの投資を正当化するために使われようとするなら，無駄なアクティビティと識別されたすべてのコストが分析され，評価される（Borthick and Roth 1993, 9）必要性を指摘している。

　この無駄な時間を消去し，減らすための他の方法は，サプライチェーンサイクルタイムを減らすことである。そしてサイクルを縮めることは，内部や外部アクティビティから生じる。前者は，より短い段取時間を可能にする自動化された設備に投資することかもしれない。後者は，サプライヤーに少ない検査時間を要求するより高品質の原材料を提供させることを含むかもしれない。

　まず内部変化についてである。この時間短縮への投資を正当化し，いかに財務データが使われ得るかを示すために，先に図表6-2で示された段取アクティビティにかかる時間短縮に対して，同社が新設備への60,000ドルの投資を考えていると仮定している。しかし彼らは，いくつかの測定可能な原価

節約が，その分析から省かれる。あるいはいくつかの原価節約が，測定不可能となり得るという2つの考えられる理由から，伝統的な方法では問題が生じるとしている。

　まず段取費についてである。この投資の初期評価は減らされた段取時間からの原価節約に基づかれる。バッチ当たりの段取時間について自動装置への投資のあるなしは，投資がない場合は25時間（部門1の製品AとBに各5時間で，部門2の製品Aに5時間で，Bに10時間）そして段取回数はすべて40回，段取時間当たりのコストは，部門1が15ドル，部門2は20ドルである場合，トータルの段取費は18,000ドルになる。

　投資を行った場合，5時間（部門1の製品AとBに各1時間，部門2の製品Aに1時間，Bに2時間），段取回数は同じくそれぞれが40回，段取時間当たりのコストも部門1は15ドル，部門2は20ドルのとき，トータルの段取費は3,600ドルとなる。これによって，年間の節約は14,400（18,000－3,600）ドルに達する。もしその装置が，5年の見積耐用年数を有し，残存価額がなければ，それは6.4％の内部利益率と4.2年の投資回収期間になるが，これではプロジェクトの容認がなされない。

　そこで可能性のある原価節約として在庫維持費があげられている。なぜなら，段取時間の短縮から平均のバッチサイズや関連のある在庫が，減らされると考えられるためである。平均的在庫が，半分のバッチサイズになるとき，この小バッチのため，段取費が大きくなっても，年次での原価節約は31,500ドルとなる。この節約は，投資が行われない場合と行われる場合の差額として求められる。以下計算をみることにする。

　まず，投資が行われない場合，段取費の合計は18,000ドルと変わらないが，在庫維持費は，単位当たりの平均的在庫は各製品が，125個で，1個当たりが，部門1の製品Aは50ドル，製品Bは100ドル，部門2も製品Aは50ドル，製品Bは100ドルとなり，これを計算すると，在庫維持費は，37,500ドルとなり，段取費18,000ドルと合わせると55,500ドルになる。

　一方，投資を行った場合，1バッチが小さくなるため，部門1の製品AとB，そして部門2の製品Aは，40時間から100時間へ，製品Bは80時間から200時間と段取時間は増加する。これに時間当たりの段取コストの部門1の

製品AとBは15ドル，部門2の製品AとBは20ドルをかけると，合計で9,000ドルとなり，在庫を考慮しない場合よりも増え，合計では24,000ドルとなる。この31,500（55,500 - 24,000）ドルの年次節約によって，内部利益率は44％となり，その投資回収期間は2年より少ないという結果になる。

さらに，Borthick and Rothは外的な変化として，会社がより高品質な原材料を購入してくると，検査時間における大幅な削減という結果を生むと考えている。図表6-2での検査ライン項目が示すように，その会社は，検査アクティビティに第1部門で5,000時間，第2部門で7,500時間を使った。より高品質の原材料を得ることによって，その会社はこれらの時間を50％まで減らすことができる。そしてそれは1年に112,500（(2,500×15ドル) + (3,750×20ドル)）ドルの節約という結果を生む（Borthick and Roth 1993, 10）。

3）サプライヤーとのコミュニケーションの改善

これは，サプライチェーンにおけるリードタイムや生産能力（capacities）を同期化することであり，結果として，無駄な時間を減らすことができるのである。そのためには，Borthick and Rothは2つの考え方があると説明している。第1に，サプライヤーが購入業者の材料消費量について，頻繁かつ信頼のおけるデータを受け取ることである。そしてこれは上述のEDIによって達成される。このデータにより，サプライヤーが購入業者に対して，最大の搬送時間を保証するため，彼らは，安全な在庫水準が下げられ，原価削減も行われることになる（Borthick and Roth 1993, 10-11）。

もう1つは，購入業者が，その設備に関して，機械の向上に関するサプライヤー側の設計の計画や影響力さえもつようサプライヤーと一緒に作業をすることである。これによって，サプライヤー側の異なるリードタイムをもつ製品が，購入企業側と等しいリードタイムをもつようになるなら，各製品の製造スケジュールを均等化することができるようになる。これは，より低い在庫を意味し，追加的な原価削減という結果を生むことになる（Borthick and Roth 1993, 11）。

またBorthick and Rothは，以下の指摘を行っている。伝統的な製品コス

トは，発生した製造コストを積み上げただけなので，製造のために必要なコストと非能率のために発生したコスト間の区別がされていない。伝統的な原価計算のもとでは，これらはひとまとめにされている。結果として機械の故障時間，仕損品の修理，作業屑の製造，プロセス間の未調整による待ちを含む無駄な時間に関するコストを識別することが不可能となっている。さらに製造以外のコストの認識ができていないことも問題点としてあげられている (Borthick and Roth 1993, 12)。

彼らの研究は，Hansen and Mowenと同様に，アクティビティごとの無駄な時間に関するコストつまり非付加価値コストの算定を行っている。具体的には，購買，段取，検査などの各アクティビティの無駄なコストの計算を行っている。

さらに，それらが機械の購入などの意思決定情報として利用されている，あるいはサプライチェーン全体の視点から議論している点に彼らの研究の特徴がある。また段取時間の増加が，在庫関連コストの削減を含めたトータルな原価管理へとつながるように必ずしも時間の短縮だけが，コスト削減に寄与しないといった指摘も興味深いところである。またコスト・ドライバーの決定要因からみた場合には，動機づけの効果がみられる。

（4）Maguire and Peacockの研究

Maguire and Peacockの研究の特徴は，リードタイムコストに関する情報を作り出すための方法論を提示している点である。この方法論は，アウトソーシングに関する意思決定へのコストインパクトを分析するためのフレームワークを与えている（Maguire and Peacock 1998, 29）。

これによって，リードタイムの違いから生じるトータルコストの変化を数量化することは，完全なコストベネフィット分析を可能とし，この短縮されたリードタイムと関係のある節約は，資本予算問題での年次キャッシュ・フローとして表され得る。その際，年次キャッシュ・フローの計算で，ABCが真実のリードタイムコストの把握のために使われる。

ここでリードタイムコストとは，財務諸表に影響を及ぼす尺度であり，かつABCとサプライチェーンプロセスの結合による，リードタイム変化への

■図表6-4　リードタイムコストプロセスマップ

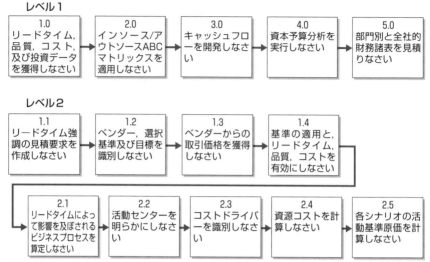

出所：Maguire and Peacock（1998, 28）.

即応性を示す尺度である。これは効果的な意思決定を行うためにリードタイムからの便益計算を可能にする（Maguire and Peacock 1998, 27-29）と説明している。そして活動センターとコスト・ドライバーの理解は，リードタイムによって影響を及ぼされるビジネス・プロセスの数量化を可能にする（Maguire and Peacock 1998, 29）ともしている。

そのために彼らは，図表6-4のように，リードタイムコストプロセスマップを示している。その中でも第1フェーズと第2フェーズの2つについて説明をしている。以下それをみることにする。

1）リードタイムコストプロセスマップ

第1フェーズは，リードタイム，品質，コスト，および投資データを得ることである。これは，リーンな生産目標と尺度，およびベンチマーク目標設定から成る。まず，リーンな生産目標と尺度である。これについてMaguire and Peacockは，マネジメントへ報告されるリーン生産方式の測定基準は，業績改善を駆り立てる。もしその測定基準が，跡づけされ，改善されるなら，

組織を大量生産からリーン生産に導くであろう（Maguire and Peacock 1998, 30）と述べている。この測定基準として，a.エンジニアリング（製品単位当たりの平均的なエンジニアリング時間，製品当たりの平均的な開発時間，プロジェクトチームの従業員数，遅れの製品の比率，金型の開発時間，プロトタイプのリードタイム），b.製造業績（金型の交換時間，JITで搬送された部品の数，製品当たりのサプライヤーの数），c.オートメーション（自動化されたオペレーションの割合），d.業績（生産性，品質），e.レイアウト（スペース，修理場の大きさ，在庫），およびf.労働力（チームにおける労働力の割合，作業のローテーション，従業員の提案数，新製品関連作業員の訓練）（Maguire and Peacock 1998, 30）等があげられている。

　次にリードタイム，コスト，および品質目標のベンチマークの決定は，展示会（trade shows）や調査報告書（literature）から，取引価格へのリクエストを通じて達成され得る。ひとたび会社がアクティビティベースでのコスト要素を理解するなら，ポテンシャルなサプライヤー（および競争者）の評価が，彼らの製造プロセス，設備，およびコスト・ドライバーを体系的な方法で分析することによって行われる（Maguire and Peacock 1998, 30）。

　この考えのもとに，リードタイム目標が，購買マガジン予測（Purchasing Magazine's Forecast）から年4回得られる。次にコスト情報やコスト目標のベンチマークが得られる。通常これは，アウトソーシング価格を現在の製造側の標準原価と比較することによって行われる。他方ABCは，部品を作るのと関係するアクティビティや標準コストへの関連のある影響の理解を要求するとともに，ポテンシャルなサプライヤーのプロセスの分析やソーシングチームが最新取引価格に含まれる利益見積を行うことを可能にする。このサプライヤープロセス（操業率（run rates），材料費，および停止時間見積を含む）の詳細な分析は，自製か外注かの意思決定を示す購買部の能力を高めるのである。（Maguire and Peacock 1998, 30）。

　フェーズ2は，インソース/アウトソースABCマトリックスについてであり，ABCマトリックスの開発と事例を示している。これについてMaguire and Peacockは，購入部品や製品のアクティビティセンターはまったく同一ではなく，アクティビティによって引き起こされる種々のビジネス・プロセ

スの存在を知る必要がある（Maguire and Peacock 1998, 30）と指摘している。それを理解した上でABCのためのアクティビティセンターを決定するには，取得原価，予算，および外部業界のベストプラクティスの分析が考慮されるべきである。この際，クロスファンクショナルチームの参加は，活動基準コストを算定するための重要な成功要因となる（Maguire and Peacock 1998, 30-31）。

これを受けて，実際にABCマトリックスが作成されるのであるが，彼らは，XYZ社の事例を紹介している。XYZ社では，ビジネス・プロセスが人的資源管理，サプライ用品（MRO）・原材料・買入部品の取得・メンテナンス・支払，資本予算分析，会計，情報システム等14ある。これらのビジネス・プロセスの識別は，アクティビティの評価に影響を及ぼす。彼らはまたコアなビジネス・プロセスを確立し，内部的に公表することは，マネジメントがプロセス指向的になることを許容する。リードタイムは，多くのビジネス・プロセスの効率性や有効性に影響を及ぼす（Maguire and Peacock 1998, 31）と考えている。この点に，リードタイムとビジネス・プロセスの関係性についての理由があるといえる。以下では，具体的にABCマトリックスの作成方法をみることにする。

2）XYZ社のABCマトリックス

購入部品や内部製品と関係するリードタイムは，XYZ社の多種多様なプロセスに影響を及ぼす。各プロセスは，多くのアクティビティから成り，それぞれがコスト・ドライバーをもつ。どのビジネス・プロセスやアクティビティが影響を及ぼされるかの決定は，活動基準コストプログラムを適用することによって達成される（Maguire and Peacock 1998, 31）。

Maguire and Peacockによれば，マトリックスの開発には2つのステップがあると考えている。第1は，ビジネス・プロセスのリスト化と，それと関連のあるファンクショナルな領域とのインタビューをすることである。例として，購買部門の時間の30％は購入注文書の発送，40％は急ぎの注文に対する督促，そして30％がソーシングプロダクト（sourcing products）に使われた。今，購買のコストプールは80,000ドルを示す。したがって，完成した

ABCマトリックスは，3：4：3の比率を使って80,000ドルを上記3つに配賦するであろう（Maguire and Peacock 1998, 31）。

しかし，コストマトリックスの完全な実施において，前述のように，クロスファンクショナルチームの積極的な参加が要求される。これらの情報は総勘定元帳から得られる。その全体の目標はトータルで4,720,000ドルであり，コストのすべてを考慮に入れることである。これらのコストは，コスト・ドライバーで発生する金額のパーセンテージの欄において示され，アクティビティに再配賦される。このステップのことを，彼らは，第2のステップとしている（Maguire and Peacock 1998, 32）。

この第2のステップにおいて，彼らは，アクティビティセンターのドライバーを明らかにすることの必要性を説いている。そのうち前述の購買部門の中の急ぎの注文への督促というアクティビティについて，3つのコストドライバーを明らかにしている。これが，欠陥品の注文数，発送前での顧客の変更数，および製品を顧客へ搬送するサプライチェーンのリードタイムである（Maguire and Peacock 1998, 32）。彼らが示しているマトリックスからいえることであるが，これら3つのコストドライバーは，すべてリードタイムに影響を及ぼすものである（Maguire and Peacock 1998, 35-37）。

ここでドライバーとしてリードタイムを利用する理由について，彼らは計算可能なアクティビティの発生とリードタイムのような製品特性の間の相関関係を構築する必要があるからだ（Maguire and Peacock 1998, 32）と指摘している。リードタイムの影響は，品質改善，在庫保管コストというように大部分が間接的であるため，間接費の配賦は，これらのドライバーへのさまざまなオプションの相対的な影響を研究する必要がある。その1例として，彼らはリードタイムをいくつかにカテゴリー化している。つまり製品のリードタイムが，24時間以内，1－3日，3－7日，2週間，3週間として分類され纏められる。それぞれについて，経験的なデータに基づく，コスト・ドライバーに関する特徴が示される。

まず24時間以内のリードタイムをもつ製品は，検査や在庫を必要としないということがわかる。なぜなら，これらの製品は，直ちに組立ラインに搬送されるためである。一方3週間を越えるリードタイムをもつ製品は，在庫や

検査を要求するかもしれない。あるいは注文数のキャンセルがより多くなるかもしれない。なぜなら，顧客は3週間待てないかもしれないし，その間に彼らの要求は，変わるかもしれないためである（Maguire and Peacock 1998, 32）。

また，ここで注意深い考え方として彼らは，発生当たりのコスト（cost per occurrence）を計算するために，データが期間的に収集されるべきであると指摘している。この発生当たりのコストは，製品原価計算，自製か購入かの意思決定，収益性の分析，あるいはさまざまなリードタイムオプションの影響の評価のために使われると説明している（Maguire and Peacock 1998, 32）。

このように，彼らの研究の特徴は，活動基準コストマトリックスにおいてすべてのアクティビティについてリードタイムの影響の可否を調べるとともに，リードタイムの長短が，コストの発生にどのような影響をもつのかを調べている点にある。そこで時間の要素をサプライヤー選択の意思決定に利用するために，時間とコストの関係を積極的に把握しようとしている。

以上4組の研究から，製造間接費のより正確な計算，原価管理，意思決定といった管理会計の目的を果たすために，時間ドライバーが有効に使われてきた事実は確認できた。一方で，時間をコスト・ドライバーと考える妥当性について問題も残されている。これについて，Maguire and Peacockが，コスト・ドライバーはデータの有用性や収集の容易さも必要だが，データの適合性に基づいて選択されるべきである（Maguire and Peacock 1998, 32）と指摘しているものの，上述したように，経済性や簡便性の観点からの問題が出てくる。そこで，これらの問題を解決する手法の1つがTDABCである。次節においては，これを詳細に考察していくことにする。

第4節　TDABCにおける時間の意義

（1）TDABCの意義と計算

1）TDABCの意義

　TDABCは，単位当たりの供給能力コストと取引や活動を行うために必要とされる時間という2つのパラメータの見積りだけを要求する。これはKaplan and Andersonによって示された見解である。TDABCの基本的な考えは，ABCやABMの本質が，組織のキャパシティの測定と管理にあるという点（Kaplan and Anderson 2003, 6）である。この目的のために上記2つのパラメータを要求している。

　まず，単位当たりの供給能力コストである。これは，アクティビティを行うさまざまな資源グループを，識別することから始まる。例えば，顧客管理と関係のある人々によって行われる一連のアクティビティについて，顧客の要求に応える現場の従業員，彼らの監督者，彼らの業務遂行上支援的な資源（空間，コンピュータ，テレコミュニケーション，備品），および潜在可能的な他の支援部門の資源（IT，人的資源，公共料金等）を，アナリストが識別する。それとともに，提供された資源の実際的生産能力の見積りも要求される（Kaplan and Anderson 2003, 6-7）。ここで実際的生産能力が使われる理由として，以下をあげることができる。アクティビティ・コストドライバー・レートを計算するための基準操業度についての現実的な選択は，年間予定操業度と実際的生産能力を含む。実際的生産能力の利点は，期待されるキャパシティの利用と関係なく，安定したアクティビティレートを提供することであり，それは需要が落ち込むとき，コストや価格の増加を避ける。また実際的生産能力は，キャパシティ管理目的のために，未利用キャパシティコストの計算を促進し，未利用なキャパシティコストを原価対象やアクティビティに不当に配賦することを避ける。このような理由のために，実際的生産能力は，売価決定やキャパシティ管理決定に，全部製造原価情報を提供するために幅広く支持された基準である（MacArthur 2003, 38）。以上より，

単位コスト＝提供されたキャパシティコスト÷提供された資源の実際的生産能力という計算式が示される（Kaplan and Anderson 2003, 6-7）。

次に単位時間の見積りである。これは取引（transactional）アクティビティを行うために要した時間の見積りであり，TDABCの手続きは，この時間の見積りを利用する。これは活動一覧表（activity dictionary）において，すべてのアクティビティに時間の何パーセントが使われるかを知るために，関係者へのインタビューを行うというプロセスに取って代わる。時間見積りは，直接観察するか，インタビューかどちらかで得られる。そして正確さは重要ではない，ほぼ正確であればよい（Kaplan and Anderson 2003, 7）。

このように，TDABCは実施がシンプルで，コストもかからず，より迅速であり，アクティビティ・コストドライバー・レートが提供された資源の実際的生産能力によって，算定されることを認めるとKaplan and Anderson（2003, 5）は指摘している。以下彼らのモデルにしたがって，伝統的なABCとTDABCの簡単な計算例を示してみる。

2）TDABCの計算例
1．伝統的なABCの計算例[3]

顧客管理と関係のある人々によって行われる一連のアクティビティについて，この中で特に顧客の注文の処理（9,800の作業量），顧客の不満の処理（280の作業量），信用チェックの遂行（500の作業量）という3つのアクティビティがあると仮定する。これらについての時間の割合を見積るとそれぞれが70，10，20％となった。3ヵ月で560,000ドルの資源コストを，時間の割合を基準とした場合の各アクティビティへの配賦額と，アクティビティ・コストドライバー・レートを計算しなさい。

---

[3] 伝統的なABCの計算例については，Kaplan and Anderson（2003, 2-3）を参考に作成している。

図表6-5　伝統的なABCの計算

アクティビティ	%	配賦コスト	アクティビティ・コストドライバー量	アクティビティ・コストドライバー・レート
顧客の注文の処理	70%	392,000ドル	9,800	$40/注文
顧客の不満の処理	10%	56,000	280	200/不満
信用チェックの遂行	20%	112,000	500	224/信用チェック
	100%	560,000ドル		

出所：Kaplan and Anderson（2003, 3）.

解答：560,000ドルに各アクティビティの時間の割合をかけることによって，配賦コストを計算することができる。そしてこれをアクティビティ・コストドライバー量で割れば，アクティビティ・コストドライバー・レートが計算される。これを図表で示せば**図表6-5**になる。

2．TDABCの計算例[4]

上記ABCの計算例と同様の3つのアクティビティがあると仮定する。現場の従業員コストなど資源コストの合計額は3ヵ月で560,000ドルある。理論的生産能力が1週間に40時間稼動し，今28人のカスタマー・サービスの従業員がその現場の作業をすると，各作業者は1ヵ月約10,560分かかる。そのほかに平均的な単位時間見積りとして，顧客の注文の処理（40分），顧客の不満の処理（220分），信用のチェックの遂行（250分）が見込まれる。このときの，単位コストと各アクティビティコストを求めよ。

解答：各作業者は，1ヵ月約10,560分すなわち3ヵ月で31,680分となる。理論的生産能力の約80％である実際的生産能力は，従業員につき3ヵ月で約25,000分となる。したがって，28人で700,000分（25,000分×28人）となる。提供されたキャパシティの分当りのコストは，560,000ドル÷700,000分＝分当り0.80ドルとなる。

次に3つのアクティビティ・コストドライバー・レートを計算する。それぞれの単位時間に，分当り0.80ドルをかけると，顧客の注文の処理は32ドル

4）TDABCの計算例については，Kaplan and Anderson（2003, 5-8）を参考に作成している。

■ 図表6-6　TDABCの計算

アクティビティ	単位時間(分)	数量	時間(分)総数	キャパシティの分当りのコスト	トータルコスト
顧客の注文の処理	40	9,800	392,000	0.80	313,600ドル
顧客の不満の処理	220	280	61,600	0.80	49,280
信用チェックの遂行	250	500	125,000	0.80	100,000
計			578,600		462,880

出所：Kaplan and Anderson（2003, 3）に筆者が加筆・修正を加えている。

（40分×0.8ドル），顧客の不満の処理は176ドル（220分×0.8ドル），信用チェックの遂行は200ドル（250分×0.8ドル）となる。さらに単位時間見積りに，作業量をかけると，時間の総数を求めることができる。顧客の注文の処理は，392,000分（40分×9,800），顧客の不満の処理は，61,600分（220分×280），信用チェックの遂行は，125,000分（250分×500）となる。そして配賦額は，時間の総数×0.80ドル/分によって計算される。したがって顧客の注文の処理は，313,600ドル（392,000×0.80），顧客の不満の処理は，49,280ドル（61,600×0.80），信用チェックの遂行は，100,000ドル（125,000×0.80）となる。これを図表で示すと，**図表6-6**になる。

（2）未利用キャパシティの計算とその応用

1）未利用キャパシティの計算

以上伝統的なABCとTDABCの簡単なケースをみてきた。次にTDABCの特徴を考えてみたい。これについて，Kaplan and Anderson（2003, 8）は以下のように述べている。

① 実際的生産能力を基礎に，当該期間に提供された資源コストの約83（578,600/700,000）％だけが，生産的な作業のために使われた。

② 伝統的なABCシステムは，アクティビティコストを過大に見積もる。TDABCにおける，エフォートサーベーによる配分は，利用された資源キャパシティコストと未利用資源コストからなる。

③ 時間の詳記によって，会社は，アクティビティを行うために，提供された資源の未利用キャパシティの量（121,400時間）とコスト（97,120ドル）だけでなく，各アクティビティのコストや前提となる能率性につい

■図表6-7　未利用キャパシティの計算

アクティビティ	数量	単位時間	総時間	単位コスト	総配賦コスト
顧客の注文処理	10,200	40	408,000	$32	$326,400
不満の処理	230	220	50,600	176	40,480
信用チェックの遂行	540	250	135,000	200	108,000
トータルな利用			593,600		$474,880
トータルな提供			700,000		$560,000
未利用キャパシティ			106,400		$ 85,120

出所：Kaplan and Anderson（2003, 8-9）.

て，より妥当なシグナルを得る。

そこで，さらに未利用キャパシティの計算を示してみる。彼らは，上述した提供された資源コスト，提供された資源の実際的生産能力，そして資源から行われた各アクティビティの単位時間の見積りによって，その報告システムは，各期間かなり単純になるとみている。以下計算を行うが，基本的に上記TDABCの計算でのデータを使用する。しかし，活動量についてのみ顧客の注文の処理が10,200に，顧客の不満については230に，そして信用チェックについては540にシフトしたと仮定計算している。その期間における3つのアクティビティの各コストは，注文当たり32ドル，不満当たり176ドル，そして信用チェック当たり200ドルという実際的生産能力で計算された標準率に基づいて配賦される。これらを図表にしたものが**図表6-7**である。

Kaplan and Andersonは，以下のような指摘をしている。この報告書は要求されたアクティビティを処理するために必要とされた資源コストだけでなく，3つのアクティビティで使われた見積時間を示す。これはまた提供されたキャパシティ（量とコストの両方）と利用されたキャパシティの間の差異を強調する。経営者は，未利用キャパシティという106,400分（1,733時間）の85,120ドルのコストを再検討し，資源の提供とそれに関連する費用を削減するというアクションを考える。

一方で，経営者は，未利用キャパシティを今削減するよりもむしろ，将来の成長のために保有することを選択するかもしれない。経営者が，新製品の導入，新たな市場への展開，あるいはまさに製品や顧客の増大を考えるとき，

彼らは現在のキャパシティでビジネスの拡大にどのくらい対処できのるか，需要増加への追加的支出を要求するキャパシティの不足がどこから生じるのであろうかを予測し得る。例えば，これらの問題については，ピッツバーグにある長靴下やベルトの製造業者であるLewis-Goetzの製造業務の副社長は，彼の工場の1つがキャパシティの27％しか操業していないことを知った。そのとき，彼はその工場の縮小を試みるよりもむしろ，将来の勝利者を期待する大型契約のためにそのキャパシティを維持することを決めた（Kaplan and Anderson 2003, 9）

　それとともに，もしも予測需要増加量が，現在利用可能なキャパシティを超えているなら，キャパシティの不足がどこで起こりやすいかを予測することもできる（Kaplan and Anderson 2007, 13）と述べている。

　この点は，時間と会計の問題を考える際に非常に重要なポイントの1つになる。まさしく，これは機会原価の問題であり，時間の問題が，単にコスト削減だけに影響を及ぼすのではないことを意味している。つまり，未利用の時間の使い方によって，それが大きな利益を生み出すことにつながるのである。上記の計算例からもわかるように，TDABCでは，時間による未利用キャパシティ量と未利用キャパシティコストを同時に計算できるために，会社がそれらを戦略的に捉えることができれば，大きな利益を生み出す要因となる。

　Kaplan and Andersonは，戦略的な洞察とオペレーショナル・コントロールについて述べている。経営者は，戦略的洞察力のために，単位見積時間を使う。これは，大まかな見積り，一般的には，10％以内が妥当なはずだ。しかし単位時間見積りにおける著しい不正確さは，提供された資源の予期しない過不足が結果的に示される。このようなサプライズに際して，分析担当者は，これらの資源からのアクティビティによって必要とされた単位時間に焦点を当て，最新で，より正確な見積りを得ることが可能である（Kaplan and Anderson 2003, 11）。

　一方，オペレーショナル・コントロールのためのコストシステムは，継続的な改善活動からの小さな改善をモチベートし，把握するために，アクティビティやプロセスの資源の要求，品質，そしてサイクルタイムをしっかりモ

ニターする必要がある（Kaplan and Anderson 2003, 11-12）。

　これらTDABCの長所からいえることは，未利用キャパシティコストや能率性の計算などのABCが，本来果たすべき役割を強調しているという点である。そして当然のことであるが，TDABCが考え出された背景には，ABCを行うために多くの時間やコストがかかるといった伝統的なABCのもつ欠点を克服するという大きな目的があった。つまり簡便性をもちながら，上記の要求に応えることが，TDABCに求められたのである。そしてその実現において，本節の最初に述べた単位当たりの供給能力コストと取引や活動を行うために必要とされる時間という，2つの重要な指標が強調されたのである。

　さらに，これを時間の問題と関連させてみる。上述のように，コスト・ドライバーの1つとして長い間利用されてきた時間は，重要であるとしながらも，測定の困難さや手間がかかるという理由から，アクティビティの時間が，異なるケースに利用する等特定の状況において用いられてきた。しかしながら，TDABCにおいては，直接観察やインタビューをとおして，時間の見積を測定し，時間をコスト・ドライバーとして利用している。すなわち正確さは要求しないが，時間の見積を行うことによって，時間を資源コストの割当に積極的に利用しているのである。またその中では，時間方程式が利用されている。以下これについてのいくつかの研究をみることにする。

（3）時間方程式

1）Kaplan and Andersonの研究

　上記と同様に，ここでもまずはKaplan and Andersonの研究をみることにする。彼らは，時間方程式が，標準的な顧客の注文を処理するために必要な基本的な時間と起こり得る各バリエーションと関係のある増加する時間を表すための，付加的で，線型的な方程式である（Kaplan and Anderson 2007, 28）と述べている。

　彼らによれば，これが，取引量よりもむしろ時間方程式の利用からの大きな便益であると指摘している。一例として中堅の卸売業者は，900以上のアクティビティをもつ伝統的なABCモデルを約100という少ない時間方程式からのモデルによって，アクティビティのバリエーションについてより詳細に

把握したTDABCモデルに取り替えた（Kaplan and Anderson 2007, 29）ということがあげられている。

また，もし最初のモデルがプロセスやサブプロセスでの何らかの重要なバリエーションを見落とそうとするなら，増加する資源キャパシティを反映するために，伝統的なABCにおいてはすべてのパーセンテージでの配賦の再見積りを行う必要があるが，TDABCでは，単に追加的な項目を加えるだけである（Kaplan and Anderson 2007, 29）という。つまりこれは簡便であるが，ある程度の正確性を担保している。

会社の情報システムが，実際のデータを容易に把握するようになると，経営者が，標準時間よりも，実際時間を利用することがある。しかし，実際時間が，手当り次第のバリエーション，個々の従業員のバリエーション等を反映するなら，標準時間よりも正確性が少なくなる。例えば，カスタマーサービスの従業員が，遅くに注文をスタートし，翌日の朝に終わるとき，会社の情報システムには17時間の時間消費が記録されるが，現実には，1日目の午後に10分，2日目の朝に10分かかっただけである（Kaplan and Anderson 2007, 29-30）。このように実際ではなく標準の重要性を指摘している。

ここでKaplan and Andersonは，Houstonにある産業制御の流通会社Wilson-Mohrの社内販売部門の事例を取り上げている。その部門は，顧客の注文を受け，新しい勘定を設け，見積りを準備し，関税品目が入手できるかを確認し，そして受け取りの完了した注文の発送のため倉庫係に伝える。Wilson-Mohrは，各アクティビティを行うのに必要な平均時間を見積り，その際注文記入の標準的なパッケージソフトを使う。すべての社内販売責任者は，同じトレーニングを経験する。それゆえに，アクティビティ時間は標準的で，安定し，容易に見積られる。注文記入時間のバリエーションは，顧客が現在か新規か，その注文が表示価格（list）か見積価格を使うのかどうかのような注文の特徴によって引き起こされる（Kaplan and Anderson 2007, 30-31）。この時間方程式は以下のように容易に求められる。

社内販売時間＝注文記入時間＋新しい勘定の開設時間＋見積時間＋注文確認時間

＝注文の受け取り＋記入＋勘定の開設｛もし新たな勘定があるなら｝＋（ニーズの識別＋ベンダーとの連絡＋価格の見積）｛もし見積が必要なら｝＋注文の確認

　＝2分＋2分×（ライン品目数）＋5分｛もし新たな勘定があるなら｝＋1分｛もし見積が必要とされるなら｝＋5分｛もしベンダーと連絡をとるなら｝＋6分×（見積におけるライン品目数）＋1分

　また数学的に傾斜したもののために，単純な代数式で表すことができる。

　これらから時間方程式を見積ることは，基本的なアクティビティとそれと関係するすべての重要なバリエーションの記述，そのバリエーションのドライバーの記述，そして基本的アクティビティや各バリエーションの標準時間の見積りを要求する（Kaplan and Anderson 2007, 31-32）。

　もしその会社が社内販売プロセス時間のバリエーションの説明の手助けをする他の要因を測定するなら，会社は，新しい条件を加えることによって，それらを容易に時間方程式に組み込むことができる。例えば，もし急ぎの注文が，追加的に10分かかるなら，＋10｛もし急ぎなら｝を方程式に加えるだけである（Kaplan and Anderson 2007, 32）。

　また彼らは，時間方程式を見積るためにa.最もコストがかかるプロセスから始める，b.プロセスの範囲を明らかにする，c.そのキーとなる時間ドライバーを算定する，d.容易に利用可能なドライバー変数を使う，e.シンプルに始める，f.そのモデルを構築し，有効にする手助けのためにオペレーショナルな人員を雇うという（Kaplan and Anderson 2007, 35-36）6つの連続したプロセスを考える必要があると述べている。

　しかし，彼らは，以下のような考え方も示している。いくつかのケースを含む初期に行われたTDABCの多くは，その会社が彼らのモデルを構築するとき，迅速かつ簡単なアプローチを利用した。これらの会社は，毎月の実際部門コストを各取引で使われた実際時間の割合をベースに取引，製品，そして顧客にコストを直接配賦する。彼らは，以下の3つの理由から実際的生産能力やキャパシティコスト率の見積を省略した。第1に，毎月の実際コストを時間方程式により直接配賦することは，非常にシンプルで，素早い。第2

に，多くの経営者や財務担当者がこの方法を評価している。第3に，未利用キャパシティコストが記録されないために，このようなコストをいかに配賦するかという扱いにくい質問は生じない（Kaplan and Anderson 2007, 36-37）。

一方で，これらの不利点は，実際的生産能力を見積るというステップを省略することによって，現在のオペレーションがキャパシティを越えているとか満たしていないときに，TDABCモデルが信号を示さない。また，それがキャパシティコスト率を計算しないなら，その会社は力強いwhat-ifダイナミックなシミュレーションや活動基準予算管理分析を十分に活用できない。最も重要なことは，会社がかなりの超過的なキャパシティをもち操業しているとき，取引や他の原価対象に配賦されるコストは，実際に使われた資源コストだけでなく，未利用キャパシティコストも含むであろう。もしその会社が，超過的なキャパシティにより吊り上げられた製品や顧客を使って，価格算定や注文の可否という意思決定を行うなら，それは収益性のある注文を失い，デススパイラルに乗り出すというリスクがある（Kaplan and Anderson 2007, 37-38）というような問題点も指摘している。

彼らは，概念的には，時間方程式をキャパシティコスト率にあてることを好むとしながら，このステップを省略し，取引によって使われる相対的な時間を基準にコストを割り当てることを好む会社があることも認識している。そしてどちらのやり方をとるかは最終的には会社が決めるべきだ（Kaplan and Anderson 2007, 38）と述べている。そこで，さらに，時間方程式をキャパシティ管理に用いる研究といくつかの事象を取り込むために用いる2つの研究をみていくことにする。

2）Giannetti, Venneri and Vitaliの研究

Giannettiらは，前述したように，イタリアのピサ空港を管理するSAT（Societa Aeroporto ToscanoS.p.A: SAT）についてのパイロットモデルを扱っている。その中でTDABCのもつ重要な特徴であるキャパシティコストの測定と管理について研究をしている。

彼らは，TDABCを使えば，時間方程式で計算されたアクティビティ当た

りの見積時間の合計というシンプルな方法でキャパシティ利用への洞察力を得ることが可能になる。また特定の部門（ないしはプロセス）で使われた総時間（この時間）とその部門（ないしはプロセス）で利用可能なキャパシティを表す時間（その時間）の間の差異がその期間の未利用キャパシティを生み出す。この超過のキャパシティは，時間とコストの両方で測定されるのである（Giannetti, et al. 2011, 7）と説明をしている。

またここでTDABCを実施する意思決定は，ハンドリングサービスにおける人的生産能力利用の情報を改善する必要から生じた。そしてハンドリングサービスの中でも，特にランプハンドリングアクティビティにTDABC適用する決定は，会社がこの種のアクティビティに有用で正確なデータ（使用された資源当たりのコスト，アクティビティ当たりのコスト，アクティビティ当たりの時間）をすでにもっているという事実によって支持された。これらのアクティビティは，航空会社との交渉をサポートするために有用な情報をもち，航空会社や飛行便の収益性を分析するためにABCによってモニターされている。しかしそれがキャパシティの利用について何らのデータも生んでいなかった（Giannetti, et al. 2011, 8）。この点に，彼らが伝統的ABCではなくTDABCを使う理由があった。概要を示すと以下のようになる。ここでのデータの収集としては，資源コスト，アクティビティ分析，時間ドライバーの決定がある。

1．**資源コスト**

まず資源コストについて，ランプハンドリングサービスは，共通（common）と特別（specialized）という主に2種類のオペレーターによって行われる。両者はオペレーターと呼ばれるコストセンターに所属する。特別なオペレーターは車両を運転し，一般的には共通のオペレーターより責任が大きい。ここでこのようなグループ分けを行うのは，オペレーターのコストは，さまざまあり，多くのアクティビティに関係しているからである（Giannetti, et al. 2011, 8）と彼らは説明をしている。

2．アクティビティ分析

　次にアクティビティに目をむけてみる。ハンドリングサービスを提供するために行われたサービスは，夜間か日中かあるいは天候などが同じ条件においては各航空会社そして同じ種類の航空機については，基本的には同等のものである。しかしながら，航空会社側の特別な要求，航空機の種類，飛行便の種類に応じて，異なったサービスが行われるときがある。それゆえに，同じ航空機について，多種多様なサービスは，特定のカスタマー（航空会社）からの要求の種類あるいは量に依存する。

　このようにハンドリングサービスは，すべての航空会社での同じサービス，航空会社の要求や航空機の特徴にしたがって異なるサービス，航空会社ごとで異なるサービスといったさまざまなサービスがあるため，そのサービスを行うのに必要なアクティビティは，fixed timeアクティビティ（標準的なサービスのために必要）と，variable timeアクティビティ（カスタマイズされたサービスのために必要）に区分される。前者は，それらが実行されるとき同じ時間を要求する。一方後者は，航空機や航空会社によって変化し得る時間を有する（Giannetti, et al. 2011, 8）と彼らは説明している。

　このようにコストセンターとして，オペレーターを共通（common）と特別（specialized）に分けている点，またアクティビティをfixed time アクティビティとvariable timeアクティビティに区分しているところが1つの重要なポイントと考える。

3．時間ドライバーの決定（Time driver settlement）

　さらに，時間ドライバーがどのように決定されるかについてみていく。問題は，上記からも異なった種類のオペレーターが，異なった種類のアクティビティに費やした総時間数を決めることが難しいということであるが，彼らはこのステップが，各オペレーターのキャパシティの利用度を見積るために必要である（Giannetti, et al. 2011, 8）と考えている。

　そしてサービスについて一般的にいって，アクティビティ当たりの標準時間を設定することはとても困難となり得る。またハンドリングサービスについては，天候のようなコントロールできない要因によって特に困難であった

(Giannetti, et al. 2011, 8-9) という基本的な問題点を指摘している。その中でSATは，アクティビティに必要な時間の計算のためにフライトシートとして知られるドキュメントを使った。各フライトシートは，異なった航空機が要求するアクティビティを示す。そのフライトシートは，航空会社によって要求される資源をモニターするために有用である（Giannetti, et al. 2011, 9）。

そこでこれらのフライトシートからドライバーをいかに決定していくかである。新しいフライトシートの作成を推し進めるドライバーは，航空機の種類，航空機が最終カスタマー（乗客やフライト）へ提供するサービスの種類，航空会社の特別な要求である。これらのドライバーは，なぜ異なった航空会社や飛行が，異なった資源消費になるかを理解する手助けをする（Giannetti, et al. 2011, 9）。以下は具体的な時間数である。

次年度に予想されるフライト数が，フライトシートの最後の欄に記録される。そのオペレーターが，実際的生産能力である。2,080時間（1週間40時間×52週）に等しい実行可能な総時間数は，ランプハンドリングサービスと関係するオペレーターへのインタビューによって見積られた。

オペレーターのトータル数は，共通（common）が19.4の常勤換算（full-time equivalents）と特別（specialized）が41常勤換算である。このようにオペレーターの数は，常勤換算によって表される。その理由は，オペレーターは会社と異なった契約をしているからである。それゆえに，それぞれが週当たりさまざまな時間で働くことになるだろう（Giannetti, et al. 2011, 9）。

以上から，彼らは理論的生産能力について127,573時間とし，その内訳は共通が41,080時間，特別が86,493時間となる。また実際的生産能力は，理論的生産能力から長期欠勤の予想時間，スタッフのキャフェテリアや更衣室で使われる時間，休日を差し引くことによって算定された。これは，95,724時間（共通（common）が34,255時間と特別（specialized）が61,469時間）である（Giannetti, et al. 2011, 9）と考えられた。このように，資源コストとしてのオペレーターを生産能力として時間ドライバーを決定しているのである。

以上データ収集について3つのプロセスをみてきたが，これらから，彼らは時間方程式の公式化やそれをキャパシティの利用計算へ適用をしている。

最後に彼らの研究を整理すると以下のようになる。TDABCプロセスが，われわれにこのデータを得ることを許すだけでなく，どのサービスや関連するアクティビティがさまざまな航空機や航空会社によって要求されるかの検討を許す。この情報は，短期長期の利益に影響を及ぼす戦略的および業務的なイニシアチブを選択するためにとても有益となる（Giannetti, et al. 2011, 13-14）。

　そして彼らは，利益改善のためにとられたイニシアチブは売上高増加への未利用キャパシティの利用，超過的な資源増加の削減による未利用キャパシティの削減となるべきだ（Giannetti, et al. 2011, 14）とも指摘している。

　さらにTDABCプロセスが未利用キャパシティ削減のために管理され得るポテンシャルなレバーとして，a.ピーク需要の削減を奨励するサービスへの価格政策，b.フライトシートに含まれるアクティビティの時間を減らすためのプロセスの改善，c.オペレーターのフレキシビリティ，d.フライト数，の4つをあげるとともに，カスタマー（航空会社）やフライトの収益性分析のためにも使うことができる（Giannetti, et al. 2011, 15）ことを指摘している。

　また原価計算との関係からは以下の指摘がある。ここでのTDABCがキャパシティ管理をサポートするために有用であり，それは原価計算システム，戦略，そしてオペレーション間のつながりを推進することを示す（Giannetti, et al. 2011, 15）。これを裏づけるように，その特性は，TDABCがサービス単位のレベルで機能しているという点である。ハンドリングサービスを行うために発生する資源コストは，サービスや航空機に容易に跡づけできる。その後航空会社のレベルにデータを収集する。それゆえにTDABCの有用性は，製造間接費の特化にあるのでなく，サービスに跡づけられる資源キャパシティの利用にむけられている（Giannetti, et al. 2011, 15-16）のである。

　最終的には，彼らは，間接費の配賦は，最も重要な経営者の意思決定にとっては必要でないため，原価計算システムの設計はシンプルでいい。一方，キャパシティ管理目的ではそれはより洗練されたものとなるであろう（Giannetti, et al. 2011, 16）と述べている。

3）Everaert and Bruggemanの研究

　Everaert and Bruggemanの研究は，TDABCがロジスティクスや販売会社，病院，そして一般的なサービス会社のような複雑な環境において正確なコストモデルをデザインするために多くのオポチュニティを提供することを明らかにしている（Everaert and Bruggeman 2007, 16）。

　彼らの研究の目的は，ABC情報の正確性と簡便性を確保することにある。この研究では事象という言葉を使っているが，同じアクティビティの中にもいくつかの状況が生じている。ここでは，時間を使ってこれらをいかに計算できるかということに焦点が置かれている。以下では，時間方程式を中心に一連のプロセスをみることにする。

　まず，彼らは以下のような指摘をしている。時間ドライバーは，TDABCの本質であり，アクティビティを行うために必要とされる時間算定の変数である。そしてそれらは，継続的，個別的，指標的な変数の3つからなる。継続的変数（continuous variables）の例は，パレットの重さやキロメーターという距離，個別的変数（discrete variables）は，注文数，注文ライン数，信用チェック数，そして指標的変数（indicator variables）は，顧客の種類（古いか新しい），注文の種類（普通か急ぎ），注文の受け取り（EDIかファックス）である。例えば，ファックスによる注文の受け取りは，EDIの注文記入に比べて，事務処理に2分以上必要とする。そのとき，その変数があるなら，追加的な時間が時間方程式に加えられる（ファックスによる受注について$X_3=1$）。その変数がないときは，追加的な時間が加えられない（EDIによる受注について$X_3=0$）（Everaert and Bruggeman 2007, 17-18）。

　このように彼らの研究において3つの時間ドライバーの存在があることを示している。またTDABCの重要な利点は，複数のドライバーがアクティビティコストを定義するために考慮に入れられ得る。TDABCにおいて，時間ドライバーの数は，同じタスクを行っている従業員が同じ資源プールに属している間は，制限がない（Everaert and Bruggeman 2007, 18）。ここに彼らが主張したい重要な点がみられる。またそれは時間ドライバーが用いられる意義ともつながってくる。

　さらに①個別的および指標的時間ドライバー，②時間ドライバーにおける

双方向のインタラクション（相互作用）の例，③スリーウエーインタラクション（相互作用）（Three-way interaction）の例といった3つの具体例をみていく。

1．個別的および指標的時間ドライバー

注文処理は，顧客の種類（新規か現在の顧客），ライン品目数，そして注文の種類（通常か急ぎか）の3つの時間ドライバーに依存している。基本的な注文情報の記入は3分かかる。各ライン品目は，2分のデータインプットを必要とする。新しい顧客データのインプットに15分かかる。そしてその注文が急いで搬送されるかどうかを計画部門に調べさせるのに追加的に10分が必要となる。この場合，注文ライン数X_1，新規か現在の顧客を示す指標的なドライバーX_2は，新規のときだけ時間が必要とされ，X_3は急ぎの注文のときだけ追加的な時間が必要とされる。これらを時間方程式で示すと

注文当たりの注文処理時間 $= 3 + 2 \times X_1 + 15 \times X_2 + 10 \times X_3$

新規顧客のために5つのラインがあり，急ぎの注文についての注文処理時間は以下のようになる（Everaert and Bruggeman 2007, 18-19）。

注文処理時間$t_k = 3 + 2 \times 5 + 15 \times 1 + 10 \times 1 = 38$分

2．時間ドライバーにおける双方向のインタラクション（相互作用）の例

多くの特性（characteristick）が考えられるケースにおいて，注文処理時間は，また顧客の種類に依存する。注文ラインにある高度な技術仕様のために，顧客XYZに対する注文ライン当たりの時間は，2分ではなく，10分かかる。このケースにおいては，顧客の種類がまた指標的ドライバーとして時間方程式に含まれるべきだ。この例では，顧客の種類は，注文ライン当たりの時間だけに影響を及ぼす。それゆえに，時間見積8分で，相互作用の条件（term）として時間方程式に含められるべきだ。もし顧客XYZが注文を出すなら，アクティビティドライバーX_4はX_1に加わる。

注文当たりの注文処理時間 $= 3 + 2 \times X_1 + 8 \times X_1 \times X_4 + 15 \times X_2 + 10 \times X_3$

この情報を使って，現在の顧客XYZによって出された5つの注文ラインをもつ通常の注文の時間消費は以下のように計算され得る（Everaert and

Bruggeman 2007, 19)。

注文処理時間$t_k = 3 + (2 \times 5) + (8 \times 5 \times 1) + (15 \times 0) + (10 \times 0) = 53$分

3．スリーウエーインタラクション（相互作用）（Three-way interaction）の例

技術的に洗練された注文ラインの記述を処理するための追加的な時間は，その注文を処理する個人のテクニカルな知識に依存する。注文処理が，販売管理職員によって行われると，追加的時間は8分かかるが，技術的な販売職員では3分しかかからない。また両方の資源が，同じ資源プールに属すると仮定しなさい。このケースにおいて，顧客XYZによって出された注文ラインは，その販売管理職員の場合，依然として注文ライン当たり8分以上かかる。それを技術的な職員によって，注文が処理されたとき，注文ライン当たり3分でできる。したがって，技術的な職員は，販売管理職員よりも注文ライン当たり5分少なくやってしまうことになる。

この時間の影響を時間方程式に含めるために，第5の変数が明らかにされなければならない。つまり受注を受ける人の種類X_5で，指標的時間ドライバーとなる。この場合モデル化において，注文ライン数（個別的変数），顧客の種類，注文を受ける人（両方ともが指標的変数）の間のスリーウエーインタラクションに直面するという問題がある。この時間方程式は以下のようになる。

注文当たりの注文処理時間 $= 3 + (2 \times X_1) + (3 \times X_1 \times X_4) + (5 \times X_1 \times X_4 \times X_5) + (15 \times X_2) + (10 \times X_3)$

したがって，4つの注文ラインをもつ通常の注文を処理する時間に，顧客XYZの注文と技術的職員による処理を加えて23分になる（Everaert and Bruggeman 2007, 19）。

注文当たりの注文処理時間 $= 3 + (2 \times 4) + (3 \times 4 \times 1) + (5 \times 4 \times 1 \times 0) + (15 \times 0) + (10 \times 0) = 23$分

これらから，TDABCは，経営上かつ外部環境における変化に迅速かつ安価に合わせられるコスト/収益性モデルを提供する。そして時間方程式は，会社が新製品，新プロセス，新チャネルの導入上，コストシステムを簡単に改定させることができるのである（Everaert and Bruggeman 2007, 20）。

一方で，Namaziは，TDABCが，アクティビティサービスの定義という第1ステップを省略する代わりに，必要である資源アクティビティ（時間）だけで，当該部門の全オペレーションを考える[5]。しかし彼は，このアクティビティ定義の欠如が，ABCの重要かつ主要なファンドメンタルから外れている（Namazi 2009, 35）とその問題点を指摘している。また時間が原価対象に対する主要なコストドライバーであるとし，その理由として，キャパシティを有するマンパワー，設備，施設のようなほとんどの資源が，時間によって容易に測定される[6]からである（Namazi 2009, 34）とドライバーとしての時間の有用性を認めながらも，以下のように時間だけを利用することへの問題点を指摘している。

第1に，実際的生産能力が時間という単一なアクティビティ資源に基づき決定されているために，TDABCのシステムの有用性を著しく損なわせたり，この単一の時間とコストの関係が，当該部門で発生するコスト・ビヘイビアの実際の原因と結果を表し得ない（Namazi 2009, 35）。

第2に，時間が実際的資源測定のために使われるとき，その従業員の生産時間と関連のあるデータが容易に得られる小さなサービス会社にとっては適切であるが，コストが従業員の作業時間のペースに規制されない異なった部門アウトプットをもつ他のより複雑な企業には適していない（Namazi 2009, 36）。

第3に，TDABCにおいて管理者やマネジメントチームは，アクティビティにかかった時間を見積る。このアプローチに少なくとも2つの本質的な弱点がある。

これは，従業員と管理者という2つの不完全な情報源泉に基づかれる見積

---

[5] これについては，Kaplan and Anderson（2003, 23）がすでに同様の指摘をしている。
[6] これについてKaplan and Andersonは，伝統的なABCシステムは，TDABCにおける時間の役割とは基本的には違う方法で時間ドライバーを使っている。ABCシステムは，資源コストが費用や時間をかけたインタビューや調査方法を用いて異なるアクティビティにすでに割り当てた（mapped）後に，第2段階で所要時間ドライバーを用いる。一方，TDABCのイノベーションは，資源コストをアクティビティに割り当てるという，退屈で，間違えやすい第1段階を完全に飛ばして，資源コストを原価対象に直接配賦することで時間ドライバーを使用している（Kaplan and Anderson 2007, 17-18）というように時間のもつ意味が異なるという説明までを行っている。

のプロセスがよりノイズを伴うシグナルを作り出している。それとともにモラルハザードの問題や反対の選択の影響（adverse selection effects）が生ずる。例えば，従業員であれば，彼ら自身の生産性を極大化するためにアクティビティにかかる時間について不正確な情報を報告する。他方情報評価者の立場にある経営者が，情報を収集し，それを主観的な判断に使う（Namazi 2009, 36）。

上記に加えて，経営者は2つの異なった会計システムを維持しなければならない。1つは財務報告のために，ABCの製品原価を算定する。他方，業績評価とコントロールのためのものである。実証研究によると，経営者は，コントロール情報を必要とし，ABCシステムにそれを提供することを期待する。しかしこれが2つからなるTDABCの弱点であるとNamazi（2009, 36）は指摘している。

この弱点に取り組むために，彼は第三世代のABCとしてPerformance-focused ABC（業績中心的ABC：PFABC）を提唱している。これは，①業績コントロール，②TDABCと関係する何らかの問題を解決する，そして③TDABCシステムと同様に伝統的なABCのインプリケーションをさらに拡張するために用いられる統合されたABCシステムを提供する[7]（Namazi 2009,

---

[7] Namaziによれば，PFABCは9つのステップからなり，時間の問題は第9の生産性の計算と関係する。この生産性（productivity）は，PFABCの重要な部分で，能率（efficiency）と効率（effectiveness）を足したものである。能率は所与のアウトプット（財やサービス）を生むためにアクティビティで必要とされた関連のある資源の量である。効率は，特定のアクティビティについて企業の予定された目標との一致（alignment）を示す。

また資源の能率は，アクティビティの能率（価格差異＋数量差異）とみなされ得る。効率差異はコミテッドコストに関する，実際作業と予定作業との間の差額として示される。

ここで，能率差異は，時間といった特定の資源が実際に能率的に使われているかどうかを示す。したがってそれは製造部長の能率と同様に，その賃率や給料の決定と関係する管理者の能率を示す。対照的に，効率差異はプランニングマネジャーが指定された目標を達成できたかどうかを示す（Namazi 2009, 41）と指摘している。

例えば，固定費に関して，基本予算の額は，予定された支出といつも等しい，したがって能率差異は存在しないということに気をつけなさい。またキャパシティの効率差異は，注意深い分析を要求する。注文数はプラスであるけれども，業績評価の観点からは，それはマイナスと分析されるべきだ。なぜなら当該部門の予算レベルは，50,000の注文であったが，49,000の注文しか配賦することができなかった。結果として未利用キャパシティ1,000が生じ，この情報は経営計画にとても有用である，そして計画の責任をもつ管理者は，この差異にも責任を負うべきである（Namazi 2009, 42-44）。

36)と説明している。

このようにTDABCの問題点を指摘した上で，業績コントロールを強調したPFABCといった研究も行われている。またわが国においてもTDABCについては，積極的な議論が行われている[8]。その意味では，アクティビティ会計に関する研究はまだまだ議論の余地があると思われるし，その中で原価計算における時間の問題をさらに検討する意義もあると考える。

第5節　コスト・ドライバーからみる時間の意義

第2節コスト・ドライバーの決定要因の箇所で，コスト・ドライバーを決定するための選択理由を考察した。それに加えて本章では，いくつかの先行研究をみてきた。これらを踏まえて，ここでは結論として，コスト・ドライバーの役割とコスト・ドライバーからみる時間の意義について検討してみたい。

上述のようにコスト・ドライバーの決定要因の大きな特徴は，動機づけや意思決定であった。これはコスト・ドライバーそのものが，現場のスタッフのやる気を引き起こす要因となるといった考えである。その意味では，コスト・ドライバーは，従来の配賦基準に比べて，かなり積極的な意味をもつよ

---

8) わが国のTDABCについては，前田 (2005)，水島 (2006)，伊藤 (2007; 2011)，小菅 (2008)，前田他 (2009)，高橋 (2010; 2011)，大下 (2011a; 2011b; 2014) 等の研究がある。特に大下教授は，時間を用いることについて以下のように指摘している。時間といった要素を入れることで同質性を確保すれば，通常，原価計算上は消極的なものと考えられがちであるが，この点を逆手にとって，時間によって積極的に同質性を生み出そうとする。時間ベースであっても同質性を確保できれば，本来のABCがもつ活動を軸とした機能は十分に発揮できると考えられているのである（大下 2011b, 130）。

また高橋教授も，TDABCがそれまでのABCの構造を大胆に改変し，時間を尺度の中心とした計算構造に転換した（高橋 2011, 5）。そしてTDABCとTBA (Time-Based Accountiing TBA) の両方とも時間によって資源の利用・消費が説明できるということを明示的・暗示的に示しているという点で共通している（高橋 2011, 10）というように時間の意義について述べている。

それとともに，イギリスでは，Cleland (1997; 2004) がCBA (Contribution-Based Activity) とABCやTDABCとの関係について触れ，その中にTDABCはCBAと比較するといくつかの限界があると述べている（Cleland 2004, 28-32）。なお，CBAについてはCleland (1997, 22) を参照のこと。

うになるといえる。つまり製造間接費を，ある基準によって，原価計算対象に単に割り当てていくという考えから，コスト・ドライバーに何を選択するかによって，間接費の発生そのものを抑えることが可能になる。これについては，以下のような見解もある。戦略的ABMはアクティビティの能率を一定に維持するという仮定で，収益性を増大させることを目的にし，そのためのアクティビティの需要を部分的に変革していくことを意図している。それは正しいことを遂行するシステムである。つまり収益を生み出さないアクティビティのコスト・ドライバー量を削減することによって，収益を生み出さないアクティビティの発現自体を回避させることができる（佐藤・木島1998, 18）。これらの考えは，すでに指摘されていることである。しかし本章においては，コスト・ドライバーの役割を明確に指摘したいと考える。

さらにこれを管理会計や原価計算の目的，非付加価値時間や非付加価値コスト，そして未利用時間と未利用キャパシティの計算との関係で整理すると以下のようになる。まず管理会計や原価計算の目的として，時間の利用が，原価管理や意思決定へ利用されている。その前提として，非付加価値時間や非付加価値コストを算定する必要性があり，アクティビティ会計によって，それが実現する。

その上，時間をドライバーとすることで，未利用時間や未利用キャパシティコストの計算が可能になる。これらはTDABCにおいて明確に示されている。上述のように，それらを余らせて次の機会へ振り向けた方がよいという考えも出てくる。この点は，時間と会計の問題を考える際に非常に重要なポイントの1つになる。まさしく，これは機会原価の問題であり，時間の問題が，単にコスト削減だけに影響を及ぼすのではないことを意味している。つまり，未利用の時間の使い方によって，それが大きな利益を生み出す誘因になる。この点もTDABCが提供する有用な情報の1つになるということを再度指摘しておきたい。なお，これについては，後述するが，近年の日本の研究をみても明らかなことである。

これ以外にも，キャパシティの管理という点から，未利用キャパシティコストは，伝統的な操業度差異とどのような違いがあるのかということも考える必要がある。これについて，Cooper and Kaplanは，①伝統的な操業度差

異は，財務的な数字で集計された結果にすぎず，提供された資源の数量がわからない。②通常標準原価計算では配賦率の分母に予定操業度を使っているため，操業度差異は不働費を示すわけでない。③伝統的な原価計算における製造間接費の配賦手続きは，棚卸資産評価目的以外の経営目的には有益な情報が得られないという理由から 2 つは異なると指摘している（高橋 2010, 129; Cooper and Kaplan 1992, 1-13）。

また，差異分析から考えると以下のようなことがいえる。伝統的な操業度差異は，基準操業度に対して，少なく利用するよりも，多く利用した方が，有利差異を示すことになる。つまりキャパシティを越えても作れるなら，余らせるよりもその方がよいという考えである。これは作れば売れる時代には妥当性がある。

最後になるが，時間管理を指向する現状において，コスト・ドライバーとしての時間は，単に製造間接費を配賦するための手段ではなく，それ自体が管理されるべき重要な対象であるということがわかった。その意味において，コスト・ドライバー選択の重要な決定要因の 1 つとして，動機づけがあげられているのは興味深いことである。したがって，企業にとって，時間が重要になればなるほど，コスト・ドライバーとしての時間の意義も大きくなると考える。

第 6 節　おわりに

以上，本章においては，アクティビティ会計での時間の問題をコスト・ドライバーを中心として考察した。コスト・ドライバーとしての時間は，アクティビティ会計において当然重要な概念の 1 つであることは，間違いのない事実である。しかし，本章では，コスト・ドライバーの意義や時間の役割についても詳細に検討を行った。これらをみたときに，関連性・合理性・経済性だけでなく，時間のもつ動機づけの役割について特に強調した。

そして海外での先行研究をみることから，具体的にコスト・ドライバーとして時間がどのように使われているかをみた。この中では，時間が原価管理や意思決定に利用されていることもわかった。これらについては第 10 章管理

会計体系論において，さらに詳細な検討を行いたい。また時間という言葉が明確に示されたTDABCにおいては，未利用キャパシティの計算やそれを上手に利用するという考え方も示されている。これは機会原価の問題であり，この余った時間を戦略的に利用すれば，さらに利益を増大できるのである。これらをみても，時間が多様な可能性をもたせることがわかるのである。

第7章

通過時間と経営指標に関する研究

第1節　はじめに

　伝統的な経営分析指標をみた場合にも，生産性もしくは効率性を表す指標として，労働生産性，在庫回転日数，そして在庫回転率などが用いられてきた。その意味では，時間の経営指標への影響については，すでに議論が行われてきたといえる。

　それに対して，本章で取り上げる通過時間は，時間の重要性を考慮したときに，時間そのものを経営指標の1つとして考えるといった新しい提案である。これについては，経営全体としての通過時間を最初に測定したLiebermanの研究がスタートとなる。彼は，通過時間と労働生産性の問題を議論した。このLiebermanの研究に，仕掛品在庫に製品在庫を加算して通過時間を計算することを主張した阿保・辻教授の研究，仕掛品在庫に，製品在庫だけではなく原材料在庫までをも含めて計算することを主張し，通過時間，総資本利益率，労働生産性，物流費率を計算した阿保・矢澤教授の研究，そしてそれらの計算フォーマットである通過時間等計算表を提示して，その結果の表示方法を検討している矢澤教授の研究へと発展している。以下それぞれがどのような主張を展開しているのかを詳細にみることによって，経営指標の1つとしての通過時間の意味を検討するとともに，財務会計そして管理会計上の意義を考察することにする。

　なお，阿保，辻，矢澤教授らの研究は，JITを基礎としたわが国の研究と

して位置づけることができるが，Liebermanの研究を発展させているという理由から，第8章TPSにおける時間の研究とは章を別に設けている。

第2節　各研究者の研究成果

(1) Liebermanの研究

　Liebermanの研究は，Lieberman, Lau and Williamsの先行研究から得られた知見を発展させている。そこでは，1950年代初頭から1987年までの日米それぞれ6社の自動車製造業者の生産性を比較しており，規模の経済，JIT生産方式の導入，会社のトップマネジメントの変化という生産性向上への3つのポテンシャルな決定要因の評価を行っている。

　その中でも，彼らはJIT生産方式の導入が，生産性向上の原因であるという研究結果を示した。またJITの重要な要素として，仕掛品在庫の削減をあげている。両国の製造業者は，実質的な在庫削減を行った，そして会社の生産性における急速な向上の期間は，在庫削減の期間としばしば一致するとしている。しかし統計的テストは，生産性向上の他の妥当な源泉がコントロールされたとき，在庫削減の重要性を支援できなかった（Lieberman 1990, 214, Lieberman, et al. 1999, 1193-1215）という結果を示している。

　そこでこれらを踏まえて，Liebermanの研究は，日本の自動車会社8社の財務報告書から，仕掛品在庫と労働生産性のトレンドを評価している。それとともに，部品供給者と最終組立会社間でもたれる在庫バッファーの評価も行っている。その中で労働生産性の評価において通過時間そのものの測定をし，労働生産性との相関関係をみている。この通過時間そのものの測定方法を示す点に彼の研究の特徴がある。また，その場合の通過時間として，上述のように，総製造通過時間（the total manufacturing throughput time: T）を算定している（Lieberman 1990, 215）。

　まず彼は，労働生産性を従業員当たりの付加価値として測定し，在庫レベルは，年当たりの在庫回転率，売上高在庫比率，仕掛品通過時間といった多様な代替的な尺度を使って測定できるとしている。その中で通過時間の選択

をしている（Lieberman 1990, 214-215）。この計算にあたって以下を仮定している（Lieberman 1990, 215-216）。

① 完全に統合された企業つまり付加価値は100％売上高である。
② 加工とともに仕掛品が発生し，一定のスピードで中間的緩衝在庫も発生する。その際仕掛品は，加工が進むにつれて，会計的価値も直線的に増加する。
③ 分析を簡単にするために，利益はゼロ，売上高Sは売上原価と等しい。それとともに，会社間の在庫水準を比較するときに，垂直的統合における差額を調整する必要があり，これは修正仕掛品通過時間となる。以上から仕掛品在庫額Wは，

$$W = \frac{1}{2}ST \tag{1}$$

で求められ，SとWが与えられると

総製造通過時間 $T = 2W/S$ (2)

の計算ができる。

しかし，完全に統合された企業すなわち付加価値Vが，売上高より少ない企業はめったにない部分的に統合された企業については，仕掛品の価値は

$$W' = \frac{1}{2}(S+M)T' \tag{3}$$

になり，Mは購入材料コスト，T'は材料が完成品に変えられるのに必要な時間であり，製造者通過時間（producer throughput time）と呼ばれる。これは，常に，総製造通過時間よりも少ないか，等しくなるであろう。

【計算例】（Lieberman 1990, 216）

1）完全に統合された企業のケース

1億ドルの年間売上高と2,000万ドルの仕掛品在庫をもつ。
総製造時間は20/.5（100）＝0.4年になる。

2）2つの垂直的統合企業（部品の供給業者と完成品業者）のケース

それぞれが5,000万ドルの付加価値，また供給業者の完成品在庫額と完成

品業者の材料在庫額はわずかであるとき，前者は500万ドル，後者は1,500万ドルの仕掛品在庫額をもつ。

部品供給業者の通過時間は，5/.5（50）＝0.2年

完成品業者の通過時間は，15/.5（50＋100）＝0.2年となる。総サイクルタイムは0.4年である

同様の完成品を作っているが，下流（backward）の統合形態が異なる企業間比較を行うために，

$$T = T'(S/V) \tag{4}$$

によって，総製造通過時間は，製造者時間から推定される。

また緩衝在庫の大きさを調べることも可能である。部品供給業者にとって適切な尺度は，平均的完成品在庫÷総年間売上高，完成業者にとって適切な尺度は，平均的原材料在庫÷年間材料購入高で求められる。

以上Liebermanの基本的な考えをみてきた。そこから彼は，いくつかの結論を導いている。それらは以下になる。

1．通過時間の比較

1964年から1984年の各完成品業者の通過時間（仕掛品通過時間）と総製造通過時間を求めている。なお2つの垂直的統合企業のケースは，材料の流れについて最終業者と同じスピードであるという仮定の下で供給業者の見積り通過時間を計算している。

前者について，通過時間は富士重工を除いてすべての製造業で減少している。企業別にみると，トヨタは，1960年代に日本の全製造業内で最小の通過時間を達成し，継続的に大きな改善をし続けている。ホンダは，1980年代にはトヨタに追随する通過時間を示す。そのデータは，1970年代の中頃までに，日本企業の多くがJITシステムを採用した。特に，マツダとダイハツは1960年代と1970年代初頭には，高い仕掛品在庫とともに通過時間が変動していたが，その後劇的な改善をした。1980年代中頃までには，富士重工を除くすべての企業が，平均で10日よりも少ない通過時間を削減した。

後者はより速い通過時間へのトレンドや製造業者間での結果の一致がはっきりしたものではない。それゆえに，通過時間が速くなることのいくつかは，

減らされた業務範囲の所産であるにすぎないと指摘している（Lieberman 1990, 216-218）。

2．労働生産性

労働生産性は，1964年から1987年の間で著しく増加した。トヨタと日産の労働生産性は，1960年代と1970年代の間にかなり高くなった。しかしながら，1980年代には，トヨタがそのリードを広げたのに対して，日産は失速し，代わりに，ホンダが第2位の位置を占めるようになった（Lieberman 1990, 218）。

3．通過時間と労働生産性との関係

1973年と1987年の労働生産性対総通過時間を調べている。縦軸に業界平均に対する労働生産性，横軸に業界平均に対する総通過時間をとる。

まず1973年の資料においては，1970年代初頭では，通過時間と労働生産性との間に著しく強い相関関係があった。トヨタは材料の通過時間が最小で，最も生産的な製造業者であった。日産はトヨタに近いものがある。富士重工は最大の通過時間と最小の生産性であった。残りの企業は，中間に位置する。

次に1987年においては，製造業間での通過時間の違いが，減ってきたとき，労働生産性における違いが，通過時間での違いと密接につながらないことを示している（図表7-1を参照）。

■ **図表7-1　わが国の自動車産業の総通過時間と労働生産性**

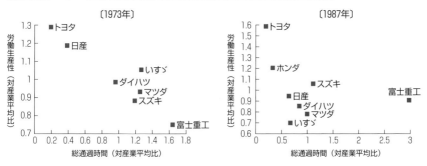

出所：Lieberman（1990, 221），阿保・辻（1994a, 125）。

これらの結果は示唆に富むものであるが，それらは通過時間と労働生産性の因果関係を必ずしも示していない。通過時間や労働生産性は外的要因の変化によって決められ得るとし，その要因として資本投入量の変化をコントロールする総工場生産性をみる必要がある（Lieberman 1990, 220）と述べている。この総資本利益率と通過時間の関係性については，以下の阿保・辻教授の研究において調べられている。

4．部品供給業者と完成品業者間の緩衝在庫

1976年と1987年の部品供給業者において保有される完成品在庫レベルの変化と完成業者によって保有される原材料在庫レベルにおける変化の2つをみている。在庫レベルにおける大きな削減は両社にとって明らかである。一般的には，最大の在庫をもつ会社が最大の削減となる傾向にある。最終完成品業者のすべてが原材料在庫を減らしたが，部品供給業者は1社を除いて，相対する完成品在庫を削減した。これらの結果から最終完成品業者と部品供給業者の間の結びつきは時間を超えてますます強くなっていると指摘している。

またアメリカのJITの批判として，上流の部品供給業者を犠牲にして，完成品業者が原材料在庫の削減を達成していると強く主張されているが，今回のデータからは，日本の自動車会社においては，それが当てはまらないといえる（Lieberman 1990, 222）。ここでは，通過時間と在庫回転数との関係を明確な形で調べているわけではない。これらは阿保・矢澤教授の通過時間と物流費率の関係の中で研究が行われている。

以上Liebermanの研究は，労働生産性の評価において通過時間そのものの測定をし，労働生産性との相関関係をみている。この通過時間そのものの測定方法を示す点に彼の研究の特徴がある。その中で，通過時間については，相対的には減少し，労働生産性も，著しく増加をしている。また通過時間と労働生産性の因果関係は，必ずしも示されておらず，部品供給業者と完成品業者間の緩衝在庫については，在庫レベルにおける大きな削減は両社にとって明らかであるといったことがわかった。

（2）阿保・辻教授の研究

　阿保・辻教授の研究は，1994年に2つの論文を通じて，Liebermanの研究の問題点を指摘し，その修正案を示している。以下みていくことにする。まず前者において，第1に，利潤を0として，売上高と販売原価とをイコールにしている点，第2に，仕掛品在庫が価値を増殖していく速度を，組立会社と部品会社とでまったく同一としていることの無理であるという点である。これについては，部品会社のその先に材料の製造会社があるため，組立会社の仕掛在庫の価値増殖速度を材料の製造会社にまでも適用しなければならなくなり，きわめて非現実的である（阿保・辻 1994a, 124-125）と補足説明している。

　そして後者において，上記の問題点も含めた具体的な解決策を計算式において示している。まず上記第1の問題に関連して，Liebermanの通過時間Tを求めるための基本式において，在庫は原価ベースで評価されているのに対して，売上高は利益を含んだ金額になっている。生産活動に要する資金調達にかかわる資金コストなどは財務会計上の在庫評価において考慮されていないのであるから，利益を含む売上高より製造原価あるいは売上原価を用いる方が適切である（阿保・辻 1994b, 91）と指摘している。

　それとともに，生産工程における通過時間が問題であるなら，仕掛品在庫が取り上げられるべきであるが，経営全体での総合的な通過時間が分析対象であるならば，製品在庫をも加えたものをWとすべきである。ここから彼らは，以下の修正式を提案している。ここでCは製造原価あるいは売上原価を示す。

$$W = \frac{1}{2} CT \tag{1}$$

　しかしこの式は価値が0の粗原料から始める生産活動を前提にしているが，わが国では，内製率がきわめて低く，ある価値をすでにもつ材料や部品を外部から購入して生産を開始することが一般的である。その場合，材料や部品の購入原価をMとし，それを出発点として最終製品に至る通過時間T′を計算することになる。この理由として，新たに付加された価値が問題になるた

めであると彼らは説明している。そこで以下（2）式のように修正される。

$$W' = \frac{1}{2}(C+M)T' \qquad (2)$$

ここで使用するデータとして，在庫W'は，仕掛品，半製品，そして製品の合計である。しかし原価Cと材料や部品の購入原価Mは，外部分析と内部分析で利用するデータが違ってくると説明している。つまり外部データでは，製造原価明細書における材料費をM，総製造費用をCとし，内部分析では，売上原価の中で外部から購入した原材料や部品のコストをM，売上原価をCとして（2）式からT'を計算することが可能である（阿保・辻 1994b, 91-92）。以上（2）式について説明したが，これは上記第2の問題と関連性があるといえるだろう。

では，これらから具体的な計算についてみることにする。阿保・辻教授は，乗用車産業とプレハブ住宅産業について調べている。その内容は，通過時間，通過時間と労働生産性，通過時間と総資本利益率の関係についてである。以下乗用車産業からみる。

1）乗用車産業
1．通過時間

乗用車産業の1979年から1992年度までの14年間について，上記（2）式に基づき算出された通過時間を月ベースに換算した値を求めている。平均値をみると，1983年度まで穏やかに上昇した後，減少傾向に推移してきたが，1991年度から上昇に転じている。バラツキを表す標準偏差は，1989年度の上昇を例外とすると，減少傾向を示している。したがって全体的にみるならば，乗用車メーカーはそろって通過時間を短縮しており，格差は縮小傾向にある。

個別には，14年間にわたり首位を独占しているのはトヨタであり，次にダイハツ工業が，最下位にあまんじているのは富士重工業である。日産，マツダ，ホンダ，スズキの4社がそれらの中間に位置しており，1987年度からは三菱がこの集団に加わっている（阿保・辻 1994b, 92-93）。

2．通過時間と労働生産性

通過時間を横軸xに労働生産性を縦軸yにとり，8社の値をプロットしてみると，xとyの間に右下がりの直角双曲線で近似し得るような関係が浮かび上がってくる。しかし1991年度においては当てはまりが悪いと説明している。その原因として，通過時間2位のダイハツが，労働生産性の点では最下位ないしそれに近いところに位置していることがあげられる。ホンダと三菱は，通過時間では下位にあるが，労働生産性では上位にある（阿保・辻 1994b, 93-94）（**図表7-2**を参照）。

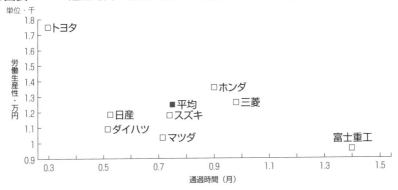

■図表7-2　通過時間―労働生産性　自動車（1991年度）

出所：阿保・辻（1994b, 93）。

3．通過時間と総資本利益率

他のことがらを一定とすれば，通過時間の短縮は収益性を高めることに貢献するとし，彼らは通過時間と総資本利益率の関係を調べている。横軸に通過時間，縦軸に総資本利益率をとり，8社の値をプロットしてみると，右下さがりの直角双曲線が両者の関係を近似する曲線として想定できるとしている。1991年において，労働生産性と通過時間との関係とこれらが類似していると指摘している。この理由として，利益は労働生産性を算出する式の分子である付加価値の重要な構成要素であり，労働生産性と利益率との間に高い相関が存在していることを指摘している（阿保・辻 1994b, 94）。

結果として，14年間を通じて，最も短い通過時間を達成し，かつ最も高い

■図表7-3　通過時間―資本生産率　自動車（1991年度）

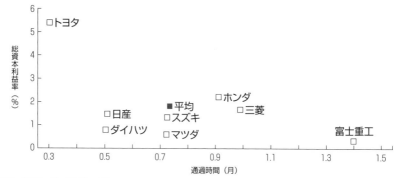

出所：阿保・辻（1994b, 94）。

利益率を誇っている企業は，やはりトヨタであった。通過時間の最も長い富士は，1988年度までの利益率では中位のクラスに位置していたが，1989年度以降になると，最下位に落ちている。ホンダは通過時間に関しては下位にありながら，1985年度以降利益率でトヨタに次ぐ2位の地位にある。通過時間を短縮することと平行して，利益率の順位を上げてきたことになる（阿保・辻 1994b, 94）（**図表7-3**を参照）。

2）プレハブ住宅産業への適用

ここでこの業界を取り上げた理由として，彼らは，この産業における事業内容に企業間で比較を妨げるほど大きな相違がみられないことと，生産と流通システムの優劣が企業業績に格差をもたらすであろうということをあげている。取り上げる企業は，ニッセキハウス工業，エスバイエル，大成プレハブ，ミサワホーム，ナショナル住宅産業，大和ハウス，積水ハウス，日成ビルド工業，の8社である。

しかし住宅産業については，ある企業では，完成工事原価報告書のみが開示されているのに対し，別の企業では完成工事明細表，販売用土地建物売上原価明細表，製品売上原価明細表，製造原価明細書といった勘定科目の違いのような企業間における相違が存在するために（1）式によって通過時間を算定している。またここでの主要な目的が，通過時間を算定し，クロスセク

ションによる企業間の比較とそれらの14年間にわたる推移の分析を行うことにある点からも（1）式を使用している（阿保・辻 1994b, 94-95）のである。

1．通過時間

1979年から1992年度までの14年間の通過時間について，平均値は，最も高い値を示した1981年度から最も低い値となった1987年度までかなり低下し続けてきたが，1988年度からは上昇に転じている。標準偏差については，平均値ほどの変化はみられない。個別企業について，日成ビルド工業は，14年間を通じて，トップないしそれに近いランクを保持，ナショナル住宅産業は，当初中位にあったが，着実に短縮を実現し，最近では上位に入っている。ミサワホームは当初は上位にあり，1992年度では最下位に落ちている。最下位を続けたのは，積水ハウスであった（阿保・辻 1994b, 95）。

2．通過時間と労働生産性

プレハブ住宅産業では，これらの関係において，右上がりの曲線の方が，当てはまりがよい。これは理論的に整合的ではない。したがって通過時間の長短のみから労働生産性を説明できない。また選定した企業の規模の点での格差，活動内容での相違からも説明ができない（阿保・辻 1994b, 95-96）といっている（**図表7-4**を参照）。

■図表7-4　通過時間―労働生産性　プレハブ住宅（1992年度）

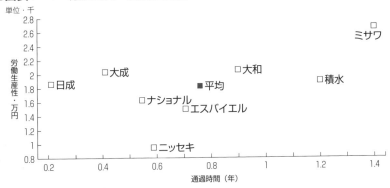

出所：阿保・辻（1994b, 95）。

3. 通過時間と総資本純利益率

　通過時間と総資本利益率との間には，理論通りの右下がりの曲線を当てはめることができそうである。年度により，右下がりの傾きの大きさには相違のみられるものの，14年間にわたるほとんどの期間において，通過時間が短くなれば総資本純利益率が高まるという関係はかなり妥当していると判断できる（阿保・辻 1994b, 96）（**図表7-5**を参照）。

　以上乗用車産業とプレハブ住宅産業の状況をみてきたが，その中で彼らは以下の結論を述べている。通過時間が労働生産性と収益性をかなりの程度説明することができるという示唆は得られた。製造業における基本的なライン活動を生産と流通に分けることができるとすれば，通過時間は，生産時間と流通時間の合計であると考えることができる。したがって大事なことは，生産と流通とをいかに同期化させながら，時間の短縮を図るかということである（阿保・辻 1994b, 96）。このように彼らの研究は，自動車業界だけでなく，住宅産業までも含めた中での各指標の分析を行っている，通過時間と総資本利益率との関係までも調べた点に大きな特徴がみられる。しかし彼らが結論のところでも書いているように限界があることも確かである。

■**図表7-5　通過時間―資本利益率　プレハブ住宅（1992年度）**

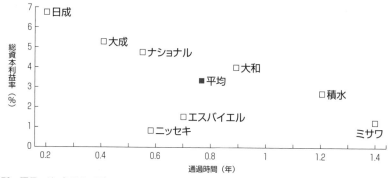

出所：阿保・辻（1994b, 96）。

(3) 阿保・矢澤教授の研究

　阿保・辻教授の上記（2）式では，素材から部品を製造するメーカー（A）とその部品を調達して完成品を製造するメーカー（B）が存在する場合，Aの製品在庫とBの原材料在庫が無視できるものと前提とされている。それぞれ独立した企業のAに製品在庫，Bに原材料在庫が存在することを無視できないとして，上記（2）式のW'の計算において，原材料在庫を加算して通過時間T'を計算する（阿保・矢澤 1997, 83）ことを主張している。

　また阿保・矢澤教授は，資本の効率を表す指標として棚卸資産回転率（売上高/棚卸資産回転期間）とそれを月数で表した棚卸資産回転期間（当期平均棚卸資産/売上高または売上原価÷12）との関係を説明する中で，通過時間を経営指標に加える意味を理解することが重要であると指摘している。

　通過時間算定は形式的には，売上原価と材料費の平均を12で除して1ヵ月分を計算している。もしも，売上原価と材料費がほぼ同額であるとすれば，通過時間（月）と棚卸資産回転期間はほぼ同じとなって，通過時間を計算する意味が小さい。しかし，①材料費と売上原価は明らかに大きさが異なる。②通過時間の最大の特徴が，投入された材料・部品（つまり材料費）が顧客へ引き渡しされるまでに価値を線型的に一定の割合で増やしていくことを想定した計算である。③上記（2）式のW'は棚卸資産の全体でないという3つの理由から，通過時間の計算の必要性を説明している[1]（阿保・矢澤 1997, 83）。

　それとともに，通過時間が，企業の総合的な成果と密接な関係があり，物流費とのかかわりも大きいということから，通過時間，総資本利益率，労働

---

1) これについては以下の説明がある。生産性は資本生産性と労働生産性とに分けられる。分母の労働は従業員数や作業時間数，人件費等で，また資本は機械運転時間数や有形固定資産有高等で表される。一般に，価値的生産性（分子を貨幣額に基づいて測定した場合）は，生産能率以外の価格要因（例えば，製品価格や原材料価格）によって変動するという弱点がある。これに対して物的生産性（分子を物量に基づいて測定した場合）は価格の影響を受けないので純粋な生産性を示すといえるが，複数品種の製品を生産する企業では，全体的生産性の把握が困難なのが欠点である（渋谷 2001, 127-128）。これは，全体の経営指標としての通過時間の必要性を説明することになる。

生産性,物流費率を計算し,通過時間と他の3つの経営指標との関係を調べる必要性を述べている(阿保・矢澤 1997, 83)。ここで通過時間と物流費との関係までみているのは,阿保・矢澤教授の研究での結論にみられるように生産と流通の同期化を調べるという意図があると考えられる。それによって,通過時間そのものが企業の総合的な成果指標へと展開することになる。

ここでの各計算式は以下のようになる。

$$総資本利益率 = \frac{税引前当期純利益+他人資本利子}{総資産} \tag{1}$$

$$労働生産性 = 付加価値^{2)} \div 従業員数 \tag{2}$$

物流費率
$$= 委託物流費(損益計算書上の運賃・荷造費・保管費等) \div 売上高 \tag{3}$$

これらの計算式を用いて,平成6年の有価証券報告書から,菓子・パン,乳製品,製鉄,化学,タイヤ,製紙,製薬,化粧品歯磨,事務用品,繊維卸売,スーパーの11業種,100社の各計算を行っている。以下計算の結果である(阿保・矢澤 1997, 84)。

【計算結果】
1. 通過時間

通過時間については,製薬業が3.788ヵ月で最も長い。続いて,製鉄,事務用品,化粧品歯磨,大手化学,繊維卸売,製紙,タイヤ,菓子・パン,乳製品,スーパーの0.614ヵ月と続く。平均の通過時間は2.067ヵ月になる。

---

2) なお,矢澤教授は,付加価値=当期純利益+人件費(労務費,役員給料手当,事務員給料手当)+金融費用(支払利息割引料,社債利息,社債発行差金償却)+賃借料(不動産・動産賃借料)+租税公課(一般管理費・販売費中の租税公課,営業外費用中の租税効果)+減価償却費とし,付加価値を正確に計算するために,日本銀行の加算方式を用いている(矢澤 1997, 26-27)。

■図表7-6　通過時間―総資本利益率　タイヤ（平成6年）

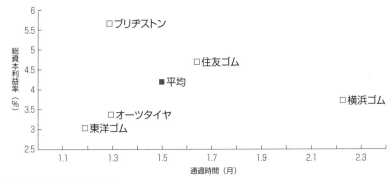

出所：阿保・矢澤（1997, 88）。

2．総資本利益率

　総資本利益率は平均で3.823％で低位に止まり，赤字の企業もみられた。多くの企業でリストラが進められ，製鉄等で従業員の出向が常態化していた（図表7-6を参照）。

3．1人当たり労働生産性

　1人当たり労働生産性の平均は1,302万円になる。ここにかかわった人数は正社員の人数であるが，繊維卸売業とスーパーは総人員で計算したもので

■図表7-7　通過時間―労働生産性　乳製品（平成6年）

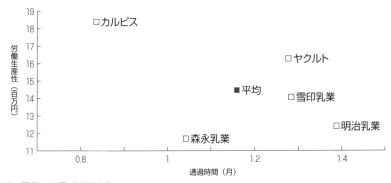

出所：阿保・矢澤（1997, 88）。

ある。これらはパートなしには成立しないといっていいため,嘱託,臨時,パート等の8時間で換算した平均人員を正社員に加算して総人員としている(**図表7-7**を参照)。

4．物流費率

この平均は売上高に対して4.225％になる。スーパーや製薬業の1％台から製紙業の7.134％まで広く分布している

以上より彼らは,通過時間が短いほど総資本利益率は高いこと,また通過時間が短いほど労働生産性は高いということができるようである。物流費率については通過時間の長短とは関係が乏しく,一定の幅の中に収まる傾向がみえるが,物流管理が優れた企業では物流費率は低い(矢澤 1997, 23)と説明している。その上で通過時間は明確な内容をもっており,経営全体の総合的な指標といえるものであるから,棚卸資産回転率,棚卸資産回転期間とともに,経営指標に加えて考える必要がある(矢澤 1997, 23-24)と強調している(**図表7-8**を参照)。

■ **図表7-8　通過時間―物流費率　スーパー(平成6年)**

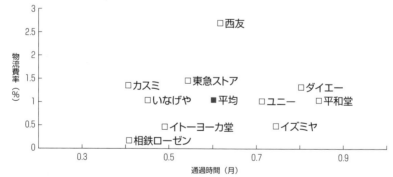

出所:阿保・矢澤(1997, 88)。

(4)矢澤教授の研究

矢澤教授は,さらに著書『管理会計論』の中で,通過時間と総資本利益率,

労働生産性および物流費率を計算するフォーマットの通過時間等計算表を提示して，さらにその結果の表示方法について検討している。なお対象業種は前述の阿保・矢澤教授と同様の11業種，100社である。これらはロジスティクスの上から注意をひく業種である（矢澤 1997, 27）と説明している。また当然であるが，著書においてLiebermanと阿保・辻教授の研究についての記述も行っている。

【計算結果】

繊維卸売産業10社についての通過時間の平均は1.934ヵ月であり，三共生興，グンゼ産業，ナイガイ，東京スタイル，藤井の各社は平均の通過時間よりも短い。一方，レナウン，市田，ツカモト，三陽商会，オンワード樫山は平均を下回っている。この期間は一般的に不況であり，繊維卸売業も不況の波に洗われていたので，総資本利益率は低位にとどまっていた。この平均は1.038％である。労働生産性のうち，総人員で計算した平均は752万1千円であり，正社員数で計算したものの平均は1,492万7千円であった。また，物流費率の平均は2.364％であった。

これらから，通過時間と総資本利益率の関係は，右下がりに分布している

■図表7-9　通過時間―総資本利益率（繊維卸売　平成6年）

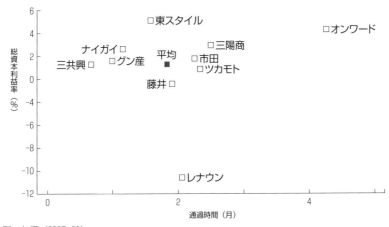

出所：矢澤（2007, 31）。

■図表7-10　通過時間─労働生産性（繊維卸売　平成6年）

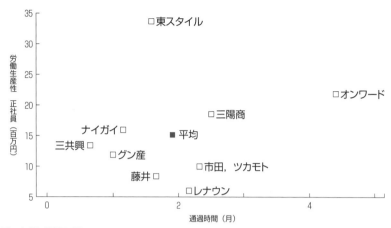

出所：矢澤（2007, 32）。

■図表7-11　通過時間─物流費率（繊維卸売　平成6年）

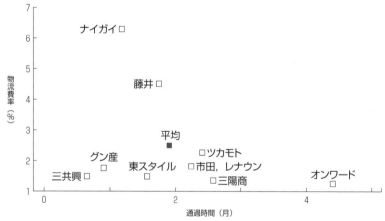

出所：矢澤（2007, 33）。

とはいえない（**図表7-9**を参照）。そして通過時間と労働生産性（正社員）の関係をみると，各グループについて右下がりの関係があるが，労働生産性も総人員との通過時間との関係をみると，分布に規則性をみいだすことができない（**図表7-10**を参照）。最後に，通過時間と物流費率の関係にも規則性

をみることができない（**図表7-11**を参照）（矢澤 1997, 31-33）と指摘している。

第3節　管理会計上の通過時間の意義

　彼らの研究は，通過時間そのものを経営の総合的指標として測定することに大きな意義があった。その研究の背景には，JITの導入における時間短縮と在庫削減の関係性を実証的に明らかにする意図があった。これは在庫＝通過時間×売上高×2分の1というLiebermanの計算式をみてもそのことがわかる。したがって，売上高が伸びない状況においても仕掛品有高が削減されれば，通過時間そのものは短縮されることになる。

　それとともに，これら一連の研究は，通過時間を労働生産性，総資本利益率，そして物流費率との関係までみている。これらの必要性は，それぞれの指標から得られる情報の限界とともに，これら指標間の関係を総合的にみることによって，組織の一定の評価を行うことが可能になるからである。したがって，企業経営の最終目標の1つが利益の増大と考えるなら，時間と利益の関係を明確にみる必要性も出てくる。しかし，業界によって必ずしも，その関係の妥当性がいえない状況も生じている。

　また部品の購入から製品の生産，販売が1企業だけでは成り立たない状況において，製造通過時間だけでなく総製造通過時間という概念の中で捉えることも必要となる。つまり製造と流通の同期化を図り，それらを評価するといった考えである。ただし，物流の問題までみると，必ずしも通過時間との関係をみいだすことができないという結果も出ている。

　最後に会計上の意義を考えてみる。彼らの研究においては，時間を経営分析指標の1つとして位置づけ，既存の財務諸表からそれらを計算している。これにより時間という経営指標について企業間比較が，可能になるという点に会計上大きな意義があると考える。公表財務諸表からデータを得ることができ，それによって，外部利害関係者が企業を時間の視点から評価できるという意味では，これらの研究は，財務会計の問題としても捉えることができる。

一方でこれらを管理会計上の問題として考えると以下のようなことがいえる。上記の計算において，経営管理者が，内部会計情報を利用して，原材料在庫，仕掛品在庫，完成品在庫を計算すると，通過時間についてもより具体的かつ正確な計算が可能となる。それによって，通過時間と在庫の関係を知ることができる。あるいはそれらを各現場で経常的にPDCAサイクルに組み込むことによって，原価管理の手段としても活用できるようになる。

また通過時間の短い製品を中心にプロダクトミックスを行うことによって，より戦略的な意思決定を行うことも可能となる。このように，管理会計上の問題を考えた場合にもいくつかの可能性が出てくる。その際大事になるのが，経営全体の視点から管理会計情報の利用を考えるということである。これらは，以下のJITの問題を考える上でも必要になってくるのである。

第4節　おわりに

以上本章は，通過時間を経営指標の1つとして取り上げるといった新しい提案を示した。これについては，経営全体としての通過時間を最初に測定したLiebermanの研究がスタートとなる。彼は，通過時間と労働生産性の問題を議論した。このLiebermanの研究に，仕掛品在庫に製品在庫を加算して通過時間を計算することを主張した阿保・辻教授の研究，仕掛品在庫に，製品在庫だけではなく原材料在庫までをも含めて計算することを主張し，通過時間，総資本利益率，労働生産性，物流費率を計算した阿保・矢澤教授の研究，そしてそれらの計算フォーマットである通過時間等計算表を提示して，その結果の表示方法を検討している矢澤教授の研究へと発展している。

最初に，Liebermanの研究では，通過時間については，相対的には減少し，労働生産性も，著しく増加をしている。また通過時間と労働生産性の因果関係は，必ずしも示されておらず，部品供給業者と完成品業者間の緩衝在庫については，在庫レベルにおける大きな削減は両社にとって明らかであるといったことがわかった。

第2に，阿保・辻教授の研究では，乗用車産業とプレハブ住宅産業について，通過時間が労働生産性と収益性をかなりの程度説明することができると

いう示唆は得られた。製造業における基本的なライン活動を生産と流通に分けることができるとすれば，通過時間は，生産時間と流通時間の合計であると考えることができる。したがって大事なことは，生産と流通とをいかに同期化させながら，時間の短縮を図るかということである（阿保・辻 1994b, 96）。

第3に，阿保・矢澤教授の研究では，通過時間が短いほど総資本利益率は高いこと，また通過時間が短いほど労働生産性は高く，物流費率については通過時間の長短とは関係が乏しく，一定の幅の中に収まる傾向がみえるが，物流管理が優れた企業では物流費率は低い（矢澤 1997, 23）と説明している。

最後に，矢澤教授は，通過時間と総資本利益率の関係は，右下がりに分布しているとはいえない。そして通過時間と労働生産性（正社員）の関係をみると，各グループについて右下がりの関係があるが，労働生産性も総人員との通過時間との関係をみると，分布に規則性を見いだすことができない。最後に，通過時間と物流費率の関係にも規則性をみることができない（矢澤 1997, 31-33）と指摘している。

このようにそれぞれの調査結果についての見解は示されているが，各研究は，必ずしも同様の条件ではないため，ここでの結果についても，単純な比較はできない。しかし，通過時間が，経営全体の総合的な指標になり得るという考え方については，一定の理解が得られるのではないかということがわかった。

これらに対して，筆者は，管理会計の視点からの見解を述べている。これについては，業績評価会計や意思決定会計への可能性を示している。このような考え方も入れた中でのさらなる検討[3]の必要性を最後に述べておきたい。

---

3) これについては，Lieberman and Demeester（1995），Lieberman and Asaba（1997），Lieberman and Demeester（1999），Lieberman, et al.（1999）等の研究がある。このようにLiebermanは，継続的な研究を行っている。

第8章

TPSにおける時間の研究

第1節　はじめに

　上述のように，第3章から第6章については，アメリカのJITの研究を中心に検討を行ってきた。一方JITの本家本元であるわが国においても，1990代後半以降トヨタ生産システム（Toyota Production System: TPS）の管理会計研究が盛んに行われている。またこれらの研究とは別に，JITの著名な研究として門田教授の研究があげられる。

　前者においては，河田教授，田中教授，園村教授等の研究がある。特に，河田教授は，MRP，JIT，制約理論（Theory of Constraints: TOC）といった新たな生産管理手法が登場してくる中で，それらの生産システムと会計が乖離しているとし，その生産管理システムにいかに会計を対応させることができるかといった大きな問題を投げかけているのである。そして，プロダクト管理会計の必要性を指摘している。

　本章は，この中で，TPSにおいて時間が会計の問題としてどのように扱われているかを明らかにしていくことを重要な目的と考えている。そのために，河田教授の見解を中心に検討していく。彼は，TPSの研究の中で，物流速度，リードタイム，そしてスイートスポットを含めた非付加価値時間等の重要な概念を示しながら，ジャストインタイム管理会計を提唱している。本章では，これらを中心に検討を行うが，概念を作り出す上で，当然ながら他の見解も踏まえた上での議論が行われている。したがって，これらについてもここで

は同時に議論をしていきたい。以下では,まず門田教授の研究そして河田教授の研究をみることにする。

第2節　わが国におけるJIT研究の系譜

(1) 門田教授の研究

　門田教授は1981年にIndustrial engineeringという雑誌にJITに関する4本の論文の掲載を行っている。その中で,時間についての研究として以下のようにまとめることができる。まず1月号の「TPSはどうしたら実際に作動するのか」において,TPSの主要目的として生産プロセスで発生するコストを削減することであり,また総資産回転率を高める手助けをすることでもある。すなわちそれは全社的に生産性を改善することである（Monden 1981a, 36）と指摘している。

　それとともに,JIT,プロセスの設計,作業の標準化,スムーズな生産といったTPSの基本的な概念を調べている（Monden 1981a, 36-46）。特に,作業の標準化の中で,サイクルタイムやタクトタイムといった概念が示されている（Monden 1981a, 39）。

　次に5月号の「適応可能なかんばん方式はトヨタのJIT生産の維持を助ける」においては,主に,回収かんばん（a withdrawal Kanban）と製造命令かんばん（a production-ordering Kanban）があるが,他のさまざまな種類のかんばんについて記述している（Monden 1981b, 29-46）。ここで,かんばん方式とは,あらゆる工場や会社の中で,必要な製品を,必要な量だけ,必要なときにというように,その生産を調和した方法でコントロールする情報システムであり,かんばんとは,上記の生産目標であるJIT生産の最終目標を達成するためのツール（Monden 1981b, 29）と説明している。

　なお,時間との関係については,かんばん数の決定においてリードタイムが計算式に利用されている。具体的には,リードタイムが相対的に短く,単位時間当たりの需要が,相対的に少ない変化しかないなら,かんばん数が少なくなるといった点（Monden 1981b, 41-42）があげられている。

8月号の「スムーズな生産はトヨタを需要の変化や在庫の削減に適応させる」においては、トヨタでのスムーズな生産の一部を成すさまざまな要因や重要な利点の1つである需要の変化への適応可能性を調べている（Monden 1981c, 42-51）。これには、a. トヨタの生産計画、b. 需要の変化への適応可能性、c. シングルユニット生産や小ロット生産、d. 製造リードタイムの短縮、e. 段取時間の短縮がある（Monden 1981c, 42-43）。d,eはまさに時間の短縮の重要性を示している。

時間については、具体的には生産の平準化のために、サイクルタイムが計算される必要性を指摘している（Monden 1981c, 43-44）。

ここでの最後になるが、9月号の「トヨタは供給ロット生産時間（Supply Lot Production Time）、待ち時間、そして運搬時間をいかに短縮したのか」においては、各工程の供給ロットの製造時間、工程間の待ち時間、工程間の運搬時間の3つからなる製造リードタイムをどのように短縮するかについて説明をしている（Monden 1981d, 21）。

上記3つについての説明が行われているが、段取時間について特に詳細な説明がされている。1例として以下がある。

段取時間が1時間で、1単位当たりの加工時間が1分と仮定する。そのとき、製造ロットが3,000単位なら、総製造時間は、段取時間×総加工時間＝1時間＋1分×3,000単位＝51時間である。

しかしもし段取時間が6分まで、つまり10分の1まで短縮されるとそのロットの生産は、300単位まで減らされるであろう（Monden 1981d, 24-25）。

これ以外にもシングル段取、段取の概念、そして段取の廃止等も紹介されている（Monden 1981d, 25-30）。

また1988年の、論文「JIT生産方式と原価計算・原価管理」においては、当時のダイハツ工業（株）のケースを紹介している。その中で、自動化の進展で、外国での直接工の減少と間接工の増加傾向がわが国においても同様と考え、それが原価計算システムに及ぼす影響として、マンレートからマシンレートの採用へと移行しているかという質問をし、その回答の中で、機械加工部門でのマシンレートの移行を認めながらも、車の組立部門、塗装部門、エンジン等ユニット部品組付部門などでは今なお（サイクルタイム×人数）

という数値によって部門別の1台当たり，あるいは部品1個当たりの標準原価を定めてあるとして，自動車会社がマンアワーのウエイトがかなり大きい（門田 1988, 27）と説明している。

さらに2006年の著書『トヨタプロダクションシステム』の中では，第6章生産リードタイムの短縮や第7章段取替え時間短縮の概念と手法において時間の問題を扱っている。第6章では，生産リードタイム短縮による4つの利点として，以下をあげている

① トヨタはこれにより，ごく短時日に特定の車を顧客に引き渡すという受注生産に近い生産が達成できる。

② トヨタは月央に需要の変動に，きわめて迅速に対応できるので，トヨタの販売部門が保有する完成車の在庫を最小にすることが可能となる。

③ 各工程間の生産タイミングの不均衡を最小限に抑えるとともに，ロットサイズを小さくすることにより，仕掛品在庫を大幅に圧縮できる。

④ モデルチェンジが行われても，そのとき生じる"死蔵"在庫品は最小量ですむ（門田 2006, 130）。

そして，第10章 現場改善のための詳細分析方法の中で，「常に1人工の仕事」1人工の仕事とは，1人の作業者が1日の定時稼働時間で遂行しなければならない出来高数であり，1人の単位時間当たり出来高数によって決まってくる（門田 2006, 241）。また多工程持ちのための現状分析の諸概念という節の中で，人の能力に関する諸概念とその計算法，設備能力に関する諸概念と計算法，可動率の概念とその計算法，設備と人の実態図という節の中で，設備と人の実態図の作り方，設備と人の実態図の使い方のそれぞれで計算式を示している（門田 2006, 241-250）。そして改善結果の総合的業績評価の尺度として生産性が適していると述べている。

生産性＝1人・1時間当たりの出来高数

ここでの1人・1時間当たりの出来高数というのは，あくまでも時間単位で測定した瞬間風速のようなものである。これは車の運転スピードでいえば，時速何キロメートル出せるかを示すようなものである。

これが多工程持ちラインにおいては，3人の作業者からなるブレーキホースの組付ラインでは，ある月に3人で1日当たり5,081本のホースを1日の

実稼働時間10.7時間で組み付けるとすれば,

$$生産性 = 5,081本 \div 3人 \div 10.7時間 = \frac{158本}{(人・時)}$$

となる

このような生産性の尺度はまた,改善の目標設定に際しても使われる。
例えば,前記の数値例で生産性20パーセントアップが目標となれば,

$$158 \times 1.20 = \frac{190本}{(人・時)}$$

が目標となる。

さらにその手段として,①可動率の向上,②サイクルタイムの短縮,③マシンサイクルタイムの短縮の3つがあげられている(門田 2006, 250-251)。以上門田教授の研究をみてきたが,これらの研究がそれ以降のJITの研究を活発化させていったこと,そして学会においても大きな貢献を果たしたことは間違いない事実である。

(2) 河田教授の研究

1993年に,アメリカの雑誌Management Accountingの8月号に掲載されたJohnsonとの共著である論文「戦略的管理会計」において,河田教授のリードタイムコスティングの考えが初めて紹介されている。続いて1996年に出版された著書『プロダクト管理会計』,2004年の著書『トヨタシステムと管理会計』,2005年の論文「ジャストインタイム管理会計」,2007年(以下2007a)の論文「会計はプル型生産システムを支援できるのか?」,同年(以下2007b)の論文「トヨタ生産方式の会計的説明原理としての時間価値」,2008年の論文「TPS導入の会計リンクアプローチ」,そして2009年の編著『トヨタ原点回帰の管理会計』まで,河田教授は,TPSを中心として,時間と会計の問題についてもすでに述べている。

その中では,リードタイムコスティング,損益・キャッシュ・フロー結合計算書,ジャストインタイム管理会計,三次元会計(原価)観,そして利益ポテンシャル(Profit Potential:PP)といういくつかの会計的手法や概念を提唱している。以下これらの中で,河田教授が時間をどのように考え,そし

て会計の問題として時間をいかに扱っているのかを検討してみる。

河田教授は，最初の著書である『プロダクト管理会計』において，MRP，JIT，TOCといった新たな生産管理手法が登場してくる中で，それらの生産システムと会計が乖離していると指摘し，その生産管理システムにいかに会計を対応させることができるかといった大きな問題を投げかけているのである[1]。その中で河田教授は，プロダクト管理会計の必要性を指摘している。ここで，プロダクト管理会計とは，特定プロダクトもしくはストラテジック・プロダクト・ユニットの製品・市場戦略計画の遂行のために，当該プロダクトのライフ期間（商品の開発・市場投入から撤収に至る期間）における生涯事業・収支計画をコントロールする管理会計であると定義し，シュマーレンバッハのいう全体計算と口別損益にその基礎を置き，期間計算と損益計算に基礎を置く伝統的管理会計の対極にある（河田 1996, 195）と説明している。

さらにこれらの基本的な考えは，2004年以降の著書や論文の中では，TPSでの管理会計の問題に焦点が絞られていくのである。このようにプロダクト管理会計やTPSでの管理会計といった近年の生産管理システムにおいて，管理会計をどのように考え，定義すべきであるかという大きな問題の中で，時間の問題が扱われている。したがって，河田教授の研究は，時間そのものの研究というよりも，TPSの重要な問題として，リードタイムや在庫削減などが扱われていることになる。以下において具体的な内容をみたい。

まず1996年に出版された『プロダクト管理会計』の第6章プロダクト管理会計の展開において，プロダクト管理会計の特徴の1つとして，戦略的管理会計機能をあげている。これについて以下の説明がある。例えば，「リードタイムの短縮という生産システムでの出来事が，財務業績の面ではプロダクト・コストはどうなる，営業利益にはどう反映する，したがって業績評価はどうする」という一連の判断を，スラックが大きく剛構造の財務会計に期待することに無理があります。環境変化に対する経営の羅針盤として，戦略的

---

1) 河田教授も，1980年代にMRP，JIT，TOCの3つの受注から出荷までの全体を俯瞰統合する生産管理システム手法が登場し，覇を競う形となった。今後のものづくり経営システム再設計においても，これら3つの手法の意義や特徴をおさえておくことが重要である（河田 2004, 31）と述べている。

管理会計機能というツールがどうしても必要です（河田 1996, 208）。これは現状の財務会計が時間の短縮を適切に表していないことを指摘している。

そしてこの戦略的管理会計機能の設計として，実績時間の実測廃止，目標配賦率，そしてリードタイム基準配賦の3つをあげている。その中でもリードタイム基準配賦（Lead Time Based Costing: LTBC）は，リードタイムの長さによって，配賦される製造間接費が変わるために，リードタイムの短縮を原価計算にどのように関係させることができるかという問題を考えるときの1つの解決策を与えているのである。

河田教授によれば，LTBCの目的として，①リードタイムの短縮に応じて製品原価が低減する計算方式（コストドライバーとして「リードタイム」を採用），②原価低減の「スイートスポット」の明確化の2つをあげている。またその方法として，製造間接費を標準時間（or実績時間）でなくリードタイム比により配分する（河田 1996, 217）と説明している。さらにその特徴として，以下の8つが述べられている（河田 1996, 218-220）。

①生産性イコール物流速度という新しいパラダイム
②スイートスポットの攻撃
③リードタイム基準配賦法の誕生
④所要標準時間合計とリードタイムの関係
⑤標準概念の意味の変化
⑥ジョブショップ型レイアウトの問題
⑦「スラック」としての非加工時間部分の生産改善
⑧OPT（Optimized Production Technology）の考えの応用

これらは，河田教授の見解を知る上で，重要なポイントとなる。そしてこれらを時間という点から整理すると，(1)物流速度，(2)リードタイム，そして(3)スイートスポットを含めた非付加価値時間などが重要な概念になると考える。この中で，非付加価値時間は，物流速度とリードタイムという概念の中で，取り上げられるので，(1)物流速度と(2)リードタイムという2つの概念を中心にプロダクト管理会計およびそれ以降の見解との比較から検討をしていく。そしてジャストインタイム管理会計の中で，TPSにおける時間と管理会計の問題を整理する。

第3節　TPSにおける時間と管理会計

（1）物流速度

　まず物流速度についてである。これについては，1996年の『プロダクト管理会計』の中で，以下のように指摘している。伝統的標準（実際）原価計算では，どの工程の時間低減もコストダウンとして効いてくることになっています。この考えは，生産性イコール資源の稼働という古い生産パラダイムのもとでは整合はとれていました。しかしこの考えは，生産性イコール物流速度という新しいパラダイムからみたときは，虚構として否定されねばなりません（河田 1996, 218）。このように河田教授は，生産を資源の稼動と物流速度という2つの点から捉え，物流速度の重要性を指摘した。

　さらに2004年の著書『トヨタシステムと管理会計』においては，工場のマネジメントのパターンを海水型マネジメント（海の水）と淡水型マネジメント（河の水）とに区別し，それぞれの特徴を管理，生産，会計という3つの点から，明らかにしている。その中で，上記の問題についても，生産の中で，海の水では工程は分離可能な単位であるとし，資源稼動志向の大量・バッチ生産という考え方であるとする一方で，河の水では工程はつながっているとし，物流速度志向の小ロット生産（河田 2004, 52）の必要性を説明している。

　同様に，2005年の論文「ジャストインタイム管理会計」においては，基本的には，上述の「トヨタシステムと管理会計」での考え方を敷衍する中で，TPSと整合する会計の枠組みを具体的に提示している。その中では，「伝統的な財務原価計算は，製造間接費配賦基準を「資源操業（機械稼動または人間労働）×稼動量（稼動時間または労働時間）」概念に準拠しているため，機械の稼動時間や人の労働時間を減らせば，利益が生まれたという錯覚に陥る。」（河田 2005, 39）と資源稼動を基準とする伝統的な原価計算の問題点を指摘する一方で，ジャストインタイム管理会計の中核原理として，停滞時間の配賦基準への組み込みとして，リードタイム基準原価計算が示されている。この中でも，財務原価計算における製造間接費配賦基準を，伝統的な稼

動時間基準から停滞時間をも配賦基準に組み込む「物流速度基準」に改める（河田 2005, 40）という説明がされている。

このように，2005年の研究においては，物流速度基準やリードタイム基準原価計算という言葉に示されるように，より明確な形での説明を行っているのである。

2007年の「会計はプル型生産システムを支援できるか？」において，物流速度という言葉は使っていないが，以下のように述べている。大野の頭の中にあったのは，素人にもわかる「現金残高＝現金収入－現金支出」で，作り過ぎのムダをおさえ，受注した数だけを，ギリギリまで待って材料仕入支出をおさえ，着手したら最後まで物を停めずに完成し，即納品して現金を回収する。つまり，「より多く作る」ではなく，「より速やかに流す」ことが要諦となった（河田 2007a, 43）。まさしくこれこそが，物の流れを速くするという物流速度基準を的確に表している言葉であろう。

さらに，2008年の論文「TPS導入の会計リンクアプローチ」においても以下のように，記されている。問題の淵源は，伝統的財務原価計算制度は，資源（人や機械）の操業や稼動つまり「オペレーション」を中心に考えるのに対し，JITあるいはアメリカ産のTOCの立場は，「物流速度」を軸に思考する点にある（河田 2008, 27）。

以上プロダクト管理会計，トヨタシステムと管理会計，ジャストインタイム管理会計の中では，物の流れそのものを重視する物流速度という考え方がとても重要であり，まさしくこれが，LTBCを実施する上での中心的な概念となっている。つまりここでいう物の流れとは，加工や組み立てなどの製品の製造作業での流れだけではなく，待ちや運搬を含めたリードタイム全体での物の流れを考慮するということを意味している。

ではなぜ河田教授は物の流れ，物流速度基準というものをこのように重要と考えているのであろうか。これは，端的にいうと，早く物を作るためには，リードタイム全体から時間をみることの必要性があるからであろう。その意味ではリードタイムそのものの削減を主たる目的としているTPSにおいては，当然のこととといえる。したがって，リードタイムの概念をまずしっかりおさえることは，大事である。そしてその中でも，非付加価値時間を認識し，そ

れらを取り除くことは，特に重要なこととなる。しかしこの非付加価値時間をきちんと計算し，評価できなかった伝統的な会計システムへの問題点も同時に指摘されている。そこで以下では，リードタイムについて，河田教授がどのように考えているのかをみてみる。

（2）リードタイム

まず著書『プロダクト管理会計』において，リードタイムについて，プロダクトが工場の入口から出口までを通過する全経過時間（elapsed time）です。それは加工時間に非加工時間（待ち時間と運搬時間）を加えたものです。ラインバランスが十分とれていない多種少量生産，あるいは中種中量生産では，この非加工時間の占めるウエイトが高く改善余地が大きいのが普通です。加工時間は価値付加時間（value adding time）で，非加工時間はコスト付加時間（cost adding time）です。改善初期は非加工時間を短縮することで比較的大きな効果が狙えます（河田 1996, 219）。

2004年の著書『トヨタシステムと管理会計』においても，上述のような説明がされているが，さらに第3章の第3節の（4）リードタイムの意味－「月産30台」の中身の中で，全部原価計算の下ではロットサイズの大きい会社の方が，段取時間の節約分だけ原価が安く測定される。つまり，バッチ生産，まとめづくりを奨励する原価測定方法になっている。この原価計算構造のもとでは，小ロット生産や一個流しの合理性が説明できない（河田 2004, 61）としている。

2005年の論文「ジャストインタイム管理会計」において，「リードタイム」を構成する非加工時間と加工時間の比率は，経験則と財務報告の双方から推して，90％が非加工時間，10％が加工時間である。トヨタ，日産，ホンダなど成熟度の高い先進自動車メーカーでも加工時間は50％，非加工時間つまりモノの停滞時間が50％である。このような状況下で，リードタイム短縮としてまず手をつけるのは，通常モノの停滞時間短縮からである（河田 2005, 38）と，非加工時間と加工時間の比率を具体的にあげ，やはり停滞時間の短縮がリードタイムの短縮においてまずやるべきことであると説明している。

そしてその上で，リードタイム基準原価計算における配賦基準としてリー

ドタイムをあげ，以下のように述べている。予定リードタイムは，材料投入後の仕掛品回転日数（材料投入から製品完成まで）と製品回転日数（製品完成から製品出荷）の前年度実績値を，工場の実力としての平均リードタイムとして採用する（河田 2005, 40）としている。

その後，2007年の論文「会計はプル型生産システムを支援できるか？」において，タクトタイム概念を取り上げている。そこでは，タクトタイムの設定が，プル型生産システム設計の出発点であるにもかかわらず，「タクトタイム」への理解が乏しいことが，TPS導入困難の主因の1つと思われると指摘している。そしてタクトタイムとは，完成品が1台ごとに出荷される時間間隔のことで，「リードタイム＝タクトタイム×工程数」の関係にある。それとともにタクトタイムは，市場規模と獲得可能な受注予測台数と販売予定単価を経由して「予定売上高」となる。ものづくりシステム構築の真っ先に来る要件は，タクトの充足であって，コスト低減ではない（河田 2007a, 44）とも指摘している。

さらに，同年の論文「トヨタ生産方式の会計的説明原理としての時間価値」においては，リードタイムの重要性を説明する中で，タクトタイムの説明を以下のように取り上げている。タクトタイムとは，例えば，顧客要求が月産4,000台とすれば，労働日20日で割ると200台／日，これを2シフトとすると16時間で200台，つまり，16時間／200台，つまり「タクトタイム1台あたり4.8分」のリズムで出荷し続ける生産体制の構築，これがTPSの時間価値の最上位概念である。現在の市場と顧客が要求するタクトタイムにいかに生産のペースを合わせるか，これがTPSの時間価値の出発点である（河田 2007b, 217）とタクトタイム遵守の必要性を指摘している。

さらにリードタイムについても以下のように述べている。タクトタイムに工程数を乗じたものがリードタイム（生産期間）である。したがって，「TPSの至上命題はリードタイムの短縮である」といってよい。「リードタイムとコストのどちらが大切か」という問に対して，ためらいなく「リードタイムである」という回答が返ってこなければならない。製品のリードタイムは，加工時間と停滞時間の両者を包摂しているからである。コストはリードタイムの一部である。「ノータイム」が実現すれば，必然的に「ノーコスト」が

実現する（河田 2007b, 217-218)。

またこの論文においては，ファイナンスにおける「時間」は，経過時間（elapsed time）そのものつまりリードタイムを意味するのに対し，原価計算上の時間は，付加価値時間（加工）と，非付加価値（停滞）時間が区別され，前者のみが原価測定対象となるとし，リードタイムをファイナンスの時間と定義することによって，それらを解決する手段として資本コストを取り上げている。

2008年の論文「TPS導入の会計リンクアプローチ」においては，第2項の速度と機会の中でリードタイムの問題を扱っている。その中でJITの基本目的は，注文を受けてから顧客に収めるまでの期間，つまりリードタイムを短縮することであるが，発生主義準拠の近代会計制度は，会計年度末に到達した二次元の断面情報がみえればそれでよしとして，当該断面に到達するまでの時間軸を加えた三次元的情報には関知しない。会計のこの二次元的性格が，JITと会計の論理的非整合の正体である（河田 2008, 30）と説明している。それとともに棚卸資産回転日数の中で，リードタイムは，経済効果として，運転資金拘束期間の意味である（河田 2008, 31）とも述べている。

上述のように，リードタイムについてみてきたが，これを整理すると以下のようなことがいえる。

①プロダクトが工場の入口から出口までを通過する全経過時間であり，加工時間に非加工時間（待ち時間と運搬時間）を加えたもの
②リードタイムは仕掛品回転日数＋製品回転日数
③リードタイムの構成要素であるタクトタイムは時間価値の最上位概念
④リードタイムはファイナンス上の時間
⑤リードタイムは運転資金拘束期間の意味

(3) ジャストインタイム管理会計

1) 機会付加価値とJコスト論

以上，物流速度やリードタイムについて，河田教授の見解を整理してみた。これらを踏まえた上で，このような概念が会計の計算として，どのように考えられていくのかを具体的にみていくことにする。その1つとして，ジャス

トインタイム管理会計が示されており，これはLTBCにキャッシュ・フロー準拠のTPSの改善技法を組み合わせた田中教授のJコスト論，さらにこれらの成果を財務計算へとつなげる（河田 2005, 38）ものと説明している。以下これらの内容をみていく。

まずはLTBCである。この計算方法は以下のようになる（河田 2005, 40）。

【計算例】

総製造間接費120,000ドルでヴィッツ（物の停滞時間（1日），労働時間（1日））とカローラ（物の停滞時間（2日），労働時間（1日））を作っている。

解答：伝統的な労働時間基準　　　　　　　リードタイム配賦基準
ヴィッツ120,000ドル×0.5＝60,000ドル　　120,000ドル×0.4＝48,000ドル
カローラ120,000ドル×0.5＝60,000ドル　　120,000ドル×0.6＝72,000ドル

リードタイムコスティングを使うことによって，リードタイム短縮とコストの関係が鮮明となり，リードタイム短縮へのインセンティブが働くことになる。そしてこの停滞時間を計算することが，ジャストインタイム管理会計の中核原理である（河田 2005, 40）と指摘している。

この原理に基づいて，経過時間と稼働時間をあわせて製造間接費配賦基準とする財務原価計算の枠組みを示している。これは，全部原価計算の予定製造間接費配賦率の分母の予定総労働時間を"C"の予定リードタイムに変えただけである。予定リードタイムは，材料投入後の仕掛品回転日数（材料投入から製品完成まで）と製品回転日数（製品完成から製品出荷）の前年度実績値を，工場の実力としての平均リードタイムとして採用する（河田 2005, 40-41）としている

予定製造間接費配賦率（d）は，リードタイム1日当り1.25（＝50/40）となる。個別オーダー（製造指図書）ごとの，予定製造間接費配賦率もリードタイム1日当り1.25で計算される。

（f）の配賦不足額が（h）において10百万円発生する。操業度差額は，能率向上，受注量不足，リードタイム短縮の3種類から成る。このうちリードタイム短縮による操業度差額は改善であるにもかかわらず「不利差異」と呼

称されるが，ここでは定義の問題として，「機会付加価値（opportunity value added）」と呼称することにする。

またリードタイムの短縮の最大の効用は，資源余剰の顕在化にある。ただし伝統的全部原価計算では，余剰が顕在化すると原価差額の「不利差額」として報告される。これほどジャストインタイム生産の妨害になる定義はない。上述のように，将来のキャッシュ・インフローないし付加価値が約束される「機会利益」ないし「機会付加価値」として認識・報告されないとTPS推進者にとっては，まさに「立つ瀬がない」（河田 2005, 41）と説明をしている。そして余剰の活用策として①何もしない（材料仕入支出の発生を遅らせることによる金利効果），②内製化，③同一製品の追加受注，④新製品の立ち上げ，⑤研究開発の試作工場，と下に行くほど事業戦略を支援する効果がある。これに対し，現行財務会計はリードタイム短縮に対し，①の営業外費用（金利）の減という金利効果しか認めない。②から⑤は，いかに期待が大きかろうかとそれが将来に依存した「機会概念」であるために，財務計算から外すというロジックでは，本社と工場の思考の溝は修復できないばかりか，せっかく導入を試みたTPSは再び後退してしまうであろう（河田 2005, 41-42）。

このように，2005年の論文においては，現在の原価計算システムが，リードタイム短縮による将来的な効果である機会原価概念を説明できないといった問題点を指摘したのである。これは外部報告を目的とした原価計算制度という側面からみると当然のことである。しかしあえて河田教授がここでこのような説明をしたのは，機会概念であるリードタイム短縮の効果の測定の必要性を強調したいという彼の強い期待のあらわれがあったのではないかと思われる。そして2007年の論文においては，それらを解決するためにファイナンスの理論を援用することとなるのである。それは以下の説明になる

2007年の論文「トヨタ生産方式の会計的説明原理としての時間価値」においては，原価計算における「時間価値」は，人や機械が稼動している加工時間だけを「付加価値時間」として認める一方で，「貨幣の時間価値」を，加工，非加工にかかわらず認識するファイナンス理論を援用して伝統的会計の収益・費用・原価概念を再検討すれば，TPSの説明不足は解消されるのではなかろうかという期待があるとして，生産の論理と会計の論理をつなぐ「時間価値」

に焦点を当てて考察を行っている（河田 2007b, 216）。

その中でも第3節 時間価値と原価において，上述のように，リードタイムをファイナンス上の概念であるという考え（河田 2007b, 222）を，この2007年の論文において，初めて明確に示している。これについて2005年の論文「ジャストインタイム管理会計」においては，ものづくり大学田中教授の資金量の概念を援用することによって，停滞時間に対するリードタイムの短縮努力が，直接，資金量の大きさで示され，TPSによる改善程度を貨幣量で示すことが可能になる（河田 2005, 40）とし，具体的にはコスト2億円の物が1日滞留すると，「2×1＝2億円・日」，10日間滞留すると「2×10＝20億円・日」というような伝統的な二次元（単価×数量）の原価に時間を加えた三次元的原価観であるJコスト論を用いることの有用性（河田 2007b, 223）を指摘している。

ここで田中教授の考えを示しておきたい。彼は，現場の改善を担当する者にとって，改善効果を計る「評価指標」がないということの悩みは深刻である。この現場担当者にとって深刻な問題を解決するために，新しい評価指標の考え方と，その活用法を示している（田中 2004a, 85）。そのために，資金を円ではなく（円・日）という新しい尺度を使って「個々の工程の収益性改善」「銘柄別の収益性改善」「企業全体の収益性評価」を1つの「指標」で評価するという理論体系の構築を試みた（田中 2004a, 85）のである。

具体的な指標として，労働生産性＝生産高/投入労働量（m人×n時間）と利回りR（/年）＝配当金P（円）/（預入金額m万（円）×預入期間n（年））を説明する中で，収益性評価の指標である利回りの分母に注目すると，分母＝（預入金額m万（円）×預入期間n（年））

これは労働生産性の式の分母の投入労働量（m人×n時間）と同じ形になっている。これらから，

評価指標＝銘柄別収益性＝利益P（円）/投資資金量 $\int C(t)\,dt$（円・日）
を示している（田中 2004a, 86-87）。

これについて，今日の会計学では，（円・日）という単位は，積極的には使われません。そのため「日」という時間軸が意識されません。TPSのリードタイムの短縮効果が評価されにくいのはそのためです。そこで田中教授は，

第Ⅱ部　時間と管理会計・原価計算技法

■図表8-1　Jコスト図

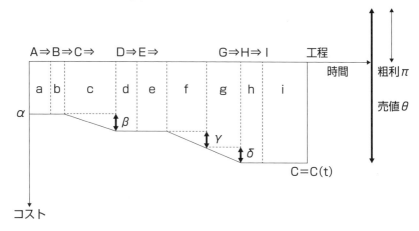

例) α, β, γ, δ が各工程でかけた費用である。
＊「面積」a, b, c, ……で表される資金量を「Jコスト」と名付ける。
出所：田中（2004a, 88）。

　この（円・日）という単位を使ってTPSの改善を有効に進める方法を『Jコスト論』と呼んでいる（田中 2009a, 151）と説明をしている。

　また，Jコスト論に基づく改善が特に有効な企業とは，完成までのリードタイム（D）が長い企業である。つまり仕掛品を含めた在庫が多く，その結果，棚卸資産回転日数（つまりリードタイム）が30日以上の多くの企業においては，Jコストアプローチが大いに有効です。……原価要素の中で，低減活動は，加工時間だけでなくリードタイム全体が等しく対策案の考察対象になります。そして改善の前と後の差異C（原価低減）とD（ジャスト・イン・タイム短縮）をともに評価することで，TPS志向の改善が一挙に進むことになるのです（田中 2009a, 151）。

　田中教授の説明の最後として，Jコスト図について述べておきたい。これは１単位の部品の立場になって調査をした結果を，横軸に時間をとり，縦軸下方に費用をとりグラフに描いている。横軸は部品が工場内を工程に従って流れていく状況を表しています。

　企業は，C（コスト）に影響する「工数」だけに捉われるのではなく，D（日）の経過日数全体の短縮に意を払うようにすれば，間違いなく「投入資

金量」が減り，手元資金は増えて，収益性の改善につながります。そこで，大切なのは，モノが停止しているだけの時間も時間として測定することです。例えば，搬入された熱処理後の部品が一定温度に下がるまで屋外に置いてある時間とは，いったん倉庫に入ってから組立てに払い出されるまでの時間などモノが寝ている時間も，すべて測定し，計上していきます。

　縦軸はその商品に注入したコストの累計を示します。工程に従い，どのようにコストが注入されて行ったかを調べたまま図に描いていきます。

　図で「時間で仕切られた面積」がa，b，c，d…で表されています。これはそれぞれの工程に滞留する資金量を表していますが，この資金量を「Ｊコスト」と名づけます。

　さてこのＪコストは各工程区分別の投入資金量の総和ですから，
　Ｊコスト＝∫C（t）dt（円・日）（区間A）
そうすると，この製品を作るに要した銘柄別投入資金量は次式となります。
　銘柄別投入資金量＝Ｊコストの合計＝a＋b＋c＋…h＋i
　AからＩまでが会社の入口から出口まであるとき，上式はその銘柄の１個当たりの棚卸資産に相当する資金量を表すことになる。求めている改善評価指標は，次のようになる。

　　改善評価指標＝銘柄別収益性
　　　　　　　　＝粗利益P（円）/投資資金量∫C（t）dt（円・日）
　　　　　　　　＝粗利益P（円）/（a＋b＋c＋…h＋i）（円・日）
（粗利益とは，販売管理費を差し引く前の，工場設備の利益です。）

　従来の利益＝売値－原価　利益率＝利益/売値＝１－原価/売値の式に代えてこの指標の改善前後の差額を比べれば，原価低減だけでなくリードタイム短縮の効果も定量的に評価できるのです（田中 2009a, 152-153）。

　また銘柄別収益性の式の分母は図の面積に相当する。この分母が，自社に所有権がある期間にわたって調べたモノであれば，その定義から，その銘柄１個の棚卸資産に相当する。またよくみるとC（コスト）とD（リードタイム）は，この図の縦軸と横軸の関係になっている。ということはCかDかの二者

択一ではなくCとDの織りなす面積を小さくすることが収益性を向上させる道であることがわかる（田中 2008, 41）。田中教授は, Jコスト論の応用例としてJコスト論からみた棚卸資産を提案している。

以上田中教授の見解をみてきたが, この研究の特徴は, 現場の経験から考え出されたJコスト論が時間の問題を解決する一手段として使われた点である。そしてJコスト論を含めて経済的価値を測定するという考えについて, 以下さらに検討をしていく。

2）経済的価値の測定と時間を組み込んだ投下資本コスト

この問題を解決するために, 河田教授は上記2007年の論文と同様に, 金融理論や企業価値評価の基本概念でもある, 機会概念を二次元的な財務会計と接合できれば, 財務会計の窓からTPSの三次元的構造がみえてくるかもしれない（河田 2008, 30）と指摘している。

その上で, リードタイムと財務会計を関係づけるものとして速度概念を示している。そしてリードタイムについて, 以下の3つの例題を示している（河田 2008, 30）。

① 1日分の工数（マン・アワー）でその日のうちに作って, 翌日即納, 入金した。
② 同じ1日分の工数を使ったが, 1ヵ月費やして（つまり途中工程のあちこちで加工待ちや滞留を伴って道草をくいながら）完成し, 出荷, 入金した。
③ 1日分の工数で1日のうちに作って完成させた後, 倉庫に364日間保管後に出荷して入金した。

しかし加工費を「労働時間×製造間接費配賦率」でもって予定計算することを認める原価計算基準（原価＝材料費＋加工費）のもとでは, ①, ②, ③とも原価は同一で差がつかない。一方で時間軸を加味した経済的価値としてのコストは①が最も安く②がその次, ③が最もコスト高と, その価値の大きさの順序は明白である（河田 2008, 30）と具体例をあげることによって, 現行の原価計算基準に基づく全部原価計算が, リードタイムを考慮に入れた計算になっていないと批判している。

これらの見解については，基本的には，上述した物流速度の問題と重なる点も多い。また，在庫とリードタイムに関する問題とも関係しているため，河田教授の前の研究においてもすでに述べられている。つまりこの3つの例題は，リードタイムとコスト，あるいは在庫の問題を考える上で，非常に重要な考え方になる。したがって，これについて少し河田教授の考えをみることにする。

　まず1996年の著書において，第5章新しい管理会計の方法の第2節会計の可視性・不可視性の中で，会計データからはみえにくいものとして，金利をあげており，その中で以下の説明を行っている。在庫削減効果の判断が困難な大きな理由は，金利は現在の会計規範では原価外となっているため，100日かけて作った物も1日で完成した物も同一原価となることです。これでは，スピードを旨とする21世紀の生産には適用できません。モノづくりに要した金利は直課して，みえるようにしたいものです（河田 1996, 171）。

　それとともに，会計データからはみえないものとして，待ち時間（非加工時間）のコストをあげ，説明として以下をあげている。資源（人，機械装置）の活動は「価値付加的活動（value adding activity）」「コスト付加的活動（cost adding activity）」に二分されます。物が加工・変形し，製品となりつつある状態は（コスト発生も進行するが）価値付加的活動であり，単に待っている，運ばれているだけで，物としては形状・性質に変化が生じない状態はコスト付加的活動です。待ち時間（非加工時間）をどう短縮するかが，新しい生産パラダイムの緊要課題ですが，全部原価計算はコスト付加的活動を無視しているためこれに対応できません。物の待ち時間（非加工時間）の重要性がみえないことは，伝統的会計の致命的な欠陥といえます（河田 1996, 171）。

　このように，会計データからは視えにくいものあるいはみえないものというように，リードタイムとコストとの関係についての彼の基本的な考えを指摘している。

　そして2007年の論文においては，上記と同様に現行の全部原価計算が停滞時間を反映できないといった問題点を指摘するとともに，以下の2つの設例を用いて，資本コストの計算によって，これらが解決できるということを説

明したのである。

　ケース1：1日で加工して，即納し，代金を回収した。

　ケース2：1日で加工して，364日製品倉庫に保管後に納入して代金を回収した。

リードタイムの長短を反映しないこの原価計算には，TPSにとって最も大切なものが欠けている。そこで，364日間滞留したケース2に，資本コストC^*を負担させるとすると，下記の算式を得る。

　新しい製品原価
　　＝材料費＋マン（マシン）アワー×加工レート＋材料費×資本コストC^*
　　＝材料費（$1+C^*$）＋　マン（マシン）アワー×加工レート

材料費を1,000万円，資本コストC^*を25％と仮定すると，ケース2は，材料費部分に250万円の関連原価（relevant cost）としての資本コストが発生する。ケース1は$C^*=0$であるから，伝統的原価計算の定義に戻ることになる。これによって，従来の原価の材料費部分に材料費支出相当額の運転資金調達の機会費用である資本コスト率分だけ，材料費を増加させることができるようになる（河田 2007b, 226-227）と指摘している。

またこの資本コストについては，園村教授によって詳細な研究が行われている。その中で，時間を組み込んだ投下資本コスト（Time Cost of Capital Employed: TCCE）が提案されている。これは製造・流通過程で循環する運転資本等の使用料であり，機会原価である。例えば1万円を投下し30日間運転資本として運用すると，資本コストが年20％のとき，資本の使用料は164（円）＝$10,000×30÷365×0.2$であり，計算式は以下になる。

　投下資本コスト（円）＝投下資本（円）×拘束期間（日数）×資本コスト（日率）

さらに，プロジェクトの評価では，特定のプロジェクトの収入と支出を見積もり，投資の採算が検討される。プロジェクト評価では材料費や人件費といった製造コストだけでなく，製造・販売過程で使った投下資本コストを機会原価として計測する。この採算経済計算に用いられるコストを「経済コスト」と考え，次の計算式で示している。

　経済コスト（円）＝製造コスト（円）＋投下資本コスト（円）

このように，財務会計上の製造コストに投下資本コストを加えることによって，投資意思決定や管理会計に利用できる（圀村 2008, 45）のである。そして時間の問題からみれば，リードタイム削減効果を貨幣額で測定できることが非常に大事なことである。

　ここでは，以下運賃は安いが時間のかかる船で運ぶか運賃は高いが早く運べる飛行機で運ぶかのケースを説明しておく（圀村 2008, 46-47）。

【計算例】

　次の条件のとき，電装部品を船便にすべきか空輸にすべきか。なお，輸送代金は刈谷工場から搬出時に全額支払う。

輸送計画

船便

刈谷工場 ⟶ 名港 ⟶ サンフランシスコ港 ⟶ インディアナ工場

　　　　1日　　　9日　　　　　　　　　　5日
　　　　2万円　　18万円　　　　　　　　　6万円

空輸

刈谷工場 ⟶ セントレア ⟶ デトロイト空港 ⟶ インディアナ工場

　　　　1日　　　2日　　　　　　　　　　2日
　　　　2万円　　64万円　　　　　　　　　4万円

輸送部品　　電装ユニット
1ロット＝1日生産台数　　　　　　　　100台
単価　　　　60万円　　　製造コスト　6,000万円
重量　　　　5kg　　　　　総重量　　　500kg
資本コスト（日）＝0.001

解答

　空輸は輸送コストは高いが，投下資本コストが安い。

　経済コストでみると，空輸が安い。

経済コスト

	製造コスト	輸送コスト	投下資本コスト	経済コスト	意思決定
船便	6,000万円	26万円	90万円	6,116万円	棄却
空便	6,000万円	70万円	30万円	6,100万円	採択

(注) 船便投下資本コスト＝投下資本（万円）×拘束期間（日）×資本コスト（日率）＝（6,000＋26）×15×0.001＝90.39万円

　上記から，空輸は，運賃は高いが時間を節約できるので投下資本コストが安く，経済コストでは船便より安いため，空輸を採択するという意思決定となる。

　また園村教授は，2009年の編著書の第5章「投下資本コスト」の中でa.投下資本コストの本質を明らかにし，財務会計の限界を示す，b.リードタイムのコスト削減効果，c.JITと輸送・在庫問題，d.国内生産か，海外生産等のケースについての具体的な計算例を示している（園村 2009, 124-140）。

　さらに園村教授は，投下資本コストの概念を用いた経済的付加価値（Economic Value Added: EVA）が，財務会計の弱点（機会原価）を補強した概念と説明した上で，ボトムアップ型の投下資本コストと時間軸が入っていないトップダウン型のEVAの両者の結合が今後の課題である（園村 2009, 137-138）と述べている。

　これらの研究をとおして，管理会計において時間を扱った1つである貨幣の時間価値の考えが，リードタイム削減効果において重要な役割を果たすことになる。そしてJITにおけるキー概念である時間が，コスト情報として組み込まれるようになり，時間とコストとの関係を会計情報に入れることが可能になる。

3）利益ポテンシャル

　最後に財務会計との関係から彼らの研究をみておくことにする。これについて河田教授は，JITの合理性の説明を，財務会計指標を用いて，利益ポテンシャルを析出，測定できないか（河田 2009c, 72-73）というように利益ポテンシャル（Profit Potential: PP）という指標を示している。

　このPPは河田の2007年の論文において，MPM（Manufacturing Profitability Measure: MPM）と紹介され，生産現場の顧客対応力，現場力

に絞った統合指標であり，そしてこの概念は，周知のROAからファイナンスなどの本社要因を除去した現場力（顧客対応力，品質，リードタイム）を測定評価する。いわばROI，ROAの現場版であり，製造部門のキャッシュ・フロー運用効率であるとともに，製造部門によって稼ぎ出された将来利益を生み出す力である（河田 2007b, 229-230)。この計算式は以下のようになる。

MPM＝製造キャッシュ・フロー/棚卸資産

製造キャッシュ・フロー＝売上総利益±在庫増減＋減価償却±仕入債務増減±売上債務増減で，その含意は「その製造キャッシュ・フローは，どの程度の棚卸資産を使って稼ぎ出したのか」を問う（河田 2007b, 230)。

しかし2008年にはPPと名称が変更され，2009年の編著書では，この計算式は

営業利益/棚卸資産 ＝ 営業利益/売上原価 × 売上原価/棚卸資産
　　　　　　　　　　　（利益率要素）　　　（リードタイム要素）

となり，この含意として以下のように整理されている。
① 利益とリードタイムを統合するものづくり経営の中核概念（現場版ROA）。右辺の第1項は「売れるものをつくる」，第2項は「売れるタイミングで作る」ことを意味する。両者あわせて「ものづくり経営」を構成する。右項のリードタイムがJITの本質。
② PPの変化が，利益率要素によるものかリードタイム要素によるものかを吟味する。
③ PPは，今期利益の達成が棚卸資産の意図的増大や，不良・滞留資産の温存によるものではないこと，つまり利益の質を証明する。
④ 報告利益の増加以上に棚卸資産が増加している場合，PPは低下する。この場合の利益アップは，マイナス評価。合法ではあるが一種の粉飾ないし会計政策であることが多い。
⑤ PPが上昇している場合は，たとえ利益率が下降していても，それ以

上に棚卸資産が減少して、キャッシュ・フローは好転している。この場合の利益ダウンはむしろプラス評価となる（河田 2009c, 73-75）。

さらに時間の視点からみると、JITのリードタイム短縮の結果、「従来の運転資金を他の目的に振り向ける資金余力の発生」を意味する（河田 2008, 32）と説明している。

ここで設例をみておきたい。

【計算例】

前期　営業利益　100　棚卸資産　200（PP＝100/200＝0.5）

ケース①当期　営業利益120　棚卸資産260（PP＝120/260＝0.46）

これは報告利益が2割増でも在庫が3割増で、キャッシュ利益は悪化。この場合はむしろペナルティ。TPS導入は失敗に終わっている。

■図表8-2　河田教授の研究の整理

年度 / 内容	会計上の概念や手法	概　要
1993年	リードタイムコスティング	リードタイムの短縮に応じて製品原価が低減する計算方式 製造間接費をリードタイム比により配分
2004年	損益・キャッシュ・フロー結合計算書	税引後当期純利益からキャッシュ・フローの調整を始める米国式によりながら、日本式の「営業活動によるキャッシュ・フローの小計」 これにより、損益計算書の利益とキャッシュ・フローの営業活動のよる利益の乖離の要因と経営者の意思までがみえてくる
2005年	ジャストインタイム管理会計	Jコスト論を応用 リードタイム基準原価計算
2007年（1）	3次元会計（原価）観（リードタイムと資本コストの考慮も含む）	伝統的な二次元（単価×数量）の原価に時間を加えた三次元的原価観 コスト×経過時間＝資金量 物が停止している「無活動の時間」もコストを形成、TPSのリードタイム重視の論理と利益概念とが統合
2007年（2）	利益ポテンシャル（Profit Potential：PP）	PP＝営業利益/棚卸資産 ＝（営業利益/売上原価）×（売上原価/棚卸資産） 　利益系　　　　　　　リードタイム系の評価

出所：筆者作成。

ケース②当期　営業利益80　棚卸資産120（PP＝80/120＝0.67）

　これは、報告利益が不況期で2割落ちたが、TPSを導入して在庫を4割削減し、キャッシュ利益は向上した。この減益はむしろ表彰もの。TPS導入は成功している（河田 2009c, 75）。

　これらをみたときに、時間の問題がいかに在庫削減につながっていくかが非常に重要な考えとなる。この点は、筆者も同様な立場である。それとともに、公表財務諸表における会計数値を利用することにより、時間の要素について企業間比較を行うことができることもまた大事な点である。この点は上記の阿保、辻、矢澤教授らの研究とも相通じる点がみられる。その意味からもこれらの指標を評価に組み入れることによって、時間の短縮、コスト削減、そして在庫削減といった問題を誰もが利用可能な会計情報として認識できるようになる。

第4節　おわりに

　本章においては、TPSにおいて時間をどのように原価計算そして管理会計の問題として考えることができるのかを河田教授の見解を中心に説明してきた。その議論が行われる前提としては、JITのキー概念となる時間が評価に入れられていない点である。そこでまずは、物流速度やリードタイムがどのような意味をもつのかを検討した。この中では、やはり物の停滞時間をいかに原価計算に組み込むことができるかという点が大事であるということがわかった。

　この問題に対して、LTBC、Jコスト論、TCCE、PPといった具体的な手法が示されてきた。具体的には、物流速度やLTBCといった原価計算からの解決策として、製造間接費の配賦計算に稼働時間だけでなくリードタイム全体という思考が入れられたのである。そしてそれでも補えない部分をファイナンスの理論を援用して補ったのである。さらに、ここでは、これらを財務諸表との結合の問題として取り上げている。これは、内部情報だけでなく外部情報としての時間の短縮の影響を考える必要性があったからである。この点についても、本章では取り上げてはいないが、すでに有用な研究が行われ

ている[2]。

　最後になるが，時間の問題を機会原価との関係で議論している研究は，本書においても多くみられる。したがって，その中で，本章での議論もその解決への1手段になることは間違いないことである。この問題については，第10章の管理会計体系論の箇所において，全体的に整理をしたいと考える。

---

2) これらの成果は，企業会計の特集である「トヨタ生産システムと整合する管理会計」そしてそれらをまとめた編著『トヨタ原点回帰の管理会計』がある。その1つとして，中根教授は，改善の効果を測定するときに，現行の全部原価計算が阻害要因になっている点，したがって上記PPの計算において，直接原価計算を利用する有用性を述べている（中根2008, 53-61）。

第9章

時間とアメーバ経営に関する研究

第1節　はじめに

　2000年前後から管理会計上京セラのアメーバ経営に関する多くの研究が行われている[1]。その中で時間当り採算が，重要な業績評価指標として用いられている。また京セラには創業者である稲盛和夫氏の経営哲学をまとめた京セラフィロソフィがある（三矢 2003, 143）。そしてこのアメーバ経営の土台としての京セラフィロソフィは，時間当り採算の構造に具体的な形で影響を及ぼしており，時間の重視は具現化されたフィロソフィの1つである（潮 2006, 213-214; 潮 2008, 153-154）という指摘がある。つまりアメーバ経営において，その計算構造や京セラフィロソフィをみても，時間が重要な概念として使われている。この点に筆者の大きな問題意識がある。

　そこで本章では，このような問題意識から，時間の視点からアメーバ経営を検討することを主たる目的とする。そのために以下では具体的に，時間当り採算誕生の経緯，時間当り採算の計算式，利益連鎖管理，管理会計上の意義という点から検討を行う。

---

[1] アメーバ経営に関する初期の学術論文の1つとして，1989年の企業会計2月号の中での，浜田教授の「「アメーバ方式」による利益管理システム」をあげることができる。

第2節　時間当り採算の誕生の経緯

　2節以降では，時間と管理会計・原価計算との関係をみていく。アメーバ経営においては，上述のように，時間当り採算という業績評価指標が使われているので，これが議論の中心になる。以下まずは，時間当り採算誕生の経緯について検討してみる。そこから，京セラにおいて時間がどのような役割をもっているのかも考える。

　京セラは，1959年に設立され，最初はテレビのブラウン管用の部品をつくっていた。当時，弱小部品メーカーに値段の決定権はなく，利益を残そうと思えば徹底的にムダをなくすしかなかった。

　お金がないので設備は買えない，なんとかして既存の設備で生産性を上げなければならない。そこで稲盛氏は，設備に頼らず，人間の側の柔軟性を引きだそうとした。生産の多い少ないに応じて，2交代にしたり，3交代にしたりということを行った。だが，社員にムリをいっているだけでは，ついてきてもらえないと判断し，彼らにもっと経営の中身をみせ，現状を知らせることにした。そこで，会社の現状を知らせるために，誰にでもわかるやり方が必要になった。

　京セラは，もともとお客さんから注文をもらったものをつくるオーダーメードの部品メーカーであった。そのため，注文をとってくることが，特に重視された。つまりお客さんが提示した金額で受注し，あとは製造段階で利益をあげられる力をつけることが不可欠であった。

　そこで「あなたは何をつくったのですよ」にとどまらず，金額ベースの情報を積極的に伝え，「いくらのものをつくったのですよ」ということまで徹底して教えていった（三矢他 1999, 92-93; 三矢 2003, 90-91）。このように経営の中身を知らせるためにも何らかの仕組みを作る必要があったのだ。

　そして会社の規模が大きくなるにつれて生産拠点も分かれ，工場同士間での競争も起こってきた。最初は，アメーバ間の比較の指標として，各部門の生産高を時間数で割った，時間当り生産高を使っていたが，セラミックだけとセラミックに金具等を取り付ける各アメーバ間における不公平感から，生

産高から材料費など発生する費用を全部引き，それを時間で割った時間当り採算を評価に用いるようにした。これによって，扱う製品や規模の異なるアメーバ間で公平な競争ができるようになった（三矢他 1999, 93-94; 三矢 2003, 91）。

彼らの研究をみると，情報を積極的に明らかにすること，それによって，各アメーバを上手に管理できるようになったのである。その軸となる指標として時間が使われてきたといえる。

また潮准教授は，アメーバ経営の歴史的な生成・発展過程について，中軸利益概念である時間当り採算の形成過程に着目しながら分析を行っている。その際，彼は，アクターネットワーク理論（Actor-network Theory:ANT）における対称性原則，Callonの翻訳プロセス，Robsonの銘刻概念に依拠して説明をしている（潮 2012, 85）。以下潮准教授の見解を中心に整理をしてみる。

1）時間当り採算の誕生

まず誕生においては，第二製造責任者の樋渡氏が，製販会議で提出した資料が，後の時間当り採算の原型であり，1965年4月のことであった。これには，受注実績とその遂行率，生産予定，生産実績とその遂行率，月末受注残，納期遅延表，製品歩留率のほかに，その月の稼働日数，従業員数，稼働延べ時間，および1人当りの生産高，時間当りの生産高を計算した。

ここで着目されるのは，a.経費の項目が少ないこと，金利と呼ばれる各アメーバの保有資産に対する資本コスト負担額がないこと，時間振替などがないこと。b.当該指標が，現在のような全社的な経営指標ではなく，現場の，それも製造部門に限定された指標であるという点である。会計専門家や経営者によって作成・導入された指標ではなく，製造現場の責任者が自ら作成し，必要性に応じて変化，発展させていくことで，このような採算表が生み出された。したがって自らはもちろん，新たに導入した他の製造部門にとっても理解可能であり，Robsonのいう安定性を備えた指標であったと潮准教授は指摘している（潮 2012, 88-93）。

2）時間当り採算を中心としたネットワークの形成

また企業規模が拡大していく当時の状況で,「中堅企業への脱皮」を重要問題として取り上げた。そのための方策として7つの重点項目を掲げた。その中の京セラ精神復興運動とその徹底, 各部門独立採算制の確立と, 帳票管理の徹底の2つと時間当り採算との重要な関連性が示された。そして1967年12月には小冊子『京セラ・フィロソフィ』第1集が制作され, 全社員に配布された（潮 2012, 93-95）。

これについて以下の説明がある。「中堅企業への脱皮」を目指すにあたり, 売上高の拡大とともに「筋肉の引締まった素晴らしい健康体」を維持することを目的として, 稲盛氏をはじめとした経営陣主導によるいくつかの方策がとられた。1つには「京セラ精神」の社内での維持・浸透であり,『京セラ・フィロソフィ』と題された小冊子の発行に代表されるように, 京セラ・フィロソフィと呼ばれる京セラの経営理念の総体が明文化されたことがあげられる。

今1つは, それまで製造部門における活動状況を示す現場のための指標であった時間当り採算を全社的経営指標として位置づけたことがあげられる。全社指標とする過程において, 営業部門の収益を「営業口銭」と呼ばれる仲介手数料方式とすることで, 製造部門に市場での価格動向を直接伝える仕組みを維持し, のちに「市場に直結した部門別採算」と呼ばれるような市場直結主義ともいうべき考え方が, 時間当り採算の計算に銘刻された。また, 製造部門および営業部門の時間当り採算を係単位で集計し, 同一指標のもとで共通の目標数値を設定して互いに競わせることで, 独立採算意識や実力主義的な考え方を経営陣が時間当り採算に銘刻し, 社内に普及させようとした様子, すなわち稲盛氏をはじめとした当時の経営陣が, 時間当り採算を中心としたアクター間のネットワークを形成しようとした動きが窺える（潮 2012, 99-100）。

3）時間当り採算を中心としたアクターネットワークの確立

次に賃金の源泉としての時間当り採算への着目である。これは賃金上昇と時間当り採算との関係についての説明である。潮准教授は, 時間当り採算の

経営陣による新たな意味づけ，全社的な指標としての位置づけ，そして社内への浸透へのプロセスについてCallonの提示する「翻訳」プロセスにおける4つの段階に基づいて整理をしている（潮 2012, 100-102）。

第1に，高度経済成長という国内の社会的・経済的な背景の中で，賃金の向上を重要な問題として提示した（問題化）。第2に，会社が成長していく中でその成果を現場従業員とともにわかち合うことを宣言するとともに，全社的な業績を，時間当り採算という現場従業員にとって馴染み深い教訓として刻み込むことでより身近なものとして位置づけ，幅広い層に対して，全社的な業績についての関心づけを行った。潮准教授はこれらについて以下の説明をしている。

まず時間当り採算が従業員の賃金上昇を結び付けるための指標となり得たのは，時間当り採算が元来，通常の利益計算に基づく財務指標ではなく，現場の労働生産性を表すことを目的とした指標であったことから，時間当り採算の分子である「採算」の計算に給与・賃金が含まれておらず，全社業績の向上による時間当り採算の増加を，経営陣や従業員をすべて含めた意味での全社員の取り分の増加として位置づけることが可能であったからである。

さらに時間当り採算に対してそのような意味づけがなされることで，創業直後の高卒社員との団体交渉を経て経営陣らに認識されるようになった「大家族主義」とのつながりも生じるようになる。すなわち時間当り採算の向上は，経営陣にとっては，「筋肉の引き締まった素晴らしい健康体」を意味し，従業員にとっては賃金源泉の増加を意味する。同時に，労務費が存在しない計算メカニズムにより，「運命共同体」として全従業員を位置づけようとする「大家族主義」を事後合理的[2]に銘刻する形となった。これは，元来個々に異なる関心をもつ個別の要素（actor）を，時間当り採算が媒介することで，それらが1つの共通の文脈のもとでのつながりをもつ（すなわちアクター間のネットワークが形成される）ようになったと考えられる（潮 2012, 102-103）。

2）挽教授（2007）は，事後合理性の概念から京セラアメーバ経営での管理会計システムについての生成と発展のプロセスを検討している。

これらの説明は，上記Callonの「問題化（problematisation）」，「関心づけ（interessment）」という2つの段階に加えて，アクター間のネットワークの形成が示すように各アクターの「取込み（enrollment）」も含まれていると考えることができる。またこの時点ではないが，第4段階の他の場所への「動員（mobilization）」については以下のプロセスにおいて説明がされている。筆者はこの点を指摘しておきたい。

4）不況期における苦悩と時間当り採算に残る銘刻

　1969年秋以降の金融引き締めやアメリカの景気後退，対日輸入制限の強化に伴う対米輸出の伸び悩み等の内外需要の減退で，1970年の後半には京セラの受注は半減した。また川内工場が竣工して間もない翌1971年度には，初めての減収となった。翌年度には持ち直すものの，1974年度にはオイルショックの影響で，再び減収となった。この状況の中で，時間当り採算の全社目標の設定が行われた。これについて稲盛氏は，1974年の全社目標として時間当り採算2,700円という数字に強いこだわりをみせた（潮 2012, 103-107）と説明している。このように不況期においても時間当り採算が重要な役割を果たしているのである。

　そのために，具体的に実質人員と余剰人員の完全なる区分や金利・償却費の計上方法の変更などが行われた。前者について余剰人員を抱えたままでは，作業能率の低下を招くこととなり，受注が回復したときへの悪影響を考慮し，あえて必要最小限の人員で業務を行わせようとする意図である。後者は，取得価額ではなく，各期の減価償却による価値の目減り分を考慮した簿価を基準として，金利・償却費の計算を行うこととした（潮 2012, 107-109）。これらから，潮准教授はこの時点においては，時間当り採算の計算の中でも，「2,700円」という数字そのものが重要な要素すなわちアクターとして，経営陣や従業員に対して能動的に影響を与えていた（潮 2012, 109）ことになると指摘している。

　最終的には，時間当り採算を中軸的利益概念としたこの経営手法は「アメーバ経営」という名称のもと，国友をはじめ，ビジネス界からの外部の関係者を巻き込みながら，社外へ「動員」されていく。時間当り採算における会

計計算上の特徴に対するさまざまな捉え方は，いずれも相反するものではなく，それぞれの時代背景や京セラ自身の発展段階の中で，これらの経緯や意図が計算メカニズムの中に刻み込まれながら，時間当り採算が形成されてきたことに由来していることがわかる（潮 2012, 111）。これは上述した翻訳プロセスの第4段階を示しているのである。このようにANTの確立や不況期を乗り越えるという2つの時代の中で，時間当り採算が重要な役割を果たしてきたことは間違いない事実である。

またRobsonの銘刻概念にそってこれらを説明すると，上述の安定性に頑強さと発展が加えられることになる。頑強さについては，ここでの事例が示唆するのは，現場に由来する時間当り採算の利用可能性が，当該指標の慣性，すなわち時間的な頑強さを生み出す，という点であるということ。それ以外にも，頑強さのもう1つの理由は，従業員の納得性にある（潮 2012, 114）と潮准教授は指摘している。

一方，会計の「発展（developement）」として捉えることができる。つまりこの事例においては，時間当り採算の役割や計算メカニズムが時代に応じて"変化"していった。しかしながらそこでは，例えば生産性の指標から全社的な経営指標，あるいは労働成果の分配源泉としての指標へと変化していくそれぞれの段階において，その前の段階における役割や計算メカニズムを内包しながら，新たな役割や構造へと変化している（潮 2012, 115）のである。

これらアメーバ経営の歴史的な発展をみたときに，そこには時間という指標そのものが管理会計上重要な役割を果たしているということを説明できるのである。またこのことが，ここで歴史的発展をみてきた理由でもある。なお管理会計における時間当り採算の位置づけについては後述したい。

第3節　時間当り採算の計算式

（1）時間当り採算の基本的計算

第2節では，時間当り採算の歴史的発展をみてきた。次に時間当り採算の計算式をみることにする。谷教授は，時間当り採算について以下の指摘をし

ている。アメーバを自律的組織[3)]として活性化するには,「任せる経営」を可能とする仕組みがなければならない。それは京セラアメーバ経営では1つには時間当り採算による採算表である。社内売上を含んだ売上高から社内買を減額したネットの総生産から,労務費以外の経費（本社費の配賦額を含む）を差し引いた差引売上（いわゆる付加価値）を計算し,使った総時間でこの金額を割ったのが「時間当り採算」である。これはいわば家計簿的な単純な構造の採算表であり,理解しやすいという特徴をもっている（谷 2005, 28）。

これは製造部門の時間当り採算を示しており,計算式で示すと以下のようになる（三矢他 1999, 95-104; 三矢 2003, 92-96）。

総出荷＝社外出荷＋社内売
総生産＝総出荷－社内買
差引売上＝総生産－経費
時間当り採算＝差引売上÷総時間
一方,営業部門の時間当り採算の計算式は以下である。
総収益＝売上金額×口銭率
差引収益＝総収益－経費
時間当り採算＝差引収益÷総時間

このように,時間当り採算の計算式は製造部門と営業部門に分かれる。ここで製造に売上高を計上する理由として以下があげられる。一般の会社では,売値と製造原価との差額,つまり粗利益を,営業側の成果の指標として捉えることが多いが,京セラの受注生産販売方式では,この分は製造側の責任となっている。営業はあくまでも手数料収入を稼ぐと考えられており,その考え方が時間当り採算の計算にも反映されている（三矢他, 1999, 103; 三矢

---

3) 自律的組織は,市場志向の哲学,さらにより深い経営哲学を共有しながら,各組織単位が自律性をもち,自らの環境の変化に敏感に適応する組織である。各組織単位は自主的・能動的に行動するが,価値観の共有と相互信頼関係のもとで,情報的相互作用を行うことによって,全体として環境の変化に適応しながら進化していくことができるのである（廣本 2009, 16-17）。

2003, 95) のである。

　上總・澤邊教授は，これは「値段は市場で決まり，利益は製造で生まれる」という京セラの独自の認識に基づくものであり，「常に市場を意識して生産を行う体制にする」ためである（上總・澤邊 2005, 101）と説明している。このように，製造は市場を意識した生産を行わなければならない。そしてこの考え方が，製造部門が単なるコストセンターではなく，ミニ・プロフィットセンターと呼ばれるゆえんである。

　また「経費」は，アメーバが期間内に使ったトータルの費用を指している。要は，必要経費のことである。製造部門の経費として原材料費，金具代，外注加工費，電力費，設備の金利・償却費，修繕費など生産にかかわるすべての費用が入る。事業部内の間接部門の経費，工場共通で負担する経費，研究や開発に支払う社内ロイヤリティ，本社費や営業への口銭も，サービスを受けた分に応じて割り振られ，経費の中に含まれる。ただし人件費だけは入れていない。また，製造原価と販売費および一般管理費も一緒に経費とされている（三矢他 1999, 99；三矢 2003, 94）。

　営業部門の経費として人件費以外の電気通信費，旅費交通費，販売手数料，販売費賃借料，本社経費など営業活動にかかわるすべての費用が含まれる。

　時間当りの計算も製造と同じである。製造収益を営業部門で使った総時間で割ったものである。なお営業では，累積時間当り，1人当たり売上高，受注額等を参考指標として利用するケースもある（三矢他 1999, 104, 三矢 2003, 95-96）。

　また労務費については，時間当り採算では，人件費を経費の中に入れていない。その代わりに，何時間働いたかは総時間としてカウントし，時間当りの計算の分母としている。人件費を金額で表すと，かえってアメーバ経営はやりにくくなるのである。なぜなら，現実に働く人によって給料は違う。もし，そこまで現場のリーダーに教えてしまえば，同じアメーバの中の賃金の高い人が外されるということになってしまうかもしれない。逆に，それに気がねして，思い切った人事ができなくなるかもしれない。

　これでは，人の流動性を悪化させてしまう。ひいては，アメーバ本来の機動性を失いかねない。人の生産性をみるだけなら，一律に時間でみるだけで

十分である。給料の額にかかわらず，全員が最大限の努力を発揮することを重要視している。

　時間当りの数字は，アメーバのメンバーが一時間働いて生み出した付加価値を表している。これは別の角度からみれば，労働をコストと割りきってしまわずに，利益の源泉と捉えているということになる。人間は，あくまでも人間なのであって，機械のような費用のかたまりではない（三矢他 1999, 104; 三矢 2003, 99-100; 稲盛 2010, 10-11）。

　これについて上總・澤邊教授は以下の指摘をしている。労務費がアメーバリーダーの管理可能費ではないこと，そして「経営の本質」である「売上最大，経費最小」の追求は労務費の抑制によってではなく，その活用によって経営効率を向上することにあるからである。一方製造収益については，労務費を越える製造収益を実現したときに，初めて会社全体での利益獲得に貢献できることを意味している。この製造収益という会計概念は「付加価値」と呼ばれており，企業活動の社会全体に対する貢献を表す指標である。これを会社経営の中軸的利益概念に置く京セラの管理会計システムは，時流に流されず経営理念を素直に反映した会計システムと彼らは指摘している。またここには，「自分の食い扶持は自分で稼ぐ」という京セラフィロソフィが深く浸透している（上總・澤邊 2005, 102）とも説明している。

　では労務費はどこに含まれているのであろうか。これは京セラアメーバ経営の秘密を解く重要な鍵の１つである。実は労務費は部門別採算（製造アメーバ利益および営業アメーバ利益）の中に含まれている。このことは，労務費を越える部門別採算を実現したときに，初めて会社全体で利益を獲得できることを意味している。……京セラでは，現場の人たちが自らの活動結果を計算できる指標を持ち込むことで，どれだけの付加価値を生んでいるかを実感でき，創造的な活動を促す（上總 2007, 9-10）。

　水野教授も，人件費を単なる原価・費用とみなさずに付加価値から分配される労働成果と考える（水野 1999, 308-309）と説明している。これらの考え方は，以下の（３）大家族主義的経営と時間当り採算の計算式において明確に示されるのである。

(2) 資本コストを考慮した部門別採算

　上記の計算式に加えて資産管理について、とりわけ資本コストの考慮と在庫責任の明確化についても説明がある。これについて以下の指摘がある。アメーバの定常的な営業活動のみに注目し、それをこつこつとまじめに管理しているだけでは、マーケットでの他社との激しい競争に遅れをとる。長い目でみたアメーバの成長のためには、市場や技術の動きを捉え、設備投資の提案を行うことも必要となる。そのような提案は、年間計画や中期計画の中で行われる（三矢他 1999, 139; 三矢 2003, 104）。

　投資分は償却費や設備金利となってアメーバの損益に跳ね返ってくるので、無駄なもの、採算に合わないものはリーダー自身も買いたいとは思わない。その結果、たとえ性能のよい製造装置であっても、現有設備が使えるときには極力改造で済ませるようになるという（三矢他 1999, 140; 三矢 2003, 105）。彼らは、償却費や金利の問題を提起しているものの具立的な計算例は示していない。また短期的ではなく長期的視点の重要性についても指摘がされている。

　これらについて潮准教授は以下のように述べている。製造工程が長期にわたる、あるいは在庫販売を前提としている場合には仕掛品や完成品が各アメーバに資産として計上される。さらに部品・材料も含め、それら棚卸資産に対する費用負担責任があらかじめ決められている。

　資産計上の対象となるものとしてはほかに、機械設備、売掛金、受取手形などがある。そしてその総額に対して年間6%という価額が「金利償却」として費用計上される。これは保有資産に対する資本コストであり、各アメーバは資産に対する管理責任を間接的に負っていることになる（潮 2006, 204-205）。

　さらに上總教授は、京セラでは、「資産には金利がかかる」との認識から、明確な負担ルールに基づいて、各アメーバは自分が管理する資産に対して社内金利を負担しなければならない。また、在庫や固定資産（償却資産）、売掛金をもつことは、会社の運転資金を使っていることを意味します。会社の経営体質を強化するために、在庫、固定資産（償却資産）に関する責任をも

つ部門を明確にしておくと同時に,その部門から金利を徴収することによって,在庫削減を促しますと京セラの認識を説明している。さらに非償却資産も金利負担の対象となる(上總 2007, 10; 上總 2010b, 136)。そこから資本コストを考慮した部門別採算として以下の計算式を展開している。

部門別採算＝売上高－製造経費－営業経費
　　　　　＝売上高－(直接経費＋間接経費＋金利償却費＋本社経費)
　　　　　＝売上高－(直接経費＋間接経費＋本社経費)－金利償却費
　　　　　＝売上高－(総原価－労務費)－資本コスト
　　　　　＝売上高－総原価－資本コスト＋労務費
　　　　　＝残余利益＋労務費

ここから,部門別採算は,資本コストを差し引いて会社に残される残余利益と労務費とを加算したものとなる。かくして,京セラの部門別採算は,残余利益を計算する計算構造とまったく同じであることがわかる。さらにいえば,京セラフィロソフィでは,「自分の食い扶持は自分で稼ぐ」ことが強調されていたが,それは,次のように示すことができる。

残余利益(RI)＝営業利益－資本コスト
　　　　　　＝部門別採算－労務費

従業員が自分の食い扶持(労務費)を自分で稼いだ残りは,疑いもなく残余利益である。資本コストが合理的に計算されていれば,スターンスチュワート社が提唱した経済的付加価値(Economic Value Added:EVA)が計算されているともいうことができる(上總 2007, 10-11; 上總 2010b, 137)。

(3) 大家族主義的経営と時間当り採算

最後に,京セラフィロソフィを具現化した大家族主義的経営からの時間当り採算の説明である。これは,京セラでは,大家族主義の下で,「会社の経営数字をオープンにして,全従業員で経営状態を共有し合いパートナーシッ

プで経営する」という全員参加経営が貫かれている（上總 2010b, 138）ということである。これによれば，

部門別採算＝労務費＋残余利益＝従業員給与＋経営者報酬＋内部留保

になる。つまり将来の投資とリスクに備えて一定額の内部留保を確保すれば，残りの利益は従業員と経営者で分配できることになる。この利益分配の仕組みは，全員参加経営を目指すアメーバ経営の真髄である（上總 2010b, 138）。これらは，上述したように労務費を回収しないと利益を生み出せないという考え方である。また次の利益連鎖管理においても必要な考えとなる。詳細は次節で述べることにする。最終的には，以下の式となる（上總 2010b, 138）。

時間当り採算＝アメーバ利益÷総時間

これら一連の研究をみた場合に，総生産から経費を引くあるいは総収益から経費を差し引くといった製造や営業の各アメーバの基本的な時間当り採算の考え方だけでなく，保有資産に対する資本コストの考慮と在庫責任の明確化まで言及がされているのである。これらから，京セラは一般にいう利益の追求だけではなく，付加価値の算定が，重要な問題となっている。その際，京セラフィロソフィのもつ意味ももちろん含まれている。またこれらは時間当り採算でいうと分子の計算になる。

第4節　利益連鎖管理

上述の計算式の展開は，時間当り採算でいう分子の計算になる。一方，分母の時間をどのように考えるのか。これは本章における核心となる問題である。以下では，まず時間当り採算における時間は何を指すのか，次に1つのアメーバの時間だけでなく，製造と営業アメーバ間の時間の有効な活用が全社的な利益をもたらすという速度連鎖効果や利益連鎖管理といった考え方が示されている。これらについても検討をしていく。

(1) 時間当り採算での時間

　上述のように、ここでの総時間は労働時間を意味している。具体的には、『総時間』とは、各アメーバに所属する従業員の1ヵ月間の『定時間』と残業時間」、間接部門からの『共通時間』、他アメーバからの『振替時間』を合計したものである。アメーバ間で応援などが発生した場合には、実績時間の振り替えを行い、また間接部門の総時間についても応分に割り振る（上總・澤邉 2005, 102-104）とされている。

　これに加えて潮准教授は「定時間」、「残業時間」、「共通時間」については、それらの合計を「実働時間」および「余剰時間（時間振替後）」の2つに分解できる。「実働時間」とは、「定時間」、「残業時間」、「他アメーバからの振替時間」の合計から時間振替前の余剰時間すなわち「余剰時間（時間振替前）」を差し引いたものであり、「余剰時間（時間振替後）」とは、「余剰時間（時間振替前）」から「他アメーバへの振替時間」を差し引いたものである（潮 2008, 154-156）と説明を加えている。

　潮准教授はさらに時間当り採算の計算構造の全体像である「時間当り採算公式」を示している。

　　時間当り採算＝売上高利益率×資本回転率×時間当り投資額

であり、すなわちこれは、収益性を示す売上高利益率と資産と売上高との結びつきを示す資本回転率、そして時間当り投資額の3つの総合指標であることがわかる。ここで時間当り投資額とは、アメーバが保有する全資産を、時間に関してどれだけ効率的に利用できたかを示す指標である。これらから時間当り採算は、資本利益率（ROI）×時間当り投資額であり、時間当り採算とは、ROIをその構成要素の1つとし、それに時間当り投資額を乗じたものである（潮 2008, 154-155）と説明している。

　　時間当り投資額＝投下資本÷総労働時間

からなるため，これらに目を向けると，総労働時間は上記になる。一方投下資本は，流動資産と固定資産に分解され，流動資産は売掛金などの金銭債権および部品・材料などの棚卸資産に，また固定資産は機械設備などの償却性資産および土地などの非償却性資産に分解される（潮 2008, 155）。

これについて，上總教授は，時間当り採算を大きくするためには，資本利益率の構成要素である売上高利益率と資本回転率を改善することのみならず，さらに時間当り投資額を改善すること，したがって各アメーバに帰属する総労働時間をできるだけ短縮することが求められる。かくして，時間当り採算は売上高利益率×時間当り売上高，あるいは資本利益率×時間当り投資額という2つの側面（機能）をもっていることになる。いずれの場合にも，アメーバで費やされる「時間」，つまり総労働時間を短縮することが有効となる（上總 2010b, 139）。

この総時間の減少は作業のスピードアップを意味している。具体的には，ごく単純には作業の習熟，歩留率の向上，不良品の減少，作業方法や工程配置，段取りの改善などによる作業のスピードアップである。この結果，定時間内での作業終了，間接部門への依存改善による共通時間の減少，他アメーバへの応援増大，または他アメーバからの応援削減による振替時間の改善をもたらすことになる（上總 2007, 12）。すなわちアメーバ経営では，これらの労働時間を削減する「スピード経営」が追求されることになる（上總 2010, 139）と説明している。

以上時間を中心に計算式をみてきたが，これらの中で，時間に焦点を当てると，時間が売上高や投資額との関係で捉えられていることがわかる。このことは，アメーバ経営において管理会計上時間がどのような意味をもつのかを考える際に，重要なポイントになる。これについては第10章で詳述する。

（2）利益連鎖管理

上記の方法によって，アメーバリーダーはアメーバ利益の最大化を目指して時間当り採算を改善できる。しかし，これらの改善努力は各アメーバ組織の部分最適化が実現されただけであって，それだけでは全体最適化の実現は困難である（上總・澤邉 2006, 179）。この全体最適化の実現のために，京セ

ラでは利益連鎖管理や速度連鎖効果という考え方がみられる。以下では，アメーバ間における時間の問題を考える。

　三矢らによれば，このようなアメーバ間の取引は，一般的に行われている原価仕切価格方式ではなく「受注生産方式」と呼んでいる。これはアメーバ経営では，お客さんからの受注金額は，いったん，製造側に生産金額として計上される。そこから製造部門は，生産金額から口銭と製造原価を差し引いた後に，十分な利益をあげることができるように，コストダウンのための工夫をこらす必要がある。「利益は製造側で生まれる」という稲盛氏の考え方を実現した利益計算の仕組みとなっている（三矢他 1999, 57-60; 三矢 2003, 79）。

　値決めにおいても，京セラでは，たとえ工程の末端のアメーバであっても，各アメーバの間は，モノの受渡しがコストベースではなく，お互い話し合って決めた値段で行われる。アメーバはミニ・プロフィットセンターとして独立しており，この売買の中から利益を稼がなければならない（三矢他 1999, 69; 三矢 2003, 83）。

　また谷教授は，自律的なアメーバを統合する仕組みが必要となり，この統合のためのマネジメントコントロールシステムの要素の第1が「マーケットインの価格設定と忌避宣言権」であると指摘している。前工程のコストに利益を加算して社内取引価格を設定するというコストプラスの方法に対して，マーケットイン方式においては，受注品の場合，営業アメーバの受注価格で製造アメーバが受注するかどうかについて，両アメーバ間で交渉を行い，引き受けたアメーバは営業アメーバに対して営業口銭（販売手数料を）を支払う。また受注した製造アメーバは，歩留まりや利益を考えながらさらに他の製造アメーバ（通常は前工程の製造アメーバ）と商談を行って，価格を決める。京セラアメーバ経営において，「値決めは経営」といわれる所以である。

　ここで，マーケットインの方式と呼んだのは，コストプラス方式と異なり，営業アメーバとの商談，さらには製造アメーバ間の商談を通じて，マーケット情報が市場から最も遠い製造アメーバにも入ってくること，したがって製造側でマーケットへの対応が可能となるためである。マーケットの情報が製造側に素早く伝わり，何をつくれば利益が上がるのか，またどれくらいのコ

ストでないと全社的にも採算がとれないのかが製造側で自然とわかるシステムになっている。

このとき，アメーバ間の関係は，競争相手というよりは，相互に内部顧客である。そして内部顧客であるだけに他のアメーバからの要求も厳しく，競争も厳しくなる。マーケットにあった品質・コストでない場合，忌避宣言権を発動して，別工場のアメーバに発注することもできるし，社外から買うこともできる（谷 1999, 51-52；谷 2005, 30-31）。

さらに以下の指摘がある。営業と製造が一体となってマーケットの変動に迅速にあたれるのは，双方がマーケットにさらされているからである。採算が厳しく問われたとしても，内部顧客と常に情報共有をとりながら連携していかないと，自らの採算を確保できない仕組みとなっている。アメーバ間でのマーケット情報の水平的情報共有とは実は商談であり，経営を任せた自律的アメーバを統合する仕組みである（谷 1999, 52-53；谷 2005, 31）。

このようなアメーバの関係について上總，澤邊教授は利益連鎖管理という言葉で説明している。以下これをみる。

上總・澤邊教授は，共同体としてのアメーバ経営が，京セラフィロソフィの1つである大家族主義によるものであると指摘している。そしてこの大家族主義が強調される理由の1つは，細分化したアメーバ組織の自己利益のみを追及する部分最適化ではなく，あくまでも会社全体の利益を最大化する全体最適化を目指しているからである。とりわけアメーバ間の値決め交渉では，大家族主義にみられるアメーバの枠を超えて全体を理解することが強く求められている。またその中では，部門別採算が重要な役割を果たしているとも説明している。ここから全社利益の最大化を目指してアメーバ利益の連鎖管理が行われるといった利益連鎖管理（profit chain management: PCM）という概念を提唱している。

この例としてA製造はB製造から社内買いをし，それを完成品にして営業部門を通じて顧客に販売する。顧客から得られた売上高は，B製造の製造経費と製造収益，A製造の製造経費と製造収益，そして営業部門の営業経費と営業収益から構成される。全社利益は，製造収益A＋製造収益B＋営業収益の合計額であるが，全社利益を増大するためには，B製造アメーバ，A製造

アメーバ，営業アメーバの協力と調整によるPCMが必然である（上總・澤邉 2005, 101-102）。

以上[4]から，各アメーバが，利益確保において，マーケットを意識し，情報の共有化を図ることの必要性，その中では，値決めのために徹底したコスト削減をしなければならないのである。そこには，原価を単純に下げるという考えではなく，付加価値の創出を目指している。それとともに，時間の問題を考えると，上述のように各アメーバの時間当り採算を高める，そして結果としてアメーバ間の利益を増やすというときに，時間の短縮をいかに行うかという点が大事となる。つまり各アメーバの利益を生むだけなく，時間の有効活用による，各アメーバ間の利益の創出を行う必要がある。そしてそれを示すのが，速度連鎖効果（Speed Linkage Effect）である。

これについては以下のような説明がある。職能部門別組織では，段取や作業方法などの改善により，製造アメーバがスピードアップに成功し，時間当りキャパシティが増大したとすれば，それに応じて販売アメーバが受注を確保する必要が生じることになる。…京セラのPCMには，1つのアメーバのスピードアップが他のアメーバのスピードアップを連鎖的に引き起こしていくメカニズムが内包されているのである。時間当り採算を介してアメーバ間で生じるこのダイナミズムは，余剰キャパシティの全社最適化を促す「速度連鎖効果」（Speed Linkage Effect）[5]に他ならない（上總・澤邉 2005, 103; 上總 2007, 14）。

以下がその例である。アメーバ組織が製造アメーバと営業アメーバという2つから構成されていると仮定する。現在，製造アメーバの生産能力は1日当たり10台である。製造アメーバでの生産スピードアップに成功して，生産

4）これについて潮准教授は，アメーバ経営における全体最適化の原理として，「京セラフィロソフィ」による全体最適，時間当り採算を通じた水平的・垂直的情報共有による全体最適，機会損失を回避する利益連鎖管理による全体最適の3つから説明をしている（潮 2013, 51-59）。

5）これらのケーススタディーとしては，上總教授と丸田准教授の学会報告がある。そこでは財務データによる定量的な検証結果として，速度向上は連鎖していたが，速度低下は連鎖していなかった。速度低下の連鎖は回避しようとする行動の可能性（人員の貸し出しなど），前工程の速度向上が後工程へ連鎖していた。人員増減を伴わなくても生じているとはいえなかったということが示されている（上總・丸田 2011）。

能力が2倍となり，1日当たり20台となった。製品の受注残が100台であったとすれば，それまで10日を要した生産日数は5日までに半減する。製造アメーバの時間当り採算は2倍になるが，アメーバ利益そのものは不変である。全社利益も変わらない。重要なことは，そこには明らかに機会損失が存在しているという認識である。

営業アメーバのリーダーは，……製造アメーバで生じた余剰生産能力を解消するため，営業活動のスピードアップによる追加注文の獲得に努力することになる。追加注文100台が獲得できれば，生産能力の余剰をすべて解消できる。したがってまた，機会損失も回避されることになる。この結果，製造アメーバの時間当り採算は当初の2倍となる。そればかりではない，製造アメーバと営業アメーバの利益はそれぞれ2倍となり，全社利益の増大に大きく貢献することになる（上總 2007, 13）。

さらに上總教授によれば，利益連鎖管理には，発生した機会損失を回避する方法として，速度連鎖効果と余剰生産能力の他部門利用が含まれると説明している。ここで余剰生産能力の他部門利用とは，あるアメーバのスピードアップによって生じた余剰生産能力（余剰人員）の一部を他のアメーバに貸し出すことにより，崩れた同期化状態をもとに戻すことができる（上總 2010b, 141）。また潮准教授は，作業効率の向上などによって余剰時間が生じた場合，それを他アメーバへ振り替えることにより，最終的な余剰時間を最小化することで時間当り投資額および時間当り採算を向上させる。その結果，機会損失が回避され，当該アメーバの個別最適と同時に会社としての全体最適が実現される（潮 2008, 156）と指摘している。これについての具体的な数値例が以下である。ここでは潮准教授の見解に沿って説明を行う（潮 2008, 156-158）。

【計算例】

全社組織が，1つの製造アメーバと1つの営業アメーバの，計2つのアメーバから構成されている。

製造アメーバは，製品を1時間で1個製造し，当該製品の販売価格は2万円/個，製造費用は5千円/個とする。また当該アメーバの定時間は60時間と

する。なお残業時間および共通時間は考慮しない。営業アメーバは製品の注文獲得および販売（以下，「営業」とする）を担当し，1個販売するごとに1万円の営業口銭を製造アメーバから受け取る。営業費用は5千円/個であり，営業に要する時間は1時間/個とする。また定時間は60時間とする（製造アメーバ同様，残業時間および共通時間は考慮しない）。この場合，製造アメーバでは製品が60個製造され，同数が営業アメーバによって販売される。アメーバ経営では売上高は製造側で計上されるため，製造アメーバに売上高が120万円，製造費用が30万円，営業アメーバへの支払営業口銭が60万円，それらの差引として利益が30万円計上される。また製造アメーバの定時間60時間はすべて実働時間であり，営業アメーバへの振替時間はゼロなので，総労働時間は60時間である。同様に，営業アメーバの販売数量は60個で，製造アメーバからの営業口銭の受取額が60万円，営業費用が30万円，利益が30万円計上される。また営業アメーバの定時間60時間もすべて実働時間であり，製造アメーバへの振替時間はゼロなので，総労働時間は60時間である。次に全社合計の計算に際して，内部取引分を相殺しなければならない。したがって全社の製造および販売数量は60個，売上高は120万円，製造費用と営業費用はそれぞれ30円ずつ，そして利益が60万円計上される。また定時間は120時間ですべて実働時間である。

　ここで，職能別組織である製造アメーバにおいて技術の習熟が生じ，生産効率が2倍になったとする。しかしながら営業アメーバは60個分の営業能力（すなわち注文獲得能力および販売能力）しかないために，製造アメーバは依然60個分の製造活動を行うのみである。したがって売上高，製造費用，支払営業口銭および利益は変化しない。同様に総労働時間についても変化しない。なぜならば短縮された実働時間はそのまま余剰時間すなわち機会損失となってしまうからである（**図表9-1：ケース②**）。

　ここで製造アメーバが，自己の時間当り採算を向上させるべく，余剰人員を営業アメーバへ貸し出したとする。すると営業アメーバは追加的な営業活動が可能となる。製造アメーバでは，追加注文に対応可能なだけの人員を残して，生産量を増加させる。**図表9-1のケース③の計算例では，製造アメーバが20時間分営業アメーバの活動を支援して（すなわち製造アメーバから

第9章 時間とアメーバ経営に関する研究

■図表9-1　利益連鎖管理の数値例

前提（製品1個当たり）
販売価格　20,000円　営業口銭10,000円　製造費用　5,000円　販売費用　5,000円
製造時間　1時間　販売時間　1時間

ケース① 前提	製造アメーバ	営業アメーバ	全社合計 （除：内部取引）
製造（販売）個数	60個	60個	60個
売上高	1,200,000円	—	1,200,000円
受取営業口銭	—	600,000円	—
製造費用	300,000円	—	300,000円
営業費用	—	300,000円	300,000円
支払営業口銭	600,000円	—	—
利益	300,000円	300,000円	600,000円
定時間	60時間	60時間	120時間
振替時間	0時間	0時間	—
総労働時間 （内，余剰時間）	60時間 （0時間）	60時間 （0時間）	120時間 （0時間）
時間当たり利益	5,000円	5,000円	5,000円

利益技術の習熟により製造アメーバの生産効率が2倍に．（時間振替前）

ケース② 時間振替後	製造アメーバ	営業アメーバ	全社合計 （除：内部取引）
製造（販売）個数	60個	60個	60個
売上高	1,200,000円	—	1,200,000円
受取営業口銭	—	600,000円	—
製造費用	300,000円	—	300,000円
営業費用	—	300,000円	300,000円
支払営業口銭	600,000円	—	—
利益	300,000円	300,000円	600,000円
定時間	60時間	60時間	120時間
振替時間	0時間	0時間	—
総労働時間 （内，余剰時間）	60時間 （30時間）	60時間 （0時間）	120時間 （30時間）
時間当たり利益	5,000円	5,000円	5,000円

（余剰時間が生じるだけで，何も変化しない）
時間当り採算向上のため，余剰人員が営業アメーバに吸収される（時間振替が発生）。
ただし営業アメーバの人員増加により販売可能個数も増加するため，当該増加分に
必要な人員数は製造アメーバに残留する。

ケース③ 時間振替後	製造アメーバ	営業アメーバ	全社合計 (除:内部取引)
製造(販売)個数	80個	80個	80個
売上高	1,600,000円	―	1,600,000円
受取営業口銭	―	800,000円	―
製造費用	400,000円	―	400,000円
営業費用	―	400,000円	400,000円
支払営業口銭	800,000円	―	―
利益	400,000円	400,000円	800,000円
定時間	60時間	60時間	120時間
振替時間	－20時間	20時間	―
総労働時間 (内,余剰時間)	40時間 (0時間)	80時間 (0時間)	120時間 (0時間)
時間当たり利益	10,000円	5,000円	6,667円

(余剰時間がなくなり,全社利益と時間当り採算が増加)

出所:潮(2008, 157)。

営業アメーバへ20時間の振替時間が生じる),製造および販売個数が80個になる点で均衡する。その結果,製造アメーバの利益が40万円に,また時間当り採算が1万円に増加するだけでなく,営業アメーバの利益と全社の利益および時間当り採算までもが,それぞれ40万円,80万円,6千667円に増加する。まさに,製造アメーバの自己最適化活動により,全体最適が達成されているのである。

さらにこれらを,上總教授は以下のように説明している。アメーバ経営では,京セラフィロソフィの教育→強烈な願望と高い持続的目標→生産スピードアップ→時間当り採算の向上→余剰生産能力の創出→アメーバ間の速度連鎖効果→追加注文による余剰生産能力の解消→機会損失の回避→全社利益の増大という一連の連鎖プロセスを通じて利益連鎖管理が展開される(上總 2007, 13)。

第5節　他部門の時間当り採算

（1）研究開発部門

　最後に，研究開発部門，管理部門，そして物流部門といった間接部門の時間当り採算について述べておく。第1に研究開発部門である。研究開発は，研究本部と各事業本部内の開発部隊の両方で行われている。研究本部では基礎的な研究，事業本部では製品に直結するような応用的な開発が中心である。たとえ開発であっても，時間も経費も意識しないのでは困ると考えられており，開発を担当するアメーバにも時間当り採算が適用されている。ただし，開発が，時間当りの数字について責められることはない。開発にとっては，テーマがいつ完了し，採算に寄与するようになるかが重要である（三矢他 1999, 170-175）。

　これらをより詳細にみると以下のようになる。研究開発部門のアメーバは，製造部門や営業部門等と同様に，月次およびマスタープランにおいて時間当り採算表を用いる。研究開発部門の採算表は，時間当りではプラスであっても，人件費控除後の税引前利益は赤字となる。研究開発は時間と人手をかけて行われるため，京セラ研究開発部門では，この税引前利益が重視されている（挽 2007, 270）。したがって，税引前利益の赤字の大きさうんぬんよりも，予定に対して実績がどうかと。開発期間が延びればそれだけ余計に経費がかかってくる（挽 2007, 270）という経費への意識づけを与えるのである（三矢他 1999, 172; 三矢 2003, 118）。このようにコストとの関係を考慮すると，開発期間のスピードをあげることが大事となるし，それは製造から受け取る社内ロイヤリティにも影響を及ぼすこととなる。

　次に，開発中の材料や部品の値決めを行うときにも，税引前利益が重視され，これと生産高とを関係づけた生産高税引前利益率を見積もりにおける採算のバロメーターとしている。つまり価格決定の意思決定においても時間当り採算表が使われる（挽 2007, 270-271）。

　さらに挽教授は，事後合理性の点から，研究開発のスピードアップを支援

する公式のシステムを導入することを社長から命じられて，マスタープランの計画段階で新たにテーマごとに，そのテーマが売上にどの程度貢献するかを見積もるシステムが導入された（挽 2007, 273-275）と述べている。この段階では，研究開発のスピードアップを当然目的としているが，それが提案数の増加にもつながることになる（挽 2007, 273-276）のである。

（2）管理部門

　第2に，本社や工場の経営管理，経理，人事といった管理部門についてである。管理部門は，売上がなく，経費と時間だけが発生する非採算アメーバである。ただし，非採算アメーバとはいえ，毎月毎月，使う経費の予定と実績の比較が行われ，使い過ぎについては厳しくされている。

　管理部門で働く人は，「食わせてもらっている」という意識を自然ともつようになる。そして，計算上でも，間接部門が使った時間や経費は，採算アメーバに割り振られている。つまり，文字どおり食わせてもらっているのである。また，自分たちが使ったお金で，ラインの成果が悪くなって目標が未達になれば，非常に申しわけないという気持ちになる。そのため，仕事のやり方に問題がないか，ムダなお金を使っていないかを，自ら厳しくチェックしている（三矢他 1999, 172-175; 三矢 2003, 118-119）。

　ここでは，管理部門が非採算部門であり，かつ時間当り採算表が使われているかどうかは明確に示されてもいない。しかし時間や経費の計算，製造アメーバへの振替により，無駄への意識をもたせるという意味では，これらが重要な役割を果たしていることは，間違いないことである。

（3）物流事業部門

　最後に，物流事業部である。この物流事業部は，間接費と間接部門の人員削減を目的[6]として1993年に設立された。各工場には物流事業課が置かれ，全工場の物流事業課をひとまとめにしたものが物流事業部という採算単位で

---

6) 管理部門の採算意識を高めるのに，もっといい方法がある。それは非採算のアメーバを，採算アメーバにすることであり，出荷部門のようなところは，極力採算アメーバとして扱う方がよい（三矢他 1999, 175; 三矢 2003, 119）という意見もある。

ある。それによって，その部門の採算は向上し，同時に運送費も大幅に削減されたというようにその導入の効果は大きかった（稲盛 2006, 67; 挽 2007, 273-276）。

この物流事業部の採算の向上の要因は，時間当り採算により，予定よりも経費を少なくすることよりも，どう組織に貢献したのかという総合的な視点から考えることができるようになったことにある（挽 2007, 278）。

また事後合理性からみると，製造アメーバを顧客と考えることや在庫管理のミスを防ぐという考えが出てきた。例えば，物流部門が採算単位となってからも，毎日正午がその日の製造アメーバの総生産の締め切りであることは変わらない。在庫管理に責任を負う物流部門では，その責任を果たしつつ時間当り採算を追求した結果，今までのやり方を大きく見直したのである。この狙いは，以前は締めの時間になると混雑があり，この解消にあったということである（挽 2007, 280-282）。これらから，正午を基準とした時間の設定は，時間当り採算の達成の中で，時間を意識した管理を行っていることにもなっている。

このほかにも，採算部門にすることによって，改善提案が数字にはっきりと反映されるようになる。滋賀の物流センターでは，非採算アメーバの時代より提案件数が増え，経費削減，時間削減が進んでいる（三矢他 1999, 175; 三矢 2003, 119）という指摘もある。

第6節　おわりに

京セラのアメーバ経営においては，時間当り採算が，重要な業績評価指標として用いられており，また京セラフィロソフィをみても，時間が重要な概念として使われているという理由から，本章は，時間の視点からアメーバ経営を検討することを主たる目的とした。

具体的には，時間当り採算の歴史的発展に始まり，業績評価指標としての時間当り採算そのものについての検討を行った。その中で，製造収益という会計概念は「付加価値」を示し，企業活動の社会全体に対する貢献を表す指標であるところに大きな特徴がみられた。また，製造部門や営業部門といっ

た各アメーバだけの指標ではなく，全社的な視点から時間当り採算が考えられなければならない。これを示すものとして，全社利益の最大化を目指してアメーバ利益の連鎖管理が行われる利益連鎖管理や1つのアメーバのスピードアップが他のアメーバのスピードアップを連鎖的に引き起こしていくメカニズムを示す速度連鎖効果といった概念が示されているのである。

　この全社的という考えは，時間当り採算が，研究開発部門，管理部門，そして物流部門といった間接部門においても作成，利用されていることからも明らかとなる。各部門が，時間当り採算を用いる目的をもっていることは当然であるが，それぞれに製造アメーバーとの関連性がみられるという点からも，製造アメーバを中心とした全社経営が行われているということが窺い知れる。全社的な時間という概念は，後述する管理会計体系論からの検討においてより明確になるであろう。

　最後になるが，時間当り採算を高めるには，時間の短縮あるいはスピードを速めるといったことが必要不可欠な要素としてあげられるという点も，本研究から明確に示されている。したがって，京セラのアメーバ経営においては，時間当り採算そして時間を中心とした管理会計システムが構築されているといえるであろう。また時間とトヨタ生産システムでの会計技法[7]，ABCといった他の管理会計の問題を考察する場合にも，これらが大きな示唆を与えることになると筆者は考える。

7）上總教授は，論文「日本的経営と機会損失の管理」の中で，アメーバ経営とトヨタ生産方式の同質性について言及している。

第III部

管理会計における時間研究の体系的整理

第10章

管理会計体系論からの時間研究の整理

第1節　はじめに

　本研究においては，上記のように，第Ⅰ部で，時間の視点からみた先行研究の分類，つまりどのような時間が扱われてきたのかを議論した。第Ⅱ部として，時間と管理会計・原価計算との関係をみてきた。これらをとおして，時間についての管理会計技法や原価計算技法がいかに展開されてきたかを明らかにすることができた。そして最後に第Ⅲ部として，管理会計における時間研究の体系的整理を行うことにしたい。序章で述べたように，これら3つの問題を明らかにすることが本研究の大きな目的である。

　そこで，体系的整理をする場合に，既存の管理会計体系論を使うことが可能である。周知のように，これには業績評価会計と意思決定会計，あるいは戦略的計画，マネジメント・コントロール，オペレーショナル・コントロールといったものがある。ここでは，業績評価会計と意思決定会計を使ってその体系化を図ることにする。具体的には，第5章から第9章までの各研究についてその区分を行うことにする。ただし，それぞれの研究の中で，整理すべきモデルが提示されているものもあるので，そのときは，それらも援用していきたい。これらをとおして，既存の管理会計における時間研究の位置づけを明らかにすることが可能になる。

第2節　各研究の管理会計体系論からの整理

（1）非財務的業績尺度の意義と財務的業績尺度の役割について

1）業績評価会計の検討

1．非財務的業績尺度について

　最初に，第5章における非財務的業績尺度や財務的業績尺度の研究について，業績評価会計と意思決定会計への区分を行いたい。時間の非財務的業績尺度については，上述のように，製造リードタイムやサイクルタイム等の管理を中心とした製造現場における測定，評価が行われている。同時に購買や搬送についての尺度も示されている。そこで，これらに関して，どのように時間が業績評価会計に組み込まれているかを最初に検討してみる。

　まずは，JITの導入や改善を進める中で，搬送日を決めておきそれらが達成されているのか，あるいは段取時間を含めたサイクルタイムの目標額の達成割合を求めていくといったことがあげられる。これについては，Howell and Soucy（1987, 27），Fisher（1992, 34-35），Swenson and Cassidy（1993, 44）の研究がある。

　次に報告書やボードの利用によって，時間を含めた非財務的業績尺度の改善を明らかにするという研究もある。これには，Kaplan and Atokinsonの研究があり，集積回路を作っているアメリカの半導体製造工場のサマリーレポートの中で，セル生産のオペレーティング業績評価のために7ポイントの測定システムを導入し，各尺度と理想目標が示されている。時間については，サイクルタイムと時間通りの搬送があり，理想の目標はサイクルタイムが，セルをとおして故障時間のない理想的な時間，時間通りの搬送は，要求の正確な組み合わせによる100％の時間通りの搬送であると指摘している。また業績尺度とボーナスの関係，そしてこれらの継続的改善への利用についても示している（Kaplan and Atokinson 1989, 422-424）。

　同様に，Greenらは，パラレル方式（parallel systems）を採用したAT&Tのケースを紹介している。これはセル生産を行う生産現場に据え付けた製造

エクセレンスボードに，共同で決められた目標への月々の進捗がはっきり示されており，改善尺度が，JIT導入前の向上の業績を示す基準に対して計算されている。時間について，製造時間における12倍の削減（12-fold decrese）や時間通りの搬送の95％の増加を含む（Green, et al. 1991, 50-53）と説明している。

Horngrenらは，時間通りの業績が顧客満足の重要な要素になるとして，Northwest Airlinesが，1994年12月に時間通りの業績についてナンバーワンの評価を得た（毎日のフライトの84.7％が予定時刻の15分以内に到着した）。そして最終的には，管理会計担当者は顧客のレスポンスタイムや時間通りの業績についての情報を跡づける。なぜなら，会社はこれらの尺度で管理者を評価するためである（Northwest Airlines 1997, 696）として，顧客満足や管理者の評価に非財務的業績尺度が利用される点を明確に指摘している。

さらに，Bledsoe and IngramのGMのGrand Rapids工場のケースでは，品質ネットワークプログラムと呼ばれる継続的改善の原理を導入し，業績目標である顧客満足そしてそれを達成するための重要な戦略である同期化プロセスとの関係性の中で，非財務的業績尺度の改善がその達成に貢献していることを示している。その際，リードタイムや搬送という時間に関する指標も1つの役割を果たしているのである。このように，彼らの研究においては，品質や時間といった非財務的業績尺度が，業績評価システムの中で体系的に整理されているのである。

またHansen and Mowenは，非財務的業績尺度が，当時の責任会計システムにおいて重要な役割を果たしたこと，オペレーショナル・コントロールが，事後よりも事前的になること，継続的改善が，よりタイムリーな評価を要求すること（Hansen and Mowen 1997, 410）といったように，責任会計という管理会計の理論からの説明をしている。そして，この変化を達成するために，a.能率，b.品質，c.時間という3つのアクティビティの業績評価における作業者の関わり合いが大きくならなければならない（Hansen and Mowen 1997, 410）としている。その中で，彼らは，製造サイクル効率について，実際のサイクルタイムと理論的（理想的）なサイクルタイムを利用した計算を行っている（Hansen and Mowen 1997, 413-414）。

以上のように，一連の研究をみたときに，業績評価システムの中で，時間が業績評価指標の1つとして利用されていることが明確に示されているのである。この点からも，非財務的業績尺度の1つである時間が，業績評価会計に使われていることがわかるのである。

2．財務的業績尺度について

上記のように財務的業績尺度については，標準原価計算との関係でみてきた。その中でも，O'Brien and Sivaramarkrishnanは，サイクルタイムシステムが，高コストという不能率さや望ましい効率性を強調することによって，よりよいサイクルタイムの計画やコントロールを引き起こす手助けをして，総差異を①セルにおける非付加価値活動によって引き起こされる差異，②価格差異，③上流や下流の遅れによって引き起こされる待ち時間差異の3つの源泉（O'Brien and Sivaramarkrishnan 1994, 63-69）に区別している。

またKren and Tysonによれば，サイクルタイム測定基準は，伝統的な原価差異分析との関係において，実現可能操業度や予定の生産量水準に基づいた加工費率が，非付加価値コストの測定可能な金額を計算するために使われるとし，加工費は配賦不足額を非付加価値コストとして扱うことは，製品に超過的コストで配賦しない。コストコントロール努力に経営管理者の注意を集めるであろうという2つの目的を達成できる（Kren and Tyson 2002, 23）と述べている。

岡本教授も，工場現場では，設備管理の中心的指標として，設備総合効率を使用し，設備をどれほど効率的に利用したかを判断している（岡本 2000, 879）。具体的には，能率差異について正常仕損差異，異常仕損差異，速度低下ロス差異，空転・チョコ停ロス差異，一方操業度差異は段取・調整ロス差異，故障停止ロス差異を計算している（岡本 2000, 879-884）。これらからも当然であるが，差異分析を行っているということは，業績評価会計が実践されていることになる。

2) 意思決定会計からの検討
1. 非財務的業績尺度について

次に，意思決定会計との関係について議論をする。これについては，Brabazonの研究で扱われている。上述のように，彼は，MCEを高めるコストとして，サイクルタイム短縮から生じる原価節約とサイクルタイムの機会原価の2つがあり，前者は，製造サイクルタイムが短縮されたなら避けられるだろう労務費，保管費，段取費等，後者は，サイクルタイム短縮が，販売可能な生産を増やすという結果を生むなら，サイクルアワーの機会原価は，サイクルタイム短縮への投資を行うか否かについての意思決定をアシストするために計算，利用されると述べている。そしてこれについての具体的な計算例を示している（Brabazon 1999, 48-49）。このようにサイクルタイムやMCEが意思決定情報として利用されているのである。

2. 財務的業績尺度について

一方，財務的業績尺度については，Horngrenらの研究の中で言及されている。彼らは，現在1つの部品の製造をしている会社が，別の部品の追加に対して製造リードタイムの予想される影響があるならば，会社はそれを導入すべきか検討の余地があり，最終的には，追加部品による関連収益と関連コストの識別と分析，特に全製品への結果としての遅れのコストの影響を評価する必要がある。彼らは，この収益における予想される損失とコストにおける予想される増加をタイムコストと呼んでいる（Horngren, et al. 2000, 691）。この研究は，まさしく時間とコスト，収益との関連を計算し，意思決定に利用している。したがって，時間が，コスト情報として意思決定会計に利用されているのである。以上4つに区分する中で体系化を行ってきたが，時間に関する非財務的業績尺度と財務的業績尺度は，業績評価会計と意思決定会計という管理会計体系論の問題からみたときに，きちんと機能をしているといえるのである。

（2）時間とアクティビティ会計に関する研究

ここでは，アクティビティ会計における各先行研究についての管理会計体

系論からの整理を行うことにする。第1に，Hansen and Mowenは，材料の消費，再作業，段取，そして検査という4つのアクティビティについて付加価値標準による付加価値コストと非付加価値コストの計算，非付加価値コストを認識し，削減を行っている。このように，標準の設定も行われているために，それらを計画的に現場レベルで原価管理をすることができる。その点からも，業績評価会計が実施されているのである。

第2に，Borthick and Rothは，購買部門のアクティビティのサイクルタイムをEDIを通じて短縮したときに達成される材料費，購買占有コスト，注文への準備作業の自動化による購買部門での人件費や消耗品の減少といった原価削減額を，具体的に計算している。このように時間を基準に削減額を計算することは，それらが原価管理に使われていることを示す。

また彼らは，サプライチェーンサイクルタイムを減らすために，より短い段取時間を可能にする自動化された設備への投資を行うかどうかの意思決定において，段取時間との関係での段取費や在庫維持費の削減額を計算し，それによる内部利益率や投資回収期間への影響を考慮に入れている。まさしく，これは構造的意思決定に時間が利用されているのである。つまり意思決定会計が行われている。

第3に，Maguire and Peacockの研究は，リードタイムコストに関する情報を作り出すための方法論を提示し，アウトソーシングに関する意思決定へのコストインパクトを分析するためのフレームワークを与えている（Maguire and Peacock 1998, 29）。具体的には，これらの情報が，購買部における自製か外注かの能力を高めるといった業務的意思決定に使われている。また発生当りのコストが，収益性の分析やさまざまなリードタイムオプションの影響の評価に使われている。このように彼らの研究においては，リードタイムが意思決定目的に役立てられている。

これらの研究に加えて，Kaplan and AndersonのTDABCでは，時間による未利用キャパシティ量と未利用キャパシティコストを同時に計算できるために，会社がそれらを戦略的に捉えることができれば，大きな利益を生み出す可能性が生じる。この情報は，まさしくアクティビティ情報の戦略的意思決定への利用であり，機会原価の問題であるから，企業の将来の方向性へ大

きな影響を及ぼすことになる。

　さらに，Giannetti, Venneri and Vitaliの研究においては，TDABCの目的をキャパシティの管理や利用に使うことを明確にしている。そしてそこで計算された情報は，どのサービスや関連するアクティビティが，さまざまな航空機や航空会社によって要求されるかの検討を許すので，短期長期の利益に影響を及ぼす戦略的および業務的なイニシアチブの選択のためにとても有益となる。このことが，売上高増加への未利用キャパシティの利用，超過的な資源増加の削減による未利用キャパシティの削減にもつながる（Giannetti, et al. 2011, 13-14）。またTDABCがサービス単位のレベルから航空会社のレベルにデータを収集するというように全社的に展開されている。これらの説明のように，彼らの見解においても，時間が，戦略的意思決定へと利用されていることになる。

　Everaert and Bruggemanは，同じアクティビティの中にもいくつかの状況が生じており，時間を使ってこれらをいかに計算できるかということに焦点を当てていた。彼らはTDABCにより，経営上かつ外部環境における変化に迅速かつ安価に合わせられるコスト／収益性モデルが提供され，時間方程式によって，改定されたコストシステムが，会社の新製品，新プロセス，新チャネルの導入に利用されるとしている（Everaert and Bruggeman 2007, 20）。これらからも，時間の意思決定会計への利用をみることができる。

　以上アクティビティ会計における時間研究を管理会計体系論に整理してみた。ここでも，時間が業績評価会計や意思決定会計へと展開されていることがわかった。またその中では，製造現場や購買管理といった個々のビジネスプロセスでの利用から全社的な情報までの展開が行われていることも指摘することができる。

（3）通過時間と経営指標に関する研究

　彼らの研究は，通過時間そのものを経営の総合的指標として測定することに大きな意義があり，それに対する労働生産性，総資本利益率，そして物流費率との関係までみている。そのために公表財務諸表のデータから通過時間を測定したのである。したがって，この通過時間を管理会計情報としてどの

ように利用できるかといった議論は行われていない。

　これに対して筆者は，管理会計上の問題として第7章で以下のような指摘をした。上記の計算において，経営管理者が，内部会計情報を利用して，原材料在庫，仕掛品在庫，完成品在庫を計算すると，通過時間についてもより具体的かつ正確な計算が可能となる。それによって，通過時間と在庫の関係を知ることができる。あるいはそれらを各現場で経常的にPDCAサイクルに組み込むことによって，原価管理の手段としても活用できるようになる。

　また通過時間の短い製品を中心にプロダクトミックスを行うことによって，より戦略的な意思決定を行うことも可能となる。このように，管理会計上の問題を考えた場合にもいくつかの可能性が出てくる。その際大事になるのが，経営全体の視点から管理会計情報の利用を考えるということである。したがって，これらを理論的に説明するとともに，事例研究を行うことによって，より具体的な管理会計の問題としての認識が可能になる。

（4）TPSにおける時間の研究

　河田教授を中心としたTPSの研究は，現場改善によるリードタイムの短縮をどのように会計数値に入れ込むことができるかを大きな問題として捉えている。そしてリードタイムを製造間接費配賦基準として利用して，予定製造間接費配賦率と実際の差額を求めているという点では，リードタイムの管理を中心とした製造現場での原価管理の実践つまり業績評価会計が展開されているといえる

　ただし，差異をどのように考えるのかという点では，伝統的な分析とは異なるところもみられる。その特徴的な名称が，機会付加価値であり，リードタイムの短縮もその要因となる（河田 2005, 41）と説明をしている。これは資源の余剰的なものをきちんと計算し，その利用方法までをも考えていくのである。このような差異は，従来操業度差異として，時間が十分に利用されていないときは，キャパシティ不足とされ不利差異と考えられていた。しかし，河田教授の研究では，そうではなく，余剰をどのように活用していくかが大事となる。そしてその利用として，内製化や研究開発の試作工場といったものがあげられている（河田 2005, 41-42）。これらは機会原価の問題である。

それとともに，圀村教授の研究にみられる製造コストに投下資本コストを加えた経済コストの意思決定への利用である。ここでは，まさしく運賃は安いが時間のかかる船で運ぶか運賃は高いが早く運べる飛行機で運ぶかのケース，そして賃金の安い海外生産を行うのか，荷品で生産を行うのかのケースが示されている。このように戦略的意思決定に時間が使われているのである。したがって，これらのケースからも，意思決定会計も行われているということがいえる。

　これらからも，非財務的業績尺度としての時間，アクティビティ会計，そしてアメーバ経営においても，同様であるが，やはり時間との関係で機会原価をどのように測定し，それらを意思決定にいかに利用できるかがとても大事な問題となっている。

　また，彼らの研究では，時間の要素を考慮に入れた財務会計情報の作成についても積極的な議論がされている。その中で，上述のように，PPという指標が示されている。内部管理会計情報としての時間の問題とともに，財務諸表への時間短縮の影響を示すことができれば，経営者への時間の問題への意識づけが可能になる。つまり，時間の問題が，現場レベルだけでなく，トップの情報，ひいては外部利害関係者の情報としても使われることになる。それによって，他社との比較可能性も実現できる。

　ここに，内部情報として時間を意思決定へ利用するといった点と時間そのものの短縮を進めるための意思決定への時間の利用の2つをみることができるということも指摘しておきたい。

　以上から，TPS研究においても，時間が業績評価会計や意思決定会計のための重要な要素となっていることが確認できた。一方，次の京セラのアメーバ経営において詳述しているが，廣本教授が提唱したミクロ・マクロループ（以下MMループ）[1]）の説明から，TPSについて原価企画と時間の関係についても言及できる。それは以下の指摘である。廣本・挽教授は，トヨタの製造現場における原価改善のプロセスは，全社的な改善額の算定からはじまる。まずは目標利益から見積利益を控除して全社的な原価改善額が算定される。全社的な改善目標は，売上高の増加とコストの低減によって達成することが企図されるが，コストの低減は具体的には各職能部門によって行われる（廣

本・挽 2010, 41)。このように，原価企画の段階から時間がどのように利用されているかを明らかにすることも必要になると考える。

(5) 時間とアメーバ経営に関する研究

　京セラのアメーバ経営における管理会計指標としての時間は，管理会計の体系からどのように整理できるのか検討してみる。これらを考えるときに，京セラについては，廣本教授が提唱したMMループ，あるいは上述のように，潮准教授の「時間当り採算公式」といったモデルがすでに紹介されている。したがってこれらも利用する中で検討を行う。

　まず京セラの経営システムとMMループの関係からである。この中では，MMループは三位一体の経営[2]と親和性があり，財務的業績のMMループを〝カネづくり〟のループ実体的業績のMMループを〝モノづくり〟と読み替え，ミクロ（従業員）の部分を〝ヒトづくり〟に対応させればMMループの図は三位一体の経営を示している（廣本・挽 2010, 27-28)。京セラの経営システムにはこれらがみられる，つまりそれぞれのループが連動しているのである。

　この要因として，京セラ会計学においては一対一対応の原則，情報的相互作用，経営管理部門の存在，そして時間当り採算の4つがあるからだと説明している（廣本・挽 2010, 44-52)。その中でも第4の要因の時間当り採算が

---

1) TPSにおいては，標準作業を媒介にして，〝モノづくり〟と原価管理がつながっている。製造現場の従業員は，標準作業を通じて，管理可能な台当たり原単位の低減・維持を図り，タクトタイム当たり原単位の低減・維持も図っている。その意味では，〝モノづくり〟のループと〝カネづくり〟のループは連動している（廣本・挽 2010, 41-42)。上記においても言及したが，この説明からも，現場管理レベルでの時間の役割をみることができる。

　しかし保全費予算の問題から〝モノづくり〟のループと〝カネづくり〟のループの連動の悪さや予算編成の場における情報的相互作用は期待できないという点から〝カネづくり〟のループと〝ヒトづくり〟のループのつながりも強いとはいえないというような問題が指摘されている（廣本・挽 2010, 42-43)。トヨタにおけるMMループの議論（廣本 2008, 18-26; 廣本・挽 2010, 27)はあるが，このような理由から，ここでは，TPSのMMループでの整理は言及しないでおく。

2) 三位一体の経営とは，企業経営の目標は利益獲得，すなわち〝カネづくり〟であるが，〝カネづくり〟は事業活動，すなわち〝モノづくり〟によってなされなければならない。そして〝カネづくり〟と〝モノづくり〟の基礎となるのが〝ヒトづくり〟である（廣本・挽 2010, 27)。

■図表10-1　MMループと三位一体の経営

```
           ┌─実体的業績─┐       …モノづくりのグループ
          ╱             ╲
         │  協働プロセス  │
          ╲             ╱
    ┌────┐               ┌────┐
    │従業員│───────────────│従業員│  …ヒトづくり
    └────┘               └────┘
          ╲             ╱
         │財務的業績測定システム│
          ╲             ╱
           └─財務的業績─┘       …カネづくりのグループ
```

出所：廣本・挽（2010, 27）。

重要と考える。これは利益のみならず，時間を用いることでミクロレベルの〝モノづくり〟のループと〝カネづくり〟のループの連動を堅固にしている。時間当りの採算を改善するためには，製造収益や営業収益を改善するだけでなく，総時間の減少，作業のスピードアップが必要となる（廣本・挽 2010, 52）。このようにオペレーショナルな領域においては，時間が重要な役割を果たしている。

なお〝ヒトづくり〟への役立ちについては以下のような説明がある。年次－月次－日次のPDCAは，〝モノづくり〟のループと〝カネづくり〟のループを連動させ，かつ〝カネづくり〟のループ内の連動をも堅固にすると同時に，さらに，計画のMMループと実績のMMループの連動を通じて〝ヒトづくり〟に役立っているといえる（廣本・挽 2010, 51）。これはアメーバ経営の採算管理におけるサイクルは，時間当り採算表による月次単位の管理が中心となっている。そしてこの月次目標の達成のために，日々の朝礼，場合によっては，昼礼，終礼が行われることもあり（三矢他 1999, 141-163; 谷 1999, 53-54; 谷, 2005, 31-33; 稲盛 2006, 213-223; 廣本・挽 2010, 51），これによって，時間当り採算を確実に達成する仕組みができているのである。

加えて，結果をフィードバックするよりもむしろ計画を立てることの重要性がいわれている（三矢他 1999, 172; 谷 1999, 55; 谷 2005, 32; 廣本・挽

2010, 50-51)。上總教授は，これをフィードフォワード型予算管理と呼び，事後管理とは似て非なる事前管理に重点を置いている（上總 2010b, 142）と述べている。まさに，時間が業績評価会計の重要な指標としても使われている。

また具体的な勘定科目を体系的に整理した時間当り採算公式においては，上述したように，時間当り採算は，売上高利益率×時間当り売上高，あるいは資本利益率×時間当り投資額という2つの側面（機能）をもっていることになる。いずれの場合にも，アメーバで費やされる「時間」，つまり総労働時間を短縮することが有効となる（上總 2010b, 139）という意見がある。この比率分析の中で時間と関係するものは，時間当り売上高と時間当り投資額の2つである。前者は，短時間でどれだけの売上高があるのか。後者は，アメーバが保有する全資産を，時間に関してどれだけ効率的に利用できたかを示す。このように，これらの両方が，効率性をみていることは間違いないことである。

そしてこれらをとおして，利益の増加，資本利益率，そして最終的には時間当り採算を増やすこととなる。その際アメーバ経営が現場だけの管理システムでない。全社的な利益管理システムであり，アメーバ自体が班・係・課・事業部・事業本部というような階層的に構成されている（谷 1999, 49），時間当り付加価値を中軸的利益概念として，細分化したアメーバ組織の部分最適化と全体最適化を同時に目指すPCMが展開されている（上總・澤邉 2005, 104）という指摘からも，小集団部門別時間当り採算という各アメーバの業績評価指標だけでなく，これらが全社的に使われていることが非常に重要である。つまり時間が全社利益を生み出す大きな誘因になっているのである。

これらの考え方を踏まえて，時間の問題を意思決定会計や業績評価会計という管理会計体系論から整理をしてみる。まずはアメーバの日常業務の時間当り採算をあげるために，時間がその短縮を行うといった業務的意思決定に使われている。あるいは設備投資を行うかどうかといった戦略的意思決定においても使われている。さらに，発生した機会損失を回避する方法として，あるアメーバのスピードアップによって生じた余剰生産能力（余剰人員）の一部を他のアメーバに貸し出すことにより，崩れた同期化状態をもとに戻す

ことができる（上總 2010b, 141）というように，時間がもたらす機会原価の意思決定への利用も示されている。

一方，時間当り採算が年次計画のマスタープランから月次，日次とPDCAサイクルに組み入れられているため，期間計画として時間が重要な指標として使われていることになる。これらから，京セラアメーバ経営においては，時間を中心とした意思決定会計や業績評価会計が展開されていることになる。

最後にStalk and Hout（1990），Blackburn（1991），Borthick and Roth（1993），Hronec（1993），およびGregory and Rawling（1997）らが指摘しているように時間を企業戦略の1つ[3]と考えるといった点である。これはアメーバ経営においても以下のように指摘されている。今日の企業経営は，そのスピードが以前と比べものにならないほど速くなっている。時間が競争の鍵である。……時間当り採算を行うことで，経営に時間の概念を浸透させることができる（三矢他 1999, 128）。最近の経営戦略論や管理会計論の研究では，競争優位性を確保する有力な手段としてスピードが強調されることが多くなった（上總 2000, 100-101）[4]。京セラでは，創業間もないころから，時間当り採算がアメーバ組織の業績評価に使われてきた。それは京セラ自身が「スピード経営」を時代に先んじて実践してきたことを意味している（上總 2010b, 141）。

また上述のように，MMループについても，ループそのもののつなぎの役割としての時間の言及は行われている。それとともにMMループの基本的考え方として，財務的業績のMMループと実体的業績のMMループについてマクロレベルの指標である（廣本 2010, 22-23）という点から，①時間を戦略的に捉える中で，組織業績あるいはそれらの策定段階での時間の問題も検討する必要がある。②アメーバ経営において実際にそれらがどのように行われ

3）例えば，Stalk and Houtは，「最高の価値を最低のコストで最短時間内に提供する，というのが企業成功の新しい公式である。時間短縮が戦略に持つ意味は重要である」（Stalk and Hout 1990, 31; 中辻・川口訳 1993, 36）と述べている。
4）これについて上總教授は，現代企業では，競争戦略の一環として，生産と開発のスピード競争が展開されているとし，生産のスピードアップの問題とともに，新製品の開発期間のスピードアップも等しく重要であると主張している。その理由として，競争戦略ではスピードが決定的に重要であることをあげている（上總 2000a, 84-85）。

ているのを明らかにする必要があることを述べておきたい。そして③時間と管理会計の体系を考える場合においても，これらをどのように位置づけるかも検討する必要性があると考える。

第3節　時間と業績評価会計

　以上それぞれの先行研究について業績評価会計と意思決定会計という管理会計体系論から整理を行った。さらに，これらを業績評価会計や意思決定会計の区分から全体的に検討をしていきたい（図表10-2を参照）。まず時間と業績評価会計についてである。業績評価会計とは，期間計画の設定と統制を中心とした会計である。具体的には，予算や標準原価を利用して責任センターごとに計画が設定される。そして計画がいかに正確に行われているかをチェックし，問題があればそれを是正していくのである。それゆえに，業績評価会計において，予算や標準という基準値と実績値の比較を行う原価差異分析は，重要な原価管理手法の1つであると考えられている。

　これを時間管理との関係でみれば，時間管理は，わが国では，伝統的に生産管理や工場管理において，時間そのものを直接管理するのが1つの特徴的な考え方であった。したがって，その点に気がついた，欧米の企業では，非財務的業績尺度としての時間そのものの短縮を図るという取り組みが行われたのである。さらに，上記の先行研究にみられるように，非財務的業績尺度としての時間が，計画と統制の中で管理されているという点に，時間そのものが，業績評価会計の重要な指標の1つとして機能していると考えることができるのである。

　一方で，リードタイムやサイクルタイムとコストとの関係の中で，原価差異分析を無駄な時間の削減やそれに伴うコスト削減に積極的に活用することによって，時間を業績評価やコスト・コントロールの問題としてより適切に考えることができるようになるのである。すなわち時間と原価差異分析を関係させることの意義は，時間を生産管理や工場管理の問題としてだけでなく，管理会計の問題としても考慮すべき重要な問題であるということを再認識させることである。ただし，原価差異分析において，単に伝統的な差異の考え

■図表10-2　管理会計体系論からの整理（概略図）

意思決定会計

●**戦略的意思決定会計**

機会原価の意思決定
- 非財務的業績尺度
- アクティビティ会計
- TPS研究
- アメーバ経営

設備投資などへの意思決定
- 非財務的業績尺度と財務的業績尺度
- アクティビティ会計
- TPS研究
- アメーバ経営

●**業務的意思決定会計**
- 非財務的業績尺度と財務的業績尺度
- アクティビティ会計
- TPS研究
- アメーバ経営

業績評価会計
- 非財務的業績尺度と財務的業績尺度
- アクティビティ会計
- TPS研究
- アメーバ経営

出所：筆者作成。

方だけでなく，作業場のレイアウト，待ち時間，設備の効率等作業工程を含む工場内におけるあらゆる無駄を対象とすることが重要となる。

ここで，無駄な時間のコスト化の利点を整理すると，

① どれくらいの時間が無駄に使われているかを金額によって具体的に知ることができる。

② これらを責任場所別に把握することによって，無駄な時間をより自分のものとして感じることができる。

③ コスト情報によって，現場全体あるいは全社的に共通の問題として時間を認識することができる。

といったようなことがあげられる。もちろん無駄な時間を取り除くために，製造現場において何が無駄なことかを直接的に教えることは重要ことである。しかしコスト化の重要性は，すでに多くの先行研究が行われている品質コストや環境コストの問題からも容易に理解できることである。そのためにも本研究で取り上げてきた研究の多くが無駄な時間のコスト化の問題を考える上で役に立つものであると考える。

さらに時間の問題を現代的な視点から考察していくと，管理会計とりわけ業績評価会計の問題として考える場合に，原価差異分析がタイムベースの視点から行われる必要性があるということだ。これは，わが国の原価計算基準においてもいわれているが，原価計算は長い間原価計算期間が示すように月次ベースで行われることが要求されてきた。仮に原価情報を経営管理目的に利用するため，その期間を短くし，週次あるいは毎日行うことも考えられる。けれども時間の重要性がいわれる現代の製造環境においては，それを時間単位で考える必要性があるように思える。これについてKren and Tyson（2002, 22）は利益を生むだろう時間（earned hours）と実際時間（actual hours）の間の比較は週次，月次，および年次基準で行われる。業務責任者は単位ごとにワークセンターの業績を監視していた。しかし会社の製品ミックスがなおさら多様化しているため，責任者のモニタリング努力のほとんどすべてがタイムベース（earned対actual hours，単位当たりのサイクルタイム）になると指摘をしている[5]。

最後になるが，原価計算を含めて今後時間と管理会計の問題を考える際に，

リアルタイムでの業績評価システムを強調していく重要性はますます高まるように思える。そしてそれはコンピュータのさらなる進展や高度の会計ソフトの登場によりなおさら実現可能になっていくであろう。これらの点も，時間と業績評価会計の問題を考える上で考慮する必要がある。

第4節　時間と意思決定会計

次に，意思決定会計との関係については，大別すると，業務的意思決定への時間の利用そして戦略的意思決定への時間の利用という2つから整理ができる。そこでこれらの区分からまずは検討をしてみる。第1に，業務的意思決定については，時間を日常業務的な意思決定情報として利用していくということである。これについては，上述のように，アメーバ経営，Horngrenら，そしてMaguire and Peacockの研究等で取り上げられている。特にHorngrenらの研究においては，タイムコストを計算することによって，時間のコストや売上高への影響を考慮に入れて，部品の追加注文を行うかどうかの意思決定への時間の利用を示している。

一方，戦略的意思決定については，アメーバ経営における設備投資決定への時間の利用，そしてBorthick and Rothが，サプライチェーンサイクルタイムを減らすために，より短い段取時間を可能にする自動化された設備への投資を行うかどうかの意思決定において，段取時間によるコスト削減額の計算，それによる内部利益率や投資回収期間への影響を考慮に入れている。また園村教授の研究にみられるように，製造コストに投下資本コストを加えた経済コストを船で運ぶか飛行機で運ぶかのケースといった代替案の選択をあげることができる。あるいは，Everaert and Bruggemanは，TDABCでの情報が，会社の新製品，新プロセス，新チャネルの導入に利用されるとしている。このように，時間が，戦略的意思決定へ利用されることによる利益の

5）製造原価の原価低減活動やものづくりの変化を適時に捉えてさまざまな経営意思決定に役立つ原価を提供していくためには，リアルタイム原価計算が必要であるという意見がある（レイヤーズ・ストラテジー・コンサルティング原価計算ソリューションチーム 2004, 36-41）

増大が考えられる。

そして本研究においては，戦略的意思決定の中でも，短縮された時間をどのような業務に振り向けるのかといった余剰時間が生み出す機会原価の意思決定会計との関係についても触れてきた。ここで全体的に整理をしておきたい。以下のようになる。

① サイクルタイム短縮が，販売可能な生産を増やすという結果を生むなら，サイクルアワーの機会原価は，サイクルタイム短縮への投資を行うか否かへ使われる（BrabazonのMCEの研究）。

② 時間による未利用キャパシティ量と未利用キャパシティコストを同時に計算できるために，会社がそれらを戦略的に捉えることができれば，大きな利益を生み出す可能性が生じる（Kaplan and AndersonのTDABCの研究）。

③ どのサービスや関連するアクティビティが，さまざまな航空機や航空会社によって要求されるかの検討が行われる（Giannetti, Venneri and VitaliのTDABCの研究）。

④ 事業戦略を支援する効果への利用（TPSにおける河田教授の研究）。

⑤ 発生した機会損失を回避する方法として，速度連鎖効果と余剰生産能力の他部門利用（アメーバ経営における上總教授，潮准教授の研究）。

これらが示すように，短縮された時間をどのように利用できるかは，意思決定会計の中での時間の問題を考える上でも非常に大切な問題となる。

それとともに，上述のアメーバ経営において指摘したが，時間を戦略的に捉える中で，組織業績あるいはそれらの策定段階での時間といった戦略策定への時間の利用についても意思決定会計上取り上げるべき問題となる。これら機会原価や戦略策定という問題は，時間を戦略的に捉えることによって，企業が従来よりも大きな利益を生み出す要因になるという意味においては，時間がもたらす大きな効果であり，意思決定会計においても非常に大事な考え方になることは間違いない事実である。この点は，本研究において，特に強調しておきたいことである。

第5節　第2章における4つの軸からの時間の分類との関連性

　本章の最後になるが，第2章第3節で取り上げた4つの軸からの時間の分類との業績評価会計や意思決定会計の関連性について検討してみたい。
　まず第1に，各ビジネス・プロセスの時間との関係である。これについては，基本的には，購買や製造といったそれぞれについて業績評価会計や意思決定会計が展開されている。特に，意思決定会計においては，製造活動とともに，時間が戦略を行う上での有用な情報として利用されている。
　第2に，個々のプロセスか全社的もしくはサプライチェーンかといった対象とする組織単位からの分類との関係である。個々のプロセスの問題についてはすでに触れたので，ここでは，全社的もしくはサプライチェーンにまで拡大した場合について検討してみる。
　これについて，京セラの研究にみられるように，時間当り採算が全社的に展開されているという研究がある。また通過時間，労働生産性，売上高利益率，資本利益率あるいはPP（利益ポテンシャル）の利用も考えられる。しかし，各業務間あるいは組織間を越えて，業績評価や意思決定を行うということは，基本的には，難しい問題である。その意味では，それらを体系的に整理する必要がある。そのためにも，本研究で取り上げたアクティビティ会計の利用あるいは利益計画や予算管理の中での全社的な時間の検討も考えられるのではないかと思う。
　第3に，短期か長期かといった期間からの分類との関係である。これについて，業績評価会計は，上述のように，より短期的に行われる必要がある。京セラのケースのように，朝礼，昼礼，終礼といったものもみられる。あるいは時間，分，秒といった考え方もある。また，意思決定会計についても，業務的か戦略的かによっても基本的には必要とする時間が異なるが，できるだけ短い期間での意思決定が要求される。これは，従来長期的かつ戦略的と考えられたものについても，その時間が，企業業績に大きな影響を及ぼすためである。
　第4に，反復的か一時的かといった頻度からの分類との関係である。これ

については，財務的か非財務的業績尺度かのどちらを利用するにしろ，短期的な業績評価については，継続的・反復的に行われなければならない。これによって，時間管理が経常的に行われていくことになる。また意思決定会計においても，日常業務的なものについては，継続的な時間管理をどのように行っていくかを考える中での選択への利用が必要となる。一方，長期的かつ戦略的意思決定については，一時的なものであるが，企業が今後進むべき方向性と大きな関係性をもつことになるので，全社的かつ慎重といった考え方も忘れてはならない。その上で，よりスピードをもつという考えが必要になるということを付け加えておきたい。

このように，4つの軸からの分類との関係をみても，管理会計上，時間と業績評価会計，時間と意思決定会計が，かなり明確な形で実践されているということが説明できた。したがって，管理会計や原価計算の研究としては，時間については，多くの研究が行われ，その知見もすでにたくさん蓄えられている状況にあるということがいえるのである。しかし，本研究では，まだまだ明らかにされていないこともあるので，今後これらについてさらなる検討の必要性があると考える。

第6節　おわりに

本章においては，筆者が問題とする①時間の視点からみた先行研究の分類，②時間と管理会計・原価計算との関係，そして③管理会計における時間研究の体系的整理という3つの問題の中の③について検討を行った。

そのために，ここでは，管理会計体系論の1つである業績評価会計と意思決定会計を利用した。具体的には，第5章から第9章までの各研究についてこれら2つに区分を行った。

そしてそれらを時間と業績評価会計，時間と意思決定会計というように全体的に整理も行った。前者においては，非財務的業績尺度としての時間が，計画と統制へ組織的に利用されていること，時間のコスト化の意義，そしてより短い期間での時間管理の必要性ということを特に主張した。後者においては，大きく業務的意思決定と戦略的意思決定に区分し，その中でも機会原

価として時間をどのような業務に振り向けていくかが，企業業績の増大のためにも，非常に重要な考え方になるということを指摘した。

　また，時間の視点からみた先行研究の分類との関連性を調べるために，第2章第5節での4つの軸からの時間の分類との関係についても検討を行った。この4つの分類との関係からも，時間を用いた業績評価会計や意思決定会計が展開されていることがわかった。

　以上から，本研究においては，管理会計上，時間の問題について，かなりの研究が進んでおり，すでに多くの知見が蓄えられていることを説明することができた。しかし，本研究では，まだまだ明らかにされていないこともあるので，今後これらについてさらなる検討の必要性があるということも指摘している。

終章

まとめと残された課題

　本書では，第1の問題として，時間の視点からみた先行研究の分類，つまりどのような時間が扱われてきたのかを議論した。第2の問題として，時間と管理会計・原価計算との関係，つまり上記の時間に対してどのような管理会計・原価計算技法がとられているのかを検討した。そして第3の問題として，管理会計における時間研究の体系的整理，つまり業績評価会計や意思決定会計といった管理会計体系論からの検討を行った。これら3つの問題を明らかにしたことが本書の特質である。最後に終章では，本書を要約するとともに，本書で扱うことができなかった残された課題を示すことで結びとしたい。

第1節　要約

（1）時間の視点からみた先行研究の分類

　時間管理において使われる時間には，さまざまな時間があり，単純に1つの時間を議論しているわけでないことがわかった。さまざまな文献を整理・検討をしていく中で，時間の多様性を明らかにした点は，本書が管理会計研究において意義あることと考える。

　また，その整理として4つの軸を示したものの，製造プロセスを中心として各ビジネス・プロセスでの時間管理がまずは考慮されるべき問題であることも当然のことと考える。これは先行研究をみても明らかなことである。そ

の中でも，購買，製造，販売といった各ビジネス・プロセスの時間管理については，継続的・反復的に行われる中で，時間短縮と原価管理が達成されることになる。さらに，全社的あるいは企業間関係までも考慮に入れた中で時間管理を考えることも大事である

それに対して原価企画などにみられる製品開発を中心とした時間や競争優位の1要素としての時間は，長期的・戦略的な視点から考慮される必要性がある。特に，競争優位の1要素としての時間は，組織構成員や関係者の資源配分としての時間や資源配分方針としての時間といった問題であり，利益拡大とも密接な関係が出てくる。これらの時間をどのように捉え，適正な時間配分を行うことは，ますます経営者が考慮すべき重要な課題であるとともに，研究すべき対象となるであろう。

（2）時間と管理会計・原価計算技法

これについては，以下の5つの検討を行ってきた。それぞれの要約は以下のようになる。

1）非財務的業績尺度の意義と財務的業績尺度の役割について

これについては，業績評価システムの構築の問題の中で重要視される非財務的業績尺度について特に，時間を中心として検討を行ってきた。多くの研究者が指摘しているように，製造現場での管理において時間の評価がされている。この1つの指標としては，製造サイクル効率をあげることができる。これは製造現場の中で，いかに非付加価値活動や時間を見つけ出し，削減のためのインセンティブを与えることができるかが重要となる。この製造現場における時間とともに，購買や搬送までの時間を評価するといった研究も多く示されている。これは時間通りの搬送業績に代表される。また，顧客管理，現金回収，製品開発，戦略策定といったようにさまざまなプロセスにおいての時間の評価が行われているのである。この点は，当時において時間そのものの多様性とそれらを評価するための評価指標が考え出される必要があったことを意味している。

さらに上記の業績評価システムを考察する中での，時間の役割についても

明確に述べられている研究もあった。これはGMの業績評価システムであり，これによって，業績評価システムという体系化の中での時間の評価が可能になるのである。

　一方で，財務的業績尺度を新しい環境へ適応させるための研究も行われている。具体的には，標準原価計算での差異分析においてみられる。これには，上流や下流で待ち時間差異の計算や設備総合効率等のサイクルタイムとコストの関係に注視するものである。またタイムコストというように，時間のコスト化の問題も議論されているのである。特に，Horngrenらは遅れの結果として収益における予想される損失とコストにおける予想される増大をタイムコストと呼んでいる。

　このように，時間を含めた非財務的業績尺度を業績評価指標として積極的に活用しながら，財務的業績尺度をいかに新しい環境に適応させることができるかが，1つの重要な検討課題と考えられていた。

2）時間とアクティビティ会計に関する研究

　ここでは，アクティビティ会計での時間の問題をコスト・ドライバーを中心に考察を行った。コスト・ドライバーとしての時間は，アクティビティ会計において当然重要な概念の1つであることは，間違いのない事実である。そのため，コスト・ドライバーの意義や時間の役割についても詳細に検討を行った。これらをみたときに，関連性・合理性・経済性だけでなく，時間のもつ動機づけの役割が特に重要になると考える。

　そして海外での先行研究をみることから，具体的にコスト・ドライバーとして時間がどのように使われているかをみた。この中では，時間が原価管理や意思決定に利用されていることもわかった。また，時間という言葉が明確に示されたTDABCにおいては，未利用キャパシティの計算やそれを上手に利用するという考え方も示されている。これは，機会原価の問題であり，この余った時間を戦略的に利用すれば，さらに利益を増大できるのである。これらをみても，時間が多様な可能性をもたせることがわかるのである。

3）通過時間と経営指標に関する研究

　ここでは，通過時間を経営指標の１つとして取り上げるといった提案がされている。これについては，経営全体としての通過時間を最初に測定したLiebermanの研究がスタートとなる。彼は，通過時間と労働生産性の問題を議論した。このLiebermanの研究に，仕掛品在庫に製品在庫を加算して通過時間を計算することを主張した阿保・辻教授の研究，仕掛品在庫に，製品在庫だけではなく原材料在庫までをも含めて計算することを主張し，通過時間，総資本利益率，労働生産性，物流費率を計算した阿保・矢澤教授の研究，そしてそれらの計算フォーマットである通過時間等計算表を提示して，その結果の表示方法を検討している矢澤教授の研究へと発展している。

　最初に，Liebermanの研究では，通過時間については，相対的には減少し，労働生産性も，著しく増加をしている。また通過時間と労働生産性の因果関係は，必ずしも示されておらず，部品供給業者と完成品業者間の緩衝在庫については，在庫レベルにおける大きな削減は両社にとって明らかであるといったことがわかった。

　第2に，阿保・辻教授の研究では，乗用車産業とプレハブ住宅産業について，通過時間が労働生産性と収益性をかなりの程度説明することができるという示唆は得られた。製造業における基本的なライン活動を生産と流通に分けることができるとすれば，通過時間は，生産時間と流通時間の合計であると考えることができる。したがって大事なことは，生産と流通とをいかに同期化させながら，時間の短縮を図るかということである（阿保・辻 1994b, 96）。

　第3に，阿保・矢澤教授の研究では，通過時間が短いほど総資本利益率は高いこと，また通過時間が短いほど労働生産性は高く，物流費率については通過時間の長短とは関係が乏しく，一定の幅の中に収まる傾向がみえるが，物流管理がすぐれた企業では物流費率は低い（矢澤 1997, 23）と説明している。

　最後に，矢澤教授は，通過時間と総資本利益率の関係は，右下がりに分布しているとはいえない。そして通過時間と労働生産性（正社員）の関係をみると，各グループについて右下がりの関係があるが，労働生産性も総人員と

の通過時間との関係をみると，分布に規則性を見いだすことができない。最後に，通過時間と物流費率の関係にも規則性をみることができない（矢澤1997, 31-33）と指摘している。

このようにそれぞれの調査結果についての見解は示されているが，各研究は，必ずしも同様の条件ではないため，ここでの結果についても，単純な比較はできない。しかし，通過時間が，経営全体の総合的な指標になり得るという考え方については，一定の理解が得られるのではないかということがわかった。

これらに対して，筆者は，管理会計の視点からの見解を述べている。これについては，業績管理会計や意思決定会計への可能性を示している。

4）TPSにおける時間の研究

ここでは，TPSにおいて時間をどのように原価計算そして管理会計の問題として考えることができるのかを河田教授の見解を中心に説明してきた。その議論が行われる前提としては，JITのキー概念となる時間が評価に入れられていない点である。そこでまずは，物流速度やリードタイムがどのような意味をもつのかを検討した。この中では，やはり物の停滞時間をいかに原価計算に組み込むことができるかという点が大事であった。

この問題に対して，LTBC，Jコスト論，TCCE，PPといった具体的な手法が示されてきた。具体的には，物流速度やLTBCといった原価計算からの解決策として，製造間接費の配賦計算に稼働時間だけでなくリードタイム全体という思考が入れられたのである。そしてそれでも補えない部分をファイナンスの理論を援用して解決策を図ったのである。さらに，ここでは，これらを財務諸表との結合の問題として取り上げている。これは，内部情報だけでなく外部情報としての時間の短縮の影響を考える必要性があったからである。

また，TPSの研究においても，余った時間をどのように利用するかといった機会原価の問題の重要性が指摘されている。

5) 時間とアメーバ経営に関する研究

　ここでは，時間当り採算の歴史的発展に始まり，業績評価指標としての時間当り採算そのものについての検討を行った。その中で，製造収益という会計概念は「付加価値」を示し，企業活動の社会全体に対する貢献を表す指標であるところに大きな特徴がみられた。また，製造部門や営業部門といった各アメーバだけの指標ではなく，全社的な視点から時間当り採算が考えられなければならない。これを示すものとして，全社利益の最大化を目指してアメーバ利益の連鎖管理が行われる利益連鎖管理や１つのアメーバのスピードアップが他のアメーバのスピードアップを連鎖的に引き起こしていくメカニズムを示す速度連鎖効果といった概念が示されているのである。この中では，製造部門の時間短縮による機会原価の問題がやはり指摘されている

　この全社的という考えは，時間当り採算が，研究開発部門，管理部門，そして物流部門といった間接部門においても作成，利用されていることからも明らかとなる。各部門が，時間当り採算を用いる目的をもっていることは当然であるが，それぞれに製造アメーバーとの関連性がみられるという点からも，製造アメーバを中心とした全社経営が行われているということが窺い知れる。

　また，時間当り採算を高めるには，時間の短縮あるいはスピードを速めるといったことが必要不可欠な要素としてあげられるという点も，本研究から明確に示されている。したがって，京セラのアメーバ経営においては，時間当り採算そして時間を中心とした管理会計システムが構築されているといえるのである。

　これらの研究をみただけでも，時間に関する管理会計・原価計算技法についてすでに多くの研究成果が示されているのである。

（3）管理会計における時間研究の体系的整理

　上記（1）時間の視点からみた先行研究の分類，（2）時間と管理会計・原価計算技法について検討した上で，それらを体系的に整理するために，ここでは，管理会計体系論の１つである業績評価会計と意思決定会計を利用した。具体的には，第５章から第９章までの各研究についてこれら２つに区分を行った。

　そしてそれらを時間と業績評価会計，時間と意思決定会計というように全

体的に整理も行った。前者においては，非財務的業績尺度としての時間が，計画と統制へ組織的に利用されていること，時間のコスト化の意義，そしてより短い期間での時間管理の必要性ということを特に主張した。後者においては，大きく業務的意思決定と戦略的意思決定に区分し，その中でも機会原価として時間をどのような業務に振り向けていくかが，企業業績の増大のためにも，非常に重要な考え方になるということを指摘した。

また，時間の視点からみた先行研究の分類との関連性を調べるために，第2章第5節での4つの軸からの時間の分類との関係についても検討を行った。この4つの分類との関係からも，時間を用いた業績評価会計や意思決定会計が展開されていることがわかった。

以上から，本研究[1]においては，管理会計上，時間の問題について，かなりの研究が進んでおり，すでに多くの知見が蓄えられていることを説明することができた。この点も本研究において筆者が，強く強調したいところである。

第2節　残された課題

最後になるが，本書で取り上げることができなかった残された課題について述べてみたい。

(1) 制約理論における時間の問題

まず第1に，制約理論における時間の問題である。これについては，本書第1章の第2節　時間研究が必要となる3つの要因の1つである (2) 生産管理システムからの時間の中の2) 制約理論においても時間との関係性を指摘している。その意味では，ボトルネックにおける時間をどのように取り除いていくことができるかは，多くの議論がすでにされているのである。した

---

[1] 本書においては，時間の問題を研究する上での業績評価システムや時間からみた伝統的会計の問題点についてもあわせて研究をしている。しかし，上記3つの問題点を解決することが本研究の大きな目的であるため，それらの要約については，ここでは省略をしている。なお，これらの要約については，前者については，第3章　アメリカにおけるJITの研究の第5節　おわりに，そして，後者については，第4章　時間からみた伝統的会計の問題点の第4節　おわりに，をご参照いただきたい。

がって，スループット会計の議論も踏まえた上での，制約理論における時間と管理会計・原価計算の問題についてもきちんと整理をする必要がある。

さらに，これらの問題は，筆者が考えているタイム・コスティングの問題を考察する上でも，重要な示唆を与えると考えるので，時間とコストや在庫との関係も考える中での問題の解決を図らなければならない。

（2）戦略における時間の問題

第2は，戦略における時間の問題についてである。これも上記（1）の問題と同様に本書第1章の第2節　時間研究が必要となる3つの要因の内の1つとして取り上げている。これについては，本書で検討した研究の中でもその重要性が示されている。例えば，京セラのアメーバ経営では，具体的な指摘もされている。また，その基本的な考え方についてもいくつか取り上げている。さらに原価企画，研究開発，バランス・スコアカードといった関連するテーマも詳細にみることから，戦略に関する管理会計体系論の位置づけまで検討を行っていきたい。

（3）実証研究

最後になるが，本研究は，文献研究を中心に筆者が問題意識をもつ3つに焦点を当ててきた。その意味では，アンケートや実態調査をきちんと行うところまでには至ってない。筆者もこれまでに，1社の事例研究に関する論文[2]を発表している。しかし，まだまだこれについては，ほとんど研究が進んでいない状況である。したがって，今後は，本書で明らかにされた問題について，実証研究を行うことによって，理論の検証を行わなければならないと考える。

また，上記3つ以外にも，キャッシュ・コンバージョン・サイクル，トップマネジメントの意思決定のスピード，リーン会計等に関する時間の問題の整理も行う必要がある。以上の点を残された課題として，本書を締めくくることにしたい。

2）水島（2010）の中で，1企業の事例を書いている。

参考文献

〈邦文文献〉

アーサーアンダーセン（2000）『e生産革命』東洋経済新報社.
阿保英司（1993）『ロジスティクス革新戦略』日刊工業新聞社.
阿保英司・辻正雄（1994a）「経営速度指標としての通過時間（上）」『企業会計』Vol.46 No.2, pp.119-125.
阿保英司・辻正雄（1994b）「経営速度指標としての通過時間（下）」『企業会計』Vol.46 No.3, pp.91-96.
阿保英司・矢澤秀雄（1997）「通過時間と物流費」『企業会計』Vol.49 No.3, pp.82-89.
五十嵐瞭（2006）「見える化＝VMによりコストダウンに直結するリードタイム短縮の進め方」『工場管理』Vol.52 No.16, pp.14-19.
泉谷裕編著（2001）『「利益」が見えれば会計が見える－ムラタ流情報化マトリックス経営のすべて』日本経済新聞社.
伊藤博（1994）『顧客志向の管理会計』中央経済社.
伊藤嘉博（2007）「二〇年目のレレバンスロスト－ABC/ABM革命の終焉－」『産業経理』Vol.68 No.3, pp.22-33.
伊藤嘉博（2011）「第5章　活動基準原価計算」浅田孝幸・伊藤嘉博編著『戦略管理会計』中央経済社, pp.127-154.
稲盛和夫（2006）『アメーバ経営－ひとりひとりの社員が主役－』日本経済出版社.
稲盛和夫（2010）「アメーバ経営はどのようにして誕生したのか」アメーバ経営学術研究会編『アメーバ経営学－理論と実証－』特別講義録KCCSマネジメントコンサルティング会社, pp.1-22.
井上信一（1988）「わが国企業の多品種・少量・小ロット生産の動向－欧米企業との比較において－」『香川大学経済論叢』Vol.61 No.3, pp.111-135.
井上信一（1989）「JIT生産方式と原価管理」『企業会計』Vol.41 No.2, pp.26-32.
井尻雄士（1990）『利速会計－企業成長への新業績評価システム』日本経済新聞社.
今岡善次郎（2002）「図説「利益速度」でモノをつくれ－TOCとJITの融合で実現する超高速経営－」JIPMソリューション.
今岡善次郎（2005）『時間をキャッシュに変えるトヨタ式経営18の法則』日本経済新聞社.
潮清孝（2006）「実地調査からみた京セラ・アメーバ経営：京セラフィロソフィの役割を中心に」上總康行先生還暦記念出版実行委員会編『次世代管理会計の構想』第9章中央経済社, pp.193-216.
潮清孝（2008）「京セラ・アメーバ経営の時間当たり採算公式と利益連鎖管理」『企業

会計』Vol.60 No.3, pp.151-159.
潮清孝（2010）「京セラ・アメーバ経営における時間当り採算の歴史的形成過程についての研究－時間当り採算の「年輪」を読む」アメーバ経営学術研究会編『アメーバ経営学－理論と実証－』（第4論文）KCCSマネジメントコンサルティング会社, pp.115-141.
潮清孝（2013）『アメーバ経営の管理会計システム』中央経済社.
大下丈平（2011a）「原価計算が発展するとはどういうことか－フランス的視点」『企業会計』Vol.63 No.8, pp.4-12.
大下丈平（2011b）「時間主導型TDABCは原価計算の発展か－フランス管理会計論の視点から－」『會計』Vol.180 No.6, pp.125-139.
大下丈平（2014）「ヘルスケアにおける「競争戦略」と原価計算－TDABCとUVA法の比較考察をめぐって－」『九州大学経済学会・経済学研究』Vol.80 No.5・6合併号, pp.113-135.
岡本清（2000）『原価計算（六訂版）』国元書房.
小沢浩（2003）「改善効果計算」（管理会計学会九州部会4月19日報告要旨）.
上總康行（1993）『管理会計論』新世社.
上總康行（1995）「標準原価計算の差異分析と原因分析－管理情報の連携機能－」『京都大学経済学会・経済論叢』Vol.156 No.6, pp.103-124.
上總康行（1997）「現代企業のコスト管理－グローバル企業への酷しい道－」『京都経済短期大学論集』Vol.4 No.2, pp.65-83.
上總康行（2000a）「コストとスピードに賭ける技術者たち」『企業会計』Vol.52 No.7, pp.84-85.
上總康行（2000b）「原価計算はスピードにいかに対応してきたか」『企業会計』Vol.52 No.8, pp.100-101.
上總康行（2000c）「スピード経営と会計学のスピード競争」『企業会計』Vol.52 No.9, pp.100-101.
上總康行・澤邊紀生（2005）「京セラアメーバ経営と利益連鎖管理（PCM）」『企業会計』Vol.57 No.7, pp.97-105.
上總康行・澤邊紀生（2006）「第8章　京セラアメーバ経営と管理会計システム」上總康行先生還暦記念出版実行委員会編『次世代管理会計の構想』中央経済社, pp.165-191.
上總康行（2007）「京セラの大家族主義経営と管理会計－アメーバ経営と時間当たり採算－」『企業会計』管理会計学Vol.15 No.2, pp.3-17.
上總康行（2010a）「アメーバ経営の仕組みと全体最適化の研究」アメーバ経営学術研究会編『アメーバ経営学－理論と実証－』（第2論文）KCCSマネジメントコンサルティング会社, pp.58-88.
上總康行（2010b）「京セラアメーバ経営の仕組み－機会損失の創出と全員参加経営

の視点から」関西大学経済・政治研究所『セミナー年報2010』, pp.131-146.
上總康行（2014）「日本的経営と機会損失の管理－アメーバ経営トヨタ生産方式の同質性－」『企業会計』Vol.66 No.2, pp.4-13.
川野克則（1998）「企業変化のための業績評価基準」『企業会計』Vol.50 No.7, pp.96-107.
河田信（1996）『プロダクト管理会計－生産システムと会計の新しい枠組み』中央経済社.
河田信（2004）『トヨタシステムと管理会計・全体最適経営システムの再構築をめざして』中央経済社.
河田信（2005）「ジャストインタイム管理会計－トヨタ生産方式と整合する管理会計フレーム」『企業会計』Vol.57 No.12, pp.35-44.
河田信（2007a）「会計はプル生産システムを支援できるのか」『組織科学』Vol.40 No.4, pp.40-56.
河田信（2007b）「第6章 トヨタ生産方式の会計的説明原理としての時間価値－「利益」から「利益ポテンシャル」－」『企業組織と管理会計の研究』（日本会計研究学会特別委員会最終報告書）, pp.216-237.
河田信（2008）「TPS導入の会計リンクアプローチ」『企業会計』Vol.60 No.9, pp.27-36.
河田信（2009a）「第1章 そもそもトヨタ生産方式（TPS）とは何か」河田信編著『トヨタ原点回帰の管理会計』中央経済社, pp.9-30.
河田信（2009b）「第2章 管理会計の基礎とものづくり経営－特にJITとの関係をめぐって」河田信編著『トヨタ原点回帰の管理会計』中央経済社, pp.31-56.
河田信（2009c）「第3章 管理会計の工夫」河田信編著『トヨタ原点回帰の管理会計』中央経済社, pp.57-81.
木島淑孝（1987）「FAと原価管理」『企業会計』Vol.39 No.4, pp.26-33.
木下和久（2005）「原価企画における時間管理の重要性」『原価計算研究』Vol.29 No.2, pp.27-35.
木村彰吾（2008）「TPSにおけるジャストインタイム思考と原価管理」『企業会計』Vol.60 No.9, pp.62-67.
國村道雄（2008）「投下コストとリードタイム削減効果」『企業会計』Vol.60 No.9, pp.45-52.
國村道雄（2009）「第5章 投下コスト－原価概念に時間軸を」河田信編著『トヨタ原点回帰の管理会計』中央経済社, pp.117-142.
小坂信之（2006）「VMによる製造リードタイム短縮の進め方」『工場管理』Vol.52 No.16, pp.46-62.
小菅正伸（2008）「時間主導型ABCの有用性－ビジネス・プロセス・マネジメントの視点から－」『商学論究』Vol.55 No.4, pp.1-27.

小林哲夫（1993）『現代原価計算論－戦略的コスト・マネジメントへのアプローチ－』中央経済社.

小山哲太郎（1996）「ハイスピード＆ストレックス生産への挑戦」『JMAマネジメントレビュー』July, pp.58-67.

酒巻久（2007）「サスティナブルな優良企業を目指して無駄を徹底的に排除して利益を発掘」『Business Research』No.992, pp.33-40.

櫻井通晴（1987）「高度情報化社会と企業会計の変容」『企業会計』Vol.39 No.4, pp.20-25.

櫻井通晴（1988）『経営原価計算論（増補版）』中央経済社.

櫻井通晴・Huang,P.Y（1988）「FA工場における管理会計制度の実態」『専修経営学論集』No.46, pp.53-79

櫻井通晴（1991）『企業環境の変化と管理会計』同文舘.

櫻井通晴（2007）『管理会計（第三版）』同文舘.

佐藤進・木島淑孝（1998）『四要素原価計算システム－解説「機械工業原価計算基準」－』日刊工業新聞社.

渋谷武夫（2001）『経営分析の考え方・すすめ方（第2版）』中央経済社.

高橋賢（2010）「TDABCの本質とその課題」『産業経理』Vol.70 No2, pp.128-136.

高橋賢（2011）「時間を基準とした原価配賦に関する一考察」『横浜国際社会科学研究』Vol.16 No.3, pp.1-11.

田中一成（1993）『「時間生産性」をどう高めるか』中央経済社.

田中嘉穂（1988a）「わが国の原価計算の現状と動向（1）－昭和61年の実態調査に基づいて－」『香川大学経済論叢』Vol.61 No.1, pp.1-34.

田中嘉穂（1988b）「わが国の原価計算の現状と動向（2）－昭和61年の実態調査に基づいて－」『香川大学経済論叢』Vol.61 No.2, pp.55-73.

田中嘉穂（1988c）「わが国の原価計算の現状と動向（3・完）－昭和61年の実態調査に基づいて－」『香川大学経済論叢』Vol.61 No.3, pp.57-110.

田中正知（2004a）「時間軸を入れた収益性評価法の一考察－Jコスト論－」『IEレビュー』Vol.45 No.1, pp.85-92.

田中正知（2004b）「物流と荷主企業の収益性に関する一考察－Jコスト論－」『海運経済研究』Vol.38, pp.11-20.

田中正知（2005）「自動車産業に於けるSCMとその評価法の一考察」『日本造船学会講演会論文集』Vol.5, pp.19-20.

田中正知（2008）「Jコスト論と改善活動」『企業会計』Vol.60 No.9, pp.37-44.

田中正知（2009a）「第6章　Jコスト論と改善活動」河田信編著『トヨタ原点回帰の管理会計』中央経済社, pp.143-176.

田中正知（2009b）『トヨタ式カイゼンの会計学－ジャストインタイムを会計学的に説明するJコスト論』中経出版.

谷武幸（1999）「ミニ・プロフィットセンターによるエンパワーメント－アメーバ経営の場合－」『国民経済雑誌』Vol.180 No.5, pp.47-59.
谷武幸（2005）「京セラアメーバ経営－自律的組織とその統合の視点から」『企業会計』Vol.57 No.12, pp.27-34.
谷武幸（2013）「アメーバ経営の概念モデル－フィロソフィとコントロールパッケージによる組織の活性化」『企業会計』Vol.65 No.2, pp.17-27.
内藤猛美（2008）『ムダを発見する「目」排除する「チエ」』『工場管理』11月臨時増刊号.
中根敏晴（2008）「TPSと整合しない全部原価計算からの脱却－直接原価計算による利益ポテンシャル算定の試み」『企業会計』Vol.60 No.9, pp.53-61.
中根敏晴（2009）「第4章　全部原価計算とTPS」河田信編著『トヨタ原点回帰の管理会計』中央経済社, pp.83-115.
浜田和樹（1989）「「アメーバ方式」による利益管理システム」『企業会計』Vol.41 No.2, pp.46-52.
浜田和樹（1998）『管理会計技法の展開』中央経済社.
挽文子（2007）『管理会計の進化』森山書店.
廣本敏郎（2008）「トヨタにおけるミクロマクロループの形成－利益ポテンシャルとJコスト」『企業会計』Vol.60 No.9, pp.18-26.
廣本敏郎（2009）「第1章　研究課題と分析フレームワーク」廣本敏郎編著『自律的組織の経営システム－日本的経営の叡智』森山書店, pp.1-38.
廣本敏郎・挽文子（2010）「アメーバ経営研究序説」アメーバ経営学術研究会編『アメーバ経営学－理論と実証－』（第1論文）KCCSマネジメントコンサルティング会社, pp.25-57.
福田拓生（2001）『図解でわかる生産の実務リードタイム短縮の進め方』日本能率協会マネジメントセンター.
藤平俊彦（2010a）「市場から要求されるコストを実現する改善方法と考え方#1市場から要求されるコストを踏まえた改善とは」『工場管理』Vol.51 No.1, pp.57-63.
藤平俊彦（2010b）「#2改善方法と考え方の全体像」『工場管理』Vol.51 No.3, pp.114-119.
藤平俊彦（2010c）「#3コスト計算の具体的な方法」『工場管理』Vol.51 No.4, pp.101-107.
藤平俊彦（2010d）「#4組立産業の許容コスト改善」『工場管理』Vol.51 No.6, pp.108-115.
藤平俊彦（2010e）「#5正味時間短縮の取り組み」『工場管理』Vol.51 No.7, pp.116-123.
藤平俊彦（2010f）「#6市場から要求されるコストを実現する改善方法と考え方」『工場管理』Vol.51 No.8, pp.114-121.
藤本隆宏（2001）『生産マネジメント入門（1）－生産システム編－』日本経済新聞出

版社.
古田隆起（1997）『現代管理会計論』中央経済社.
ベリングポイント編（2004）『将来予測重視の予算マネジメント』中央経済社.
星野優太（1992）『企業戦略と会計情報システム』多賀出版
前田貞則・久保田敬一・海老原崇（2012）「時間主導型ABCと経営革新－収益性の見直し－」『會計』Vol.176 No.2, pp.95-109.
前田陽（2005）「時間基準ABCの意義」『企業会計』Vol.57 No.11, pp.119-126.
牧戸孝郎（1993）「日本的現場改善技法－統合化の試み」『企業会計』Vol.45 No.12, pp.54-59.
丸田起大・上總康行（2011）「アメーバ経営の導入効果－カーテン製造業㈱カズマの事例－」『日本原価計算研究学会報告集』（9月2日報告要旨）.
三浦和夫・田中嘉穂・井上信一（1988）「生産方式と原価管理の最近の動向－昭和61年調査の概要－」『香川大学経済学部 研究年報』27, pp.1-66.
水島多美也（1999a）「非財務的尺度の有用性について」『福岡大学商学論叢』Vol.43 No.4, pp.1029-1069.
水島多美也（1999b）「非財務的尺度と業績評価」『會計』Vol.155 No.5, pp.42-57.
水島多美也（2001）「新製品開発プロジェクトの業績評価－リターン・マップからライフサイクル・マップへの適用拡大－」『公会計研究』Vol.3 No.1, pp.12-25.
水島多美也（2002a）「タイムコスト概念の定義と測定」『管理会計学』Vol.10 No.2, pp.13-24.
水島多美也（2002b）「JIT生産方式における時間の評価－サイクルタイムシステムでの差異分析を中心－」『日本文理大学商経学会誌』Vol.20 No.1, pp.69-89.
水島多美也（2004a）「意思決定における時間の役割－Maguire, Horngren, Preissの見解を中心として－」『日本文理大学商経学会誌』Vol.22 No.2, pp.77-97.
水島多美也（2004b）「管理会計と時間に関する一考察－意思決定会計の問題を中心に－」『會計』Vol.146 No.4, pp.80-95.
水島多美也（2005）「業績管理会計と時間の関係－サイクルタイムと原価差異分析を中心として－」『日本文理大学商経学会誌』Vol.23 No.2, pp.15-31.
水島多美也（2006）「コスト・ドライバーからみる時間の意義－Time-Driven ABCを手掛かりとして－」『日本文理大学商経学会誌』Vol.24 No.2, pp.33-49.
水島多美也（2007）「タイムコスティングへの試論－理論モデルの構築を目指して－」『日本文理大学商経学会誌』Vol.25 No.2, pp.37-57.
水島多美也（2008）「アクティビティ会計における時間の研究－可能性と限界－」『中村学園大学・中村学園大学短期大学部研究紀要』第40号, pp.165-171.
水島多美也（2009）「タイムコスティングモデル化における諸問題－先行研究からの知見をもとに－」『流通科学研究』Vol.9 No.1, pp.55-65.
水島多美也（2010）「時間短縮の効果測定方法に関する一考察－企業のケースを手掛

かりとして-」『會計』Vol.174 No.5, pp.100-113.
水島多美也（2011）「管理会計研究における時間研究の位置づけ-先行研究の整理と発展」『福岡大学商学論叢』Vol.55 No.4, pp.259-281.
水島多美也（2012）「時間からみた管理会計の検討-戦略の視点も考慮に入れて-」『會計』Vol.181 No.6, pp.41-55.
水島多美也（2014a）「アメーバ経営における時間当り採算での時間の意味」『流通科学研究』Vol.13 No.2, pp.39-57.
水島多美也（2014b）「JITにおける時間の研究」『産業經理』Vol.74 No.2, pp.65-76.
水島多美也（2015）「管理会計体系論からの時間研究の整理」『流通科学研究』Vol.15 No.1.
水野一郎（1999）「付加価値管理会計とスループット会計」『関西大学商学論集』Vol.44 No.4, pp.307-326.
三矢裕（2003）『アメーバ経営論-ミニ・プロフィットセンターのメカニズムの導入-』東洋経済新報社.
三矢裕・谷武幸・加護野忠男（1999）『アメーバ経営が会社を変える-やる気を引き出す小集団部門別採算制度』ダイヤモンド社.
門田安弘（1988）「JIT生産方式と原価計算・原価管理-ダイハツ工業（株）のケースを中心に」『企業会計』Vol.40 No.5, pp.22-32.
門田安弘（1990）『トヨタシステム-第11版』講談社.
門田安弘（2001）「TOCとJITの比較-TOCのオリジナリティはなにか」『企業会計』Vol.53 No.11, pp.22-30.
門田安弘（2006）『トヨタプロダクションシステム-その理論と体系-』ダイヤモンド社.
門田安弘（2013）「「JITゲーム」で遊びながらリーン生産を学ぼう」『工場管理』Vol.59 No.5, pp.72-78.
矢澤秀雄（1997）『管理会計-スループットと物流費-』税務経理協会.
山内進（1999）『租税特別措置と産業成長-租税特別措置の効果分析-』税務経理協会.
吉川武男編著（1993）『日本型ABCマネジメント-事例に学ぶ導入と実践-』生産性出版.
吉川武男（1998）「企業価値創造の戦略的業績評価システム」『企業会計』Vol.50 No.7, pp.91-95.
レイヤーズ・ストラテジー・コンサルティング原価計算ソリューションチーム（2004）「現場改善に対応した原価計算方法」『旬刊経理情報』No.1068, pp.36-41.

〈英文文献〉
Aranoff,G. (2010) "No-Inventory Standard Costing for JIT Manufacturers: Maximizing Backflush Costing," *Cost Management,* January/Feburary, pp.34-37.

Baxendare, S.Y. and P.S.D (2004) "Using ABC to Enhance Throughput Accounting: a Strategic Perspective," *Cost Management,* January/February, pp.31-38.

Berliner, C. and J.A. Brimzon (ed.) (1988) *Cost Management for Todays Advanced Manufacturing The CAM-Conceptual Design,* HARVAARD BUSINESS SCHOOL PRESS.（長松秀志監訳『先端企業のコスト・マネジメント－活動・価値・情報の統合戦略システム－』中央経済社, 1993.）

Blackburn, J.D. (1992) "Trends in Manufacturing Time-Based Competition," in B.J. Brinker (ed.), *Handbook of Cost Management,* Boston: Warren Gorham Lamont, pp.A2-A21.

Bledsoe, N.L. and R.W. Ingram (1997) "Customer Satisfaction Through Performance Evaluation," *Journal of Cost Management,* Winter, pp.43-50.

Borthic, A.F. and H.P. Roth (1993) "Accounting for Time: Reengineering Business Processes to Improve Responsiveness," *Journal of Cost Management,* Fall, pp.4-14.

Brabazon, T. (1999) "Manage your costs by managing your cycle times," *Management Accounting,* June, pp.48-49.

Bragg, S.M. (ed.) (2007) *THROUGHPUT ACCOUNTING: a guide to constraint management,* Jhon Willy & Sons Inc.

Cheatham, C. (1990) "Measuring and Improving Throughput," *Journal of Accountancy,* March, pp.89-91.

Cooper, R. and R.S. Kaplan (1992) "Activity-Based Systems: Measuring the Costs of Resource Usage," *Accounting Horizons,* September, pp.1-13.

Corbett, T (ed.) (1998) *THROUGHPUT ACCOUNTING: Management Accounting System,* The North River Press.（佐々木俊雄訳『TOCスループット会計－この意思決定プロセスが最大利益を生み出す』ダイヤモンド社, 2005）.

Cross, K. and R. Lynch (1989) "Accounting for Competitive Performance," *Journal of Cost Management,* Spring, pp.20-28.

Cunningham, J. (2006) "Pricing Custom Products Without a Standard Cost System," *Cost Management,* January/February, pp.45-47.

Curtis, C.C. (1994) "Nonfinancial Performance Measures in New Product Development," *Journal of Cost Management,* Fall, pp.18-26.

David, B. and B.V. Balachandran (2002) "Velocity Costing for a Manufacturing Environment," *Journal of Cost Management,* January/February, pp.39-42.

David, E.K. and J.L. Robert (1995) "Departmental Activity-Based Management," *Management Accounting,* January, pp.27-30.

DeFreitas, D.G., J.W. Gillett, R.L. Fink and W. Cox, (2013) "Getting Lean and Mean at Caterpillar with ABM," *Strategic Finance,* January, pp.24-33.

Dhavale, D.G. (1996a) "Performance Measures for Cell Manufacturing and Focused Factory Systems," *Journal of Cost Management*, Spring, pp.59-69.

Dhavale, D.G. (1996b) "Problems with Existing Manufacturing Performance Measures," *Journal of Cost Management*, Winter, pp.50-55.

Dodd, A. (1992) "The Just-in-Time Environment," in Barry.J. Brinker (ed.) *Handbook of Cost Management*, Boston: Warren Gorham Lamont, pp.A3-A7.

Eccles, R.G. and P.J. Pyburn (1992) "Creating a Comprehensive Systems in Measure Performance," *Management Accounting*, October, pp.41-44.

Ehie, I.C. and S. Stough (1995) "Cycle Time Reduction Through Various Business Subcycles," *Industrial Management*, May/June, pp.20-25.

Everaert, P and W. Bruggeman (2007) "Time-Driven Activity-Based Costing: Exploring Underlying Model," *Cost Management*, March/April, pp.16-20.

Fisher, J. (1992) "Use of Nonfinancial Performance Measures," *Journal of Cost Management*, Spring, pp.31-38.

Foster, G. and C.T. Horngren (1988) "Cost Accounting and Cost Management in a JIT Environment," *Journal of Cost Management*, Winter, pp.4-14.

Giannetti, R., C. Vennel and P.M. Vitali (2011) "Time-Driven Activity-Based Costing and Capacity Cost Management: The Case of a Service Firm," *Cost Management*, July/August, pp.6-16.

Goldman, S.L., R.N. Nagel and K. Preiss (ed.) (1995) *Agile Competitors and Virtual Organizations–Strategies for Enriching the Customer*, Van Nostrand Reinhold. (野中郁次郎監訳, 紺野登訳『アジルコンペティション-「速い経営」が企業を変える-』日本経済新聞社, 1996.)

Goldratt, E.M. (ed.) (1990) *Theory of Constraints*, North River Press.

Goldratt, E.M. (ed.) (2009) *Isn't It Obvious*, The North River Press. (岸良祐司監訳・三本木亮訳『ザ・クリスタルボール-売上げと在庫のジレンマを解決する!』ダイヤモンド社, 2009.)

Goldrat, E.M. and J. Cox (ed.) (1992) *The Goal: A Process Ongoing Improvement Second Revised Edition*, North River Press. (三本木亮訳・稲垣公夫解説『ザ・ゴール-企業の究極の目的とは何か』ダイヤモンド社, 2001.)

Green, F.B., F. Amenkhienen and G. Jhonson (1991) "Performance Measures and JIT," *Management Accounting*, February, pp.50-53.

Gregory, I.C. and S.B. Rawling (ed.) (1997) *Profit from Time*, MACMILLAN Business.

Hansen, D.R. and M.M. Mowen (1997) *Management Accounting*, South-Western College Publishing.

Hiromoto, T. [1988] "Another Hidden Edge: Japanese Management Accounting,"

Harvard Business Review, July/August, pp.22-26.
Horngren, C.T., G. Foster and S.M. Datar (ed.) (1997) *Cost Accounting; A Managerial Emphasis,* Ninth Edition, Prentice Hall, Englewood Cliffs.
Horngren, C.T., G. Foster and S.M. Datar (ed.) (2000) *Cost Accounting: A Managerial Emphasis,* Tenth Edition, Prentice Hall, Englewood Cliffs.
Howell, R.A. and S.R. Soucy (1987a) "Operating Controls in the New Manufacturing Environment," *Management Accounting,* Spring, pp.25-31.
Howell, R.A. and S.R. Soucy (1987b) "Cost Accounting in the New Manufacturing Environment," *Management Accounting,* August, pp.42-48.
Hronec, S.M. (ed.) (1993) Vital Signs, ARTHUR ANDERSEN&CO.（アーサーアンダーセンオペレーショナル・コンサルティング・グループ訳『リエンジニアリングのための業績評価基準』1994産能大学出版部。）
Hurt, R., L. Garrett and C.M. Mert (1985) "Direct Labor Cost Not Always Relevant At H-P," *Management Accounting,* February, pp.58-62.
Jonas, G. (2004) "Activity-Based Variance Analysis: New Tools for Cost Management," *Cost Management,* September/October, pp.38-48.
Johnson, H.T. and R.S. Kaplan (ed.) (1987) *Relevance Lost: The Rise and Fall of Management Accounting,* Harvard Business School Press.（鳥居宏史訳『レレバンス・ロスト：管理会計の盛衰』白桃書房, 1992。）
Joseph, D. Blackburn (ed.) (1991) *Time-Based Competition,* RICHARD, D. IRWIN, INC.
Kaplan, R.S. (1983) "Measuring Manufacturing Performance : A New Challenge for Managerial Accounting Research," *Management Accounting,* October, pp.686-705.
Kaplan, R.S. and A.A. Atkinson (ed.) (1989) *Advanced Management Accounting,* second edition, Prentice-Hall.（浅田孝幸・小倉昇監訳『キャプラン管理会計（下）』中央経済社, 1996。）
Kaplan, R.S. and A.A. Atkinson (ed.) (1998) *Advanced Management Accounting* Third edition, Prentice-Hall.
Kaplan, R.S. and D.P. Norton (ed.) (1996) *The Balanced Scorecard: translating strategy into action,* HARVARD BUSINESS REVIEW PRESS.（吉川武男訳『バランススコアカード』生産性出版, 1997。）
Kaplan, R.S. and R. Cooper (1997) *COST&EFFECT,* HARVARD BUSINESS SCHOOL PRESS.（櫻井通晴監訳『コスト戦略と業積管理の統合システム』ダイヤモンド社, 1998。）
Kaplan, R.S. and S.R. Anderson (2003) "Time-Driven Activity-Based Costing," *Harvard Business Working Paper,* November, pp,1-18.

Kaplan, R.S. and S.R. Anderson (2004) "Time-Driven Activity-Based Costing," *Harvard Business Review*, November, pp.131-138.（スコーフィールド素子訳「時間主導型ABCマネジメント」『Diamondハーバードビジネス・レビュー』Vol.30 No6, pp.135-145, 2005.）

Kaplan, R.S. and S.R. Anderson (ed.) (2007) *Time-Driven Activity-Based Costing: A Simple More Powerful Path to Higher Profit*, Harvard Business School Press.（前田貞則・久保田敬一・海老原崇監訳『戦略的収益費用マネジメント－時間主導型ABCの有効利用』マグロウヒル・エデュケーション, 2008.）

Kawada, M. and D. Johnson (1993) "Strategic Management Accounting: Why and How," *Management Accounting*, August, pp.32-38.

Keith,N.C. (1997) "CONTRIBUTION-BASED ACTIVITY," *Management Accounting*, May, pp.22-25.

Keith, C. (2004) "As easy as CBA," *Financial Management*, September, pp.28-32.

Keys, D.E. (1999) "German versus United States Cost Management," *Management Accounting Quarterly*, Fall, pp.19-26.

Kocakülâh, M.C., D. Austill and D.E. Schenk (2011) "Lean Production Practices for Efficiency," *Cost Management*, March/April, pp.20-28.

Kren, L. and T.Tyson (2002) "Using Cycle Time to Measure Performance and Control Costs in Focused Factories," *Journal of Cost Management*, November/December, pp.18-23.

Lee, J.Y. (ed.) (1987) *MANAGERIAL ACCOUNTING CHANGES FOR THE 1990*, ADDISON-WESLEY PUBLISHING COMPANY.（門田安弘・井上信一訳『90年代の管理会計』中央経済社, 1989.）

Lessner, J. (1989) "Performance Measurement in a Just-in-Time Environment: Can Traditional Performance Measurements Still Be Used?" *Journal of Cost Management*, Fall, pp.22-28.

Lieberman, M.B. (1990) "Inventry Reduction and Productivity Growth: A Study of Japanese Automobile Producers," Chapter21 in J.Ettlie, M. Burstein and A. Feigenbaum (ed.) *Manufacturing Strategy*, Boston Kluwer Academic Publishers, pp.213-223.

Lieberman, M.B and L.Demeester, (1995) "Inventory Reduction and Productivity Growth: Evidence from the Japanese Automotive Sector," *Working paper, May 9, MIT International Motor Vehicle Program, Cambridge, MA*, pp.2-17.

Lieberman, M.B. and L. Demeester (1999) "Inventory Reduction and Productivity Growth: Linkages in the Japanese Automotive Industry," *Management Science*, April, pp.465-485.

Lieberman, M.B., L. Lau and M. Williams (1990) "Firm-Level Productivity and Management Influence: A Comparison of U.S. and Japanese Automobile Producers," Reserch Paper No.1048, Graduate School of Business,Stanford University, Forthcoming, Management Science, pp.1193-1215.

Lieberman, M.B. and S. Asaba (1997) "Inventory Reduction and Productivity Growth: A Comparison of Japanese and US Automotive Sectors," *Managerial and Decision Economics,* Vol.18, pp.73-85.

Lieberman, M.B., S. Helper and L. Demeester (1999) "The Empirical Determinants of Inventory Levels in High-Volume Manufacturing," *Production and Operations Management,* March, pp.44-55.

Lorange. P. and M.S.S. Morton (1974) "A Framework for Control Systems," *Sloan Management,* Fall, pp.41-56.

MacArthur, J.B. (2003) "Practical Guidelines for Activity-Driver Selection," *Cost Management,* September/October, pp.37-40.

Macnair, C.I., L. Lynch and K.F. Cross (1990) "Do Financial and Nonfinancial Performance Measures Have to Agree?" *Management Accounting,* November, pp.28-36.

Maguire, N.G. and E. Peacock (1998) "Evaluating The Cost of Lead Time on The Supplier Selection Process: an ABC Driven Methodology," *Journal of Cost Management,* November/December, pp.27-38.

Maskell, B.H. (2006) "Solving the Standard Cost Problem," *Cost Management,* January/February, pp.27-35.

McNair, C.J., W. Mosconi and T. Norris (ed.) (1988) *Meetingthe Technology Challenge: Cost Accounting in a JIT Environment,* National Association of Accountants.

Meredith,J. (1988) "New Justification Approaches for CIM," *Journal of Cost Management, Winter,* pp.15-25.

Monden, Y. (1981a) "What Makes the Toyota Production System Really Tick," *Industrial engineering,* 13 (1), pp.36-46.

Monden, Y. (1981b) "Adaptable Kanban System Helps Toyota Maintain Just-In-Time Production," *Industrial engineering,* 13 (5), pp.28-46.

Monden, Y. (1981c) "Smoothed Production Lets Toyota Adapt to Demand Changes and Reduce Inventory," *Industrial engineering,* 13 (8), pp.42-51.

Monden, Y. (1981d) "How Toyota Shortened Supply Lot Production Time, Waiting Time and Conveyance Time," *Industrial engineering,* 13 (9), pp.1-11.

Mouritsen, J. and A. Bekke (1999) "A space for time: accounting and Time Based Management in a high technology company," *Management Accounting Research,* No.10, pp.159-180.

Namazi, M. (2009) "Performance Focused ABC: A Third Generation of Activity-Based Costing System," *Cost Management,* September/October, pp.34-46.
Neumann, B.R., M.L. Roberts and E. Cauvin (2008) "Financial and Nonfinancial Performance Measures," *Cost Management,* November/December, pp.5-14.
O'Brien, J. and K. Sivaramarkrishnan (1994) "Accounting for JIT: A Cycle Time-Based Approach," *Journal of Cost Management,* Fall, pp.63-70.
Peters, T. (1990) "Time-Obsessed Competition," *Management Review,* September, pp.16-20.
Preiss, K. (2000) "Time-Based Costing," in Barry J. Brinker (ed.), *Guide to Cost Management,* (Chapter5), pp.68-96.
Preiss, K. and M.Ray (2000a) "Time-Based Costing: Part1-Costing for a Dynamic Business Environment," *Journal of Corporate Accounting & Finance,* July/August, pp.65-74.
Preiss, K. and M. Ray (2000b) "Time Based Costing: Part2-Scope and Application," *Journal of Corporate Accounting & Finance,* September/October, pp.47-56.
Seglund, R. and S. Ibarreche (1984) "Just-in-time: the Accounting Implications," *Management Accounting,* August, pp.43-45.
Stalk, G. and M. H.Thomas (ed.) (1990) *Competimg Against Time,* THE FREE PRESS.（中辻萬治・川口恵一訳『タイムベース競争戦略-競争優位の新たな源泉：時間-』ダイヤモンド社, 1993.）
Stevers, B.P., J. Covin, N.G. Hall and S.W. Smalt (1998) "How Nonfinancial Performance Measures Are Used," *Management Accounting,* February, pp.44-48.
Swain.M and J.Bell (ed.) (1999) The Theory of Constraints and Throughput Accounting, The McGraw-Hill Companies, inc.（三本木亮訳『実践TOCワークブック-「制約条件の理論」と「スループット会計」が身につく！』ダイヤモンド社, 2003.）
Swenson, D.W. and J. Cassidy (1993) "The Effect of JIT on Management Accounting," *Journal of Cost Management,* Spring, pp.39-47.
Wacker, J.G. (1996) "A Theoretical Model of Manufacturing Lead Times and Their Relationship to a Manufacturing Goal Hierarchy," *Decision Sciences,* Summer, pp.483-517.
Wright, V. (1986) "The Effect Zero Inventories on Cost (Just-In-Time)," *Cost Accounting for the 90s* (Montvale,N.J.:National Association of Accountants), pp.156-164.

索引

A~Z

ABCマトリックス……………………………168
BSC……………………………………………42
fixed timeアクティビティ……………………182
Goldrat and Cox………………………………16
JIT生産…………………………………………60
Jコスト………………………………………233
Jコスト論……………………………………232
MMループ……………………………………280
MPM…………………………………………238
Performance-focused ABC（業績中心的ABC）
………………………………………………189
variable timeアクティビティ………………182

あ

アクターネットワーク理論…………………245
アクティビティ・コストドライバー・レート
………………………………………………172
アクティビティ会計…………………………141
アクティビティ時間…………………………178
アクティビティ分析…………………………155
アフターサービス……………………………42
アメーバ経営…………………………………244

意思決定………………………………………145
意思決定会計…………………………………287
一定の作業量……………………………61, 85
イノベーション・プロセス…………………42
運転資金拘束期間……………………………228
運転資本の効率性……………………………43
運搬時間………………………………………114
運命共同体……………………………………247

営業口銭………………………………………246
エンジニアリング時間………………………167

お金を作り出す速度…………………………16
遅れのコスト…………………………………132
オペレーショナル・コントロール………76, 110
オペレーショナルコントロールシステム……76
オペレーション・プロセス…………………42
オペレーティング業績評価…………………104

か

改善評価指標…………………………………233
開発期間のスピード…………………………265
加工時間………………………………………114
価値増殖速度…………………………………201
価値提供システム……………………………41
活動一覧表……………………………………172
活動基準原価管理……………………………141
活動基準原価計算……………………………141
活動ドライバー率……………………………146
カネづくり……………………………………280
貨幣流出入速度………………………………16
管理会計体系論………………………………271
関連コスト……………………………………135
関連収益………………………………………135

機会概念………………………………………230
機械稼働時間差異……………………………89
機会付加価値…………………………………230
機会利益………………………………………230
企業レベル……………………………………73
基準操業度……………………………………146
記帳の簡略化…………………………………91
忌避宣言権……………………………………258
キャッシュ・コンバージョン・サイクル…300
キャパシティ管理……………………………180
供給ロット生産時間…………………………219
業績コントロール……………………………190
業績測定………………………………………155

315

業績評価会計	284	コスト構造	79
業績評価システム	68	コストマネジメントシステム	2, 59
京セラ・フィロソフィ	246	コスト有効性	88
強度ドライバー	143	固定費化	81
業務的意思決定	282	個別的変数	185
業務費用	16	コンピュータ支援設計	2, 14, 60
金利償却	253	コンピュータ統合生産	2

さ

クウオンタム・パフォーマンス	43	サイクル・タイム原価計算	148
空転・チョコ停ロス差異	132	サイクルアワーの機会原価	117
国の文化	145	サイクルタイム	103, 112
グローバル尺度	103	サイクルタイムシステム	123
		サイクルタイム測定基準	30, 129
計画のMMループ	281	サイクルタイムの機会原価	117
経過時間	228	在庫	16
経済コスト	236	在庫削減効果	235
経済的発注量	64	在庫速度	83
経済的付加価値	238, 254	在庫とリードタイム	235
経済的要請	21	在庫バッファーの評価	196
継続的変数	185	財務的業績尺度	90, 106
原価企画	75	作業のスピードアップ	257
原価企画における時間管理	44	サプライチェーンのリードタイム	169
原価低減	75	サポート製造間接費	85
原価統制	75	三次元的構造	234
原材料仕掛品	92	三位一体の経営	280
検査時間	114	残余利益	254
現場レベル	74		
		仕掛品回転日数	227
効果性重視の経営	142	仕掛品通過時間	198
工場レベル	73	時間当り売上高	282
行動への動機づけ	145	時間当り採算	244
効率	68	時間当り投資額	282
顧客のレスポンスタイム	26, 109	時間当りの生産高	245
顧客満足	119	時間価値	3, 230
故障停止ロス差異	132	時間研究の多様性	54
コスト・コントロール	83	時間主導型ABC	33
コスト・ドライバー	142	時間主導型原価計算	142
コスト・ドライバーとしての時間	142	時間短縮	19
コスト・ドライバーの選択	144	時間的競争力	3
コスト・マネジメント	75		

索　引

時間通りの業績 ……………………… 109
時間ドライバー ……………………… 143
時間ドライバーの決定 ……………… 182
時間方程式 …………………………… 177
時間枠 ………………………………… 150
時間を組み込んだ投下資本コスト …… 236
事業戦略のスピードアップ ………… 41
資源コスト …………………………… 181
事後合理性 …………………………… 265
資材所要量計画 ……………………… 60
市場に直結した部門別採算 ………… 246
市場レベル …………………………… 73
時代的・社会的要請 ………………… 21
実際サイクルタイム ………………… 132
実際的生産能力 ……………………… 171
実際に適用された時間 ……………… 130
実際の速度 …………………………… 153
実績のMMループ …………………… 281
指標的変数 …………………………… 185
資本コスト …………………………… 253
ジャスト・イン・タイム短縮 ……… 232
ジャストインタイム ………………… 2, 59
重要な成果評価尺度 ………………… 121
重要な成功要因 ……………………… 106
受注生産方式 ………………………… 258
上流や下流の遅れによって引き起こされる待ち時間差異 ……………… 126
職能別組織 …………………………… 262
自律的組織 …………………………… 250
新製品開発の時間 …………………… 41
信頼性 ………………………………… 111

スケジュール効率 …………………… 74
スピード経営 ………………………… 257, 283
スピードの経済 ……………………… 141
スリーウエーインタラクション …… 186
スループット ………………………… 2, 16
スループット時間 …………………… 62
スループットタイム ………………… 2, 26

生産管理システム …………………… 1
生産スピードアップ ………………… 260
生産性 ………………………………… 111
生産製造間接費 ……………………… 85
生産速度 ……………………………… 104
生産のスピードアップ ……………… 41
製造間接費の増加 …………………… 94
製造キャッシュ・フロー …………… 239
製造サイクル効率 …………………… 113
製造者通過時間 ……………………… 197
製造スケジュール …………………… 164
製造能率差異 ………………………… 85
製品回転日数 ………………………… 227
制約理論 ……………………………… 3, 16
責任会計システム …………………… 110
設備総合効率 ………………………… 131
設備総合効率の計算 ………………… 30
設備投資評価 ………………………… 162
セルサイクルタイム ………………… 26, 107
セルにおける非付加価値活動によって引き起こされる差異 ……………… 126
ゼロ段取時間 ………………………… 28
ゼロリードタイム …………………… 28, 115
先端製造技術 ………………………… 1, 14
戦略 …………………………………… 1
戦略策定段階での時間 ……………… 44
戦略的ABM ………………………… 191
戦略的意思決定 ……………………… 282
戦略的管理会計機能 ………………… 222
戦略的計画 …………………………… 73
戦略的な洞察 ………………………… 176
操業度配賦基準 ……………………… 94
総資本利益率 ………………………… 203
総製造通過時間 ……………………… 196
双方向のインタラクション ………… 186
即応性 ………………………………… 111
速度概念 ……………………………… 234
速度原価計算 ………………………… 17
速度低下ロス差異 …………………… 132

速度連鎖効果 …………………………… 258, 260
損益分岐点時間表 ………………………………… 42

た

大家族主義 ……………………………………… 247
第三世代のABC ………………………………… 189
ダイナミックな環境 ……………………………… 89
タイム・コスティング ……………………… 4, 300
タイム・ドライバー …………………………… 109
タイムコスト …………………………… 4, 109, 136
タイム測定システム …………………………… 124
タイムベース …………………………………… 286
タイムベース競争 ………………………………… 18
タイムベース戦略 ………………………………… 19
タイムベーストコスティング ……………… 16, 40
タイムベース能力 ……………………………… 112
タイムリーなシグナルの欠如 …………………… 89
タクトタイム …………………………………… 218
棚卸資産回転期間 ……………………………… 207
棚卸資産回転率 ………………………………… 207
多品種製品の測定 ………………………………… 80
単位当たりのサイクルタイム ………………… 286
短期的時間 ……………………………………… 54
段取時間の短縮 ………………………………… 163
段取・調整ロス差異 …………………………… 132

注文受取時間 ……………………………………… 26
注文サイクルタイム …………………………… 107
注文製造リードタイム …………………………… 26
注文搬送時間 ……………………………………… 26
超過的キャパシティ …………………………… 134
長期的時間 ……………………………………… 54
調達製造間接費 ………………………………… 85
直接労務費の減少 ………………………………… 80
賃金時間 ………………………………………… 130

通過時間 ………………………………………… 195
通過時間等計算表 ……………………………… 211

電子データ交換 ………………………………… 159

伝統的業績測定 ………………………………… 87

同期的生産 ……………………………………… 72
投資回収期間 …………………………………… 164
同質性のコスト・ドライバー ………………… 83
投入資金量 ……………………………………… 233
トータルサイクルタイムの削減 ……………… 114
トータル製造コスト ……………………………… 82
トータルな原価管理 …………………………… 165
トップマネジメントの意思決定のスピード
　………………………………………………… 300
トヨタ生産システム ……………………………… 2
ドライバー分析 ………………………………… 155
取引ドライバー ………………………………… 143

な

入荷遅延比率 …………………………………… 107

値決めは経営 …………………………………… 258

納期管理費 ……………………………………… 114
納期達成度 ……………………………………… 68
能率 ……………………………………………… 68

は

バイタルサイン …………………………………… 43
バックフラッシングコスティング ……………… 93
発生当たりのコスト …………………………… 170
パラレル方式 …………………………………… 106
バランス・スコアカード ………………………… 20
搬送業務 ………………………………………… 100

非貨幣的変数 …………………………………… 100
非財務的業績尺度 …………………………… 1, 106
ヒトづくり ……………………………………… 280
非付加価値コスト ………………………………… 83
非付加価値時間 …………………………… 64, 158
非付加価値時間削減 …………………………… 64
100％の時間通りの搬送 ……………………… 102
100％の注文の履行目標 ……………………… 102

標準差異分析 ……………………………… 87
標準時間の見積り ……………………… 179
費用対効果 ……………………………… 151
品質ネットワークプログラム ……… 29, 118, 273

ファイナンスの時間 …………………… 228
フィードフォワード型予算管理 …… 282
フォーカスド工場 ……………………… 107
付加価値 ………………………………… 252
付加価値アクティビティコスト …… 157
付加価値および非付加価値アクティビティコ
 スト報告書 …………………………… 156
付加価値時間 …………………………… 158
付加価値標準 …………………………… 157
物流速度 ………………………………… 224
物流速度基準 …………………………… 225
物流速度志向の小ロット生産 ……… 224
物流費率 ………………………………… 212
物量測定システム ……………………… 124
部門別採算 …………………… 252, 254, 255
フレキシビリティ ………………………… 2
フレキシブル生産システム …………… 2, 14
プロセス価値分析 ……………………… 154
プロダクションコストコントロール … 87
プロダクト管理会計 …………………… 222
プロダクトミックス …………………… 278

ポジティブな業績モデル ……………… 24, 69
ボトルネック …………………………… 132

ま

マシンサイクルタイム ………………… 221
マシンレート …………………………… 219
待ち時間 ………………………………… 114
マネジメント・コントロール ………… 69
マネジメントコントロールシステム … 59

ミニ・プロフィットセンター ………… 251

未利用キャパシティ …………………… 174
無駄な時間のコスト化 ………………… 286
モノづくり ……………………………… 280
モノづくり中心のプロセス ……………… 67

や

予算管理 ………………………………… 289
予算管理プロセスのスピード化 ……… 44

ら

ランプハンドリングサービス ………… 181

リードタイムからの便益計算 ………… 166
リードタイム基準配賦 ………………… 223
リードタイムコスト …………………… 165
リードタイムコストプロセスマップ … 166
リードタイムの短縮 …………………… 14
リードタイム目標 ……………………… 167
リードタイム要素 ……………………… 239
リーン会計 ……………………………… 301
リーン生産 ……………………………… 167
利益計画 ………………………………… 289
利益速度 ………………………………… 40
利益ポテンシャル ……………………… 238
利益率要素 ……………………………… 239
利益連鎖管理 …………………………… 258
利益を生み出すスピード ……………… 40
利益を生むだろう時間 ………………… 130
理想的な速度 …………………………… 153
理論サイクルタイム …………………… 132

連続的流れ生産 ………………………… 66

労働生産性 ……………………………… 195
ローカル尺度 …………………………… 103

【著者略歴】

水島　多美也（みずしま　たみや）

1965年　山口県下関市出身
1989年　福岡大学商学部卒業
1994年　福岡大学大学院商学研究科博士課程単位修得満期退学
現　在　中村学園大学流通科学部准教授

〈主要業績〉

「タイムコスト概念の定義と測定」『管理会計学』第10巻第2号（2002年）
「環境コストと診断」（合力榮監修『環境問題と経営診断』所収，同友館，2003年，日本経営診断学会賞受賞）

平成27年11月30日　初版発行　　　　　　　　略称：時間管理会計

時間管理会計論
－体系的整理への試み－

著　者　ⓒ　水　島　多美也
発行者　　　中　島　治　久

発行所　**同 文 舘 出 版 株 式 会 社**
東京都千代田区神田神保町1-41　〒101-0051
営業 (03) 3294-1801　　編集 (03) 3294-1803
振替 00100-8-42935　http://www.dobunkan.co.jp

Printed in Japan 2015　　　　　　　製版　一企画
　　　　　　　　　　　　　　　　　印刷・製本　萩原印刷
ISBN978-4-495-20371-9

JCOPY〈出版者著作権管理機構 委託出版物〉
本書の無断複製は著作権法上での例外を除き禁じられています。複製される場合は，そのつど事前に，出版者著作権管理機構（電話 03-3513-6969，FAX 03-3513-6979，e-mail: info@jcopy.or.jp）の許諾を得てください。